alternatives sociales

Du même auteur

Entre clips et looks. Les pratiques de consommation des adolescents (avec Caroline Guillot), Paris, L'Harmattan, 1989.

Jeunes défavorisés et vie associative (avec Antoine Tomasi), Éditions de la Fondation de France, 1993.

Sur les pas de la Maison Verte. Des lieux d'accueil pour les enfants et leurs parents, Paris, Syros, 1995.

Mariages mixtes et nationalité française. Les Français par mariage et leurs conjoints (avec Marine M'Sili), Paris, L'Harmattan, 1995.

« *La famille malgré tout* » (direction), revue *Panoramiques*, n° 25, 2e trimestre 1996.

Reconstruire les liens familiaux. Nouvelles pratiques sociales (avec Benoit Bastard, Laura Cardia-Vonèche, Bernard Eme), Paris, Syros, 1996.

Les couples mixtes et le divorce. Le poids de la différence (avec Marine M'Sili), Paris, L'Harmattan, 1996.

« *Liberté, égalité, mixité... conjugales* » (codirection avec Claudine Philippe, Gabrielle Varro), Paris, Anthropos, 1998.

« *Ces couples qu'on appelle mixtes* » (coordination), revue *Dialogue*, n° 139, 1er trimestre 1998.

« *Le cœur, le sexe, et toi et moi...* » (direction), revue *Panoramiques*, n° 34, 3e trimestre 1998.

L'enfant, la mère et la question du père. Un bilan critique de l'évolution des savoirs sur la petite enfance, Paris, PUF, 2000.

Gérard Neyrand

L'ENFANT FACE À LA SÉPARATION DES PARENTS

Une solution, la résidence alternée

Nouvelle édition entièrement revue et actualisée

SYROS

Catalogage Électre-Bibliographie

Neyrand, Gérard
L'enfant face à la séparation des parents : une solution,
la résidence alternée. – Nouv. éd. – Paris : Syros, 2001.
(Alternatives sociales.)
ISBN 2-84146-913-1
RAMEAU : garde conjointe des enfants
enfants de divorcés
DEWEY : 346. 14 : Droit privé. Parents et enfants. Adoption
Public concerné : Tout public

9 *bis*, rue Abel-Hovelacque, 75013 Paris

INTRODUCTION

VERS LA RECONNAISSANCE DE LA RÉSIDENCE ALTERNÉE ?

Ce livre est plus que la simple réédition de l'ouvrage publié chez Syros en 1994 sous le titre *L'enfant face à la séparation des parents. Une solution, la résidence alternée.* S'il reprend sous une forme plus ramassée l'ensemble des analyses qui ont fait la matière de cet ouvrage [1], il les enrichit de références nouvelles aux débats et aux travaux qui ont pu aborder cette question en la présentant sous des appellations diverses : résidence partagée, double maison de l'enfant, temps partagé, ou, sous un angle plus juridique, hébergement partagé, ou, plus récemment encore, sous le terme de résidence paritaire proposé par le Nouveau Mouvement de la condition paternelle en prolongement des débats sur la parité. Tous ces termes désignent une réalité que le grand public connaît encore sous le nom de garde alternée, mais que les spécialistes ne désignent plus ainsi depuis que la loi de 1987 a disjoint l'autorité parentale de la résidence de l'enfant dans ce qui constituait la notion de garde.

---

1. Ces analyses rendaient compte de deux recherches réalisées au CIMERSS pour la Caisse nationale des allocations familiales, avec la participation de la Fondation de France. La première avec Caroline Guillot, *La socialisation des enfants de parents isolés* (1988), la seconde avec Sahra Mekboul, *Résidence alternée de l'enfant et exercice commun de l'autorité parentale* (1993). L'essentiel des résultats apportés par ces études est toujours valable aujourd'hui. Ils sont actualisés et complétés dans cette édition.

Si je m'en tiens pour mon compte à cette formulation de résidence alternée, c'est pour ce qu'elle évoque directement : d'une part, l'action de résider quelque part pour l'enfant, d'y avoir donc son domicile ou sa maison, et non d'y être seulement hébergé, d'autre part, de le faire en alternance chez ses deux parents, sans avoir à se diviser en deux comme l'idée de partage pourrait l'évoquer. Le terme de résidence alternée met en jeu aussi bien l'investissement par l'enfant de son espace de vie – il s'agit bien de *résider* chez ses deux parents – que le rapport spécifique au temps qui structure cet espace par l'*alternance*.

Si l'on suit bien le sens des mots, la résidence alternée consiste pour l'enfant à habiter chez l'un de ses parents durant un temps donné, puis à résider chez l'autre durant un temps équivalent, et ainsi de suite. L'enfant a, en ce sens, deux résidences tout en conservant une seule identité. Ce n'est pas lui qu'il partage, mais simplement son temps en établissant une continuité imaginaire entre ses espaces de vie exprimant la continuité des liens parentaux dans sa définition identitaire. Il n'appartient ainsi à aucun de ses parents, quel que soit par ailleurs le besoin qu'il ait de leur présence pour se construire.

Du point de vue des parents et de la mission d'élevage et d'éducation qu'ils ont endossée, la résidence alternée de leur(s) enfant(s) suppose l'exercice en commun de l'autorité parentale (à la différence de l'ancienne garde alternée où l'autorité sur l'enfant changeait de main en même temps que la résidence). Il y a donc là aussi maintien d'une unité de la position parentale, conformément aux nouvelles orientations en matière de gestion de l'après-séparation visant à assurer le maintien du lien de l'enfant à ses deux parents et conforter les prérogatives éducatives de ceux-ci.

On pourrait penser ainsi que l'alternance de la résidence de l'enfant s'inscrit dans la logique de l'évolution juridique, soucieuse de fournir un cadre de référence aux évolutions familiales, à la montée des séparations et la disjonction qu'elle exprime entre conjugalité et parentalité. Après l'introduction, en 1975, du divorce par consentement mutuel et le passage à la notion d'intérêt de l'enfant comme principe de gestion de l'après-séparation, la loi de 1987 puis celle de 1993 ont posé le principe de la coparentalité comme constitutif de cet intérêt en établissant l'autorité parentale conjointe comme référence première. Mais cette logique n'a pas été suivie jusqu'au bout, car les présupposés négatifs à l'égard de la résidence alternée ont incité le législateur à l'écarter en posant la norme de la résidence habituelle chez l'un et du simple droit de visite et d'hébergement pour l'autre.

Pourquoi une telle attitude lorsque l'on sait qu'aucune enquête n'avait jamais montré son effet supposé négatif sur l'enfant et que de nombreux cas d'alternance de la résidence de l'enfant durant des années attestaient de sa viabilité ? C'est ce que nous avons voulu mettre au jour dans la recherche que nous avons réalisée sur le sujet au début des années quatre-vingt-dix, recherche qui reste la seule enquête française centrée sur cette question à ce jour, même si d'autres travaux plus généraux sont venus corroborer nos résultats. Toujours est-il que la position de principe d'hostilité du droit à l'égard d'une telle solution a empêché que celle-ci se développe ou a freiné son développement [2], tant cette hostilité du législateur a conforté les juges dans leurs fréquents préjugés négatifs à son égard, et que s'impose à la majorité des justiciables la force « légitimante » du droit [3].

Mais, durant les sept ans qui se sont écoulés depuis la première édition, les positions sur le sujet ont sensiblement évolué, sous l'influence des nouvelles analyses proposées, de plus en plus favorables à une telle pratique [4], et sous l'effet aussi du travail de sensibilisation réalisé par les associations défendant les droits des pères [5] et par les associations de médiation familiale [6], mais aussi sans doute parce que la pratique elle-même a trouvé un écho plus favorable dans la population par un effet de bouche à oreille. Toujours est-il que cela ne peut laisser insensibles les spécialistes de la chose publique. Le vote d'une nouvelle loi concernant l'après-séparation et rendant légitime la résidence alternée s'annonce imminent, si sont bien suivies les conclusions des deux

2. Entre 1986 et 1994, selon les *Enquêtes sur les situations familiales* réalisées par l'INED, les fréquences estimées de résidence alternée sont restées stables autour de 10 %. Sans doute ont-elles depuis quelque peu augmenté, mais aucune enquête quantitative ne permet de l'affirmer.

3. Pierre Bourdieu, « La force du droit : Éléments pour une sociologie du champ juridique », *Actes de la recherche en sciences sociales*, n° 64, 1986.

4. Voir, par exemple, les travaux de la commission Typhaon, et le n° 141 de *Dialogue, « Faut-il banaliser le divorce ? »* 3e trimestre 1998.

5. Nouveau Mouvement de la condition paternelle, SOS Papa, Mouvement de la condition masculine, ex-Mouvement de l'égalité parentale, J'aime papa, Le Club des papas, Le Bien-être de l'enfant, etc., auxquels on peut ajouter des associations à dominante féminine comme la Confédération syndicale des familles monoparentales ou le Centre d'orientation, de documentation et d'information féminin de Marseille...

6. Association pour la médiation familiale, Parents enfants médiation, Divorce et médiation, structures de l'École des parents et éducateurs, de l'Association française des centres de consultation conjugale, de l'Association nationale des conseillers conjugaux et familiaux, etc.

rapports sur la famille et le droit demandés par la ministre de l'Emploi et de la Solidarité et par la garde des Sceaux, ministre de la Justice, à la sociologue Irène Théry [7] et à la juriste Françoise Dekeuwer-Défossez [8]. Ces deux rapports se prononcent explicitement pour la reconnaissance de la viabilité de cette solution. Une des propositions d'Irène Théry articule trois dimensions :

> « 1) Préciser que l'exercice commun de l'autorité parentale implique non un "droit de visite" mais un devoir de garde de l'un et l'autre parent. 2) Supprimer la notion de résidence habituelle et la remplacer par celle d'"organisation de l'hébergement" de l'enfant. 3) Affirmer clairement que l'hébergement partagé est un droit. » De même le rapport Dekeuwer-Défossez énonce-t-il comme propositions : « Reconstruire les règles de l'autorité parentale à partir des principes d'égalité entre enfants et coparentalité » et « Supprimer le caractère obligatoire de la mention d'une résidence habituelle et permettre un partage de l'hébergement ».

Avant de revenir sur les implications de telles prises de position, réjouissons-nous que notre recherche ait permis de donner des points de repère à l'égard d'une pratique parentale qui manquait cruellement de références pour la légitimer et ait ainsi contribué à l'évolution des mentalités sur la question. N'étant nullement impliqué dans le phénomène que nous analysions, notre souci premier était de rendre compte du fonctionnement d'une pratique sociale en essayant d'en démonter les enjeux pour les parents, leurs enfants, la société et ses institutions, notamment juridiques. La mise en évidence de l'intérêt d'une telle pratique, mais aussi de ses inconvénients et de ses contraintes, rappelle à quel point le principe de coparentalité des parents après la séparation n'est pas chose facile à mettre en œuvre, et que cette solution ne saurait constituer une panacée tant les situations sont complexes et diversifiées. Mais la satisfaction qu'en retirent beaucoup de parents et d'enfants ne peut plus aujourd'hui être passée sous silence, alors même que ce type de solution participe du nouvel idéal de l'égalité parentale élaboré au nom de l'intérêt de l'enfant et de son équilibre psychologique.

---

7. Irène Théry, *Couple, filiation et parenté aujourd'hui. Le droit face aux mutations de la famille et de la vie privée*, Paris, Odile Jacob/La Documentation française, 1998.

8. Françoise Dekeuwer-Défossez, *Rénover le droit de la famille : propositions pour un droit adapté aux réalités et aux aspirations de notre temps*, rapport du groupe de travail au garde des Sceaux, ministre de la Justice, 1999.

Pour mieux comprendre les enjeux de l'évolution juridique annoncée, les résistances à son égard, les polémiques qui continuent sur le sujet et la façon dont se positionnent les acteurs de l'institution juridique mais aussi les principaux concernés, les enfants et leurs parents, une telle réédition s'impose. L'éventail des façons de se situer par rapport à l'alternance de la résidence n'a vraisemblablement pas changé depuis les années quatre-vingt-dix, que ce soit chez les juges, les avocats, les parents ou les enfants. Seule la distribution à l'intérieur de ces différentes positions s'est légèrement modifiée, dans le sens d'une reconnaissance plus fréquente de l'intérêt d'une telle pratique, mais ses adversaires restent nombreux au nom d'un équilibre psychique de l'enfant dont on a du mal à voir en quoi il suppose d'empêcher l'enfant de vivre chez l'un et l'autre de ses parents.

Dès lors, pour beaucoup, demeure la nécessité de comprendre pourquoi un tel sujet peut opposer farouchement ses partisans et ses détracteurs, et sur quelles bases continue à se poser aujourd'hui la question de la légitimité d'une telle pratique.

En fait, à l'heure actuelle, on se trouve devant deux grandes modalités possibles de prise en compte parentale des enfants après la séparation :

– l'une, légitime du point de vue du droit, la résidence unique, avec ou sans l'exercice en commun de l'autorité parentale, privilégie une relation particulière d'un parent avec l'enfant (ou les enfants) en niant, ou en réduisant à son minimum le rôle de l'autre parent, tant il est vrai que seul le quotidien permet de maintenir une relation parentale dense ;

– l'autre, illégitime, la résidence alternée, maintient le couple parental dans ses fonctions éducatives alors que le couple conjugal a cessé d'exister. Beaucoup moins répandu, plus récent, mais objet d'une demande accrue chez les « divorçants » dans certains milieux (essentiellement ceux à fort capital culturel), ce mode de socialisation – qui est aussi un mode de vie particulier – apparaît lié à l'évolution sociale et à la multiplicité croissante des situations matrimoniales. En même temps que le cœur d'une polémique, il constitue un lieu d'expérimentation sociale *in vitro*, à l'interface du fonctionnement familial et du fonctionnement social, au sein même de la problématique liant évolution judiciaire et évolution familiale.

Le remodelage des pratiques familiales s'effectue en effet en quelque sorte à côté de la pratique judiciaire. Il constitue l'expression d'une évolution sociale profonde qui affecte l'organisation sociale elle-même, notamment au niveau des rapports entre hommes et femmes. À la progressive remise en cause du statut social des femmes, dans ses multiples dimensions : professionnelle, culturelle, sexuelle et procréatrice, correspond un remodelage de la fonction masculine. La femme n'est plus, dans certains milieux, la spécialiste incontestée du domaine privé et du rapport à l'enfant.

Lors de notre travail de recherche antérieur, nous avons eu l'occasion à maintes reprises de constater cette remise en cause, souvent partielle, souvent orientée, de ce partage sexuel des domaines sociaux (le travail, le public, d'un côté ; le domestique, le familial, le privé, de l'autre [9]). L'ouverture des femmes vers la vie professionnelle se couple ainsi avec un investissement accru des hommes vers l'espace du foyer et la vie familiale ; cette attitude est caractéristique d'individus dont le bagage culturel apparaît assez élevé, ils participent pleinement à ce remodelage des modes de vie qui, progressivement, concerne de plus en plus de milieux sociaux.

La tendance à une conception indifférenciée des rôles, qui autorise jusqu'à une (rare) inversion des spécialisations à l'intérieur du couple, redouble la montée des valeurs de l'individualisme et de la réalisation de soi. Plus d'autonomie, les moyens de se réaliser dans sa personnalité profonde, tout cela est permis par une société en pleine mutation. Et cette volonté des individus d'accéder à la plénitude de la réalisation personnelle sert de soubassement à l'évolution générale des mœurs.

Si l'amour est bien constitué en condition de la mise en couple, c'est en son nom que le couple se défait lorsqu'il n'est plus au rendez-vous. Il faut désormais que chacun puisse « vivre sa vie » et, lorsque l'enfant est là, il arrive qu'il devienne pour les pères un enjeu dans cette quête de soi-même. Dès lors, ceux-ci essaieront à tout prix de préserver leur relation à l'enfant. Lorsqu'un tel investissement affectif est de mise chez les deux parents, tous les ingrédients sont présents pour qu'un conflit, pouvant être très violent, se développe. La seule alternative à la décision d'attribution par la justice de la résidence de l'enfant à un seul

---

9. Dans *Imaginaire du couple et place des femmes dans l'espace du privé* (Plan construction, 1983), nous constations la multiplicité des formes nouvelles d'investissement du domaine privé et familial par les hommes à l'intérieur même du couple marié traditionnel. Cet investissement (dans l'éducation, la cuisine...), lié à une façon plus expressive et hédoniste de concevoir les activités familiales, trouvant ses propres limites dans le maintien, pour la plus grande majorité des couples interviewés, de la spécialisation féminine dans les tâches socialement les moins valorisées et les plus rébarbatives (ménage, couture...). Voir aussi, Jean-Claude Kaufmann, *Le cœur à l'ouvrage. Théorie de l'action ménagère*, Paris, Nathan, 1997.

des ex-conjoints (la mère, si elle ne manifeste pas de torts caractérisés) reste un arrangement à l'amiable qui puisse permettre une résidence alternée, que cet arrangement trouve ou non une oreille bienveillante chez un juge, qui a la possibilité d'utiliser les contradictions de la loi pour l'entériner en reconnaissant la résidence habituelle chez l'un des parents tout en attribuant à l'autre un droit de visite libre ou d'un jour sur deux. Cette modalité permet, en effet, de préserver pour chaque parent son rôle parental tout en lui offrant la possibilité d'une vie professionnelle et personnelle normale sans que le rôle parental soit omniprésent ou au contraire impossible à remplir.

Le premier chapitre de l'ouvrage retrace de façon brève le contexte moderne des séparations, en montrant la diversité des situations qui sont en jeu. Ce qui nous rappelle que, quels que soient les enjeux de l'alternance et de la coparentalité, celle-ci ne peut concerner qu'une partie de ces situations, même si cette partie est susceptible de considérablement augmenter. Les autres chapitres traitent véritablement la question de l'alternance. Je les ai enrichis des références à d'autres auteurs qui ont pu dans des contextes divers l'aborder, ainsi que de la matière apportée par les multiples débats sur la question auxquels j'ai pu participer [10] et des développements plus théoriques que j'ai pu effectuer sur le sujet [11].

---

10. « Les deux maisons de l'enfant », Paris ; « Du déni à la pratique de la résidence alternée », Châteauvallon ; « La double maison de l'enfant », Clermont-Ferrand ; « Papa, maman, mon toit et moi », Marseille ; « L'exercice de l'autorité parentale », Aubagne ; « L'enfant face à la séparation des parents », Bouc-bel-Air ; « La coparentalité », Vaucresson ; « Une solution éducative viable : la résidence alternée », Villeurbanne ; « L'enfant face à la séparation des parents », Montpellier ; Assemblée générale « Divorce et médiation », Angers ; « L'enfant en situation monoparentale », La Roche-sur-Yon ; « Devine chez qui je dors ce soir ? » Paris ; « Conserver une relation authentique avec ses deux parents », Nîmes ; « La résidence alternée », Poitiers ; « La résidence alternée : rêve et réalité », Le Havre ; « La coparentalité comme révélateur des contradictions de la démocratisation familiale », Paris...

11. « Enfants de parents seuls », *Le Groupe familial*, n° 152, 1996. « Divorce : et les enfants ? » *Panoramiques, « La famille malgré tout »*, n° 25, 1996. « La résidence alternée », *Le Journal des psychologues*, n° 164, 1999. « Retour sur la résidence alternée : la loi comme garant symbolique de la légitimité des pratiques », *Dialogue, « Justice et famille »*, n° 143, 1999. « L'enfant comme enjeu des débats sur les séparation familiales. La place des filles et des garçons », *in Filles et garçons jusqu'à l'adolescence*, Y. Lemel, B. Roudet (dir.), Paris, L'Harmattan, 1999. « Mort de la famille monoparentale et de l'hébergement alterné. Du bon usage des dénominations savantes », *Dialogue, « Nouveaux couples, nouvelles familles ? »* n° 151, 2001.

I

Les parents séparés et leurs enfants : des situations contrastées

1

LES TRANSFORMATIONS DU CONSENSUS FAMILIAL

L'enfant face à la diversité des trajectoires familiales

Si la situation où l'enfant est élevé par un seul de ses parents est désormais chose courante (de 650 000 en 1968, les familles dites « monoparentales » sont passées à près de 1 200 000 en 1990 et 1 700 000 en 1999), elle est surtout mieux acceptée qu'autrefois et connaît une probabilité non négligeable d'être intégrée comme une « séquence de vie » plus ou moins longue de tout individu. On estime ainsi à une sur quatre la probabilité qu'un enfant qui naît aujourd'hui connaisse une période de vie avec un seul de ses parents avant d'atteindre l'âge de 16 ans. Dans cette hypothèse, il commencera le plus souvent sa vie avec ses deux parents naturels (foyer biparental simple), pour se retrouver seul avec sa mère – plus rarement son père – (foyer monoparental), et parfois connaître à nouveau une situation de couple parental avec un autre conjoint que son père – ou sa mère – naturel (foyer biparental recomposé), foyer auquel peuvent s'ajouter les enfants des précédentes unions.

La succession de ces étapes peut s'effectuer de multiples façons, mais, dans tous les cas, les changements apportés ne manqueront pas d'interagir sur la situation de l'enfant, la perception qu'il a de cette situation et le regard qu'y portent les autres.

Ces autres, d'ailleurs, ne seront pas sans avoir une influence considérable sur le déroulement de sa vie ; ils seront amenés – le plus souvent en son nom – à décider de la forme des relations qu'il entretiendra avec les adultes – et notamment avec ses parents.

Dans le cas des divorces, l'exercice de l'autorité parentale et le mode de résidence de l'enfant – lourds de conséquences sur la socialisation ultérieure de celui-ci – seront discutés, analysés et enfin décidés avec le concours de multiples intervenants, le juge venant en dernière instance apposer le sceau de sa décision.

On conçoit ici l'importance de cette période pour la vie ultérieure de l'enfant, le poids de l'institution judiciaire dans le processus d'attribution de l'autorité et de la résidence, et les conséquences de la mise en application de la décision judiciaire. Si l'« intérêt de l'enfant » reste le principe directeur du processus d'attribution, la représentation même de cet intérêt a commencé à évoluer dès les années soixante-dix.

Le consensus qui voulait qu'à la mère soit reconnue une prévalence quasi innée de ses capacités éducatives sur celles du père n'est plus général. Et les cas où la décision se formule en dehors de l'intervention judiciaire sont, de fait, de plus en plus fréquents, en même temps que se développent les situations matrimoniales hors mariage. Il faut d'ailleurs reconnaître que, même dans les cas d'un divorce où les pratiques ne correspondent pas à la décision judiciaire, la justice n'est appelée à intervenir que lorsqu'il y a une demande expresse en ce sens de la part de l'un des parents.

En fait, la diversité des positions susceptibles d'être adoptées à l'égard des enfants de parents séparés renvoie aux bouleversements qui ont caractérisé les sociétés occidentales depuis la Seconde Guerre mondiale, notamment dans le domaine des formes de la vie familiale.

De nouvelles conceptions des relations entre les sexes

Ces mutations participent d'une évolution de la société française, qui s'exprime au travers de multiples manifestations : la croissance sans précédent du niveau de vie se couple avec la croissance du niveau de communication et d'information, et du niveau de consommation matérielle et culturelle. Les objets envahissent progressivement la vie quotidienne, mais aussi les discours et les multiples significations nouvelles qu'ils dégagent. Tous ces changements qui ont marqué notre époque préparent le terrain pour une remise en cause, parfois radicale, des valeurs les plus traditionnelles qui structuraient le champ social dans le domaine des mœurs. Même si ces valeurs restent encore les normes dominantes de comportement, l'apparition puis le développement au cours des années soixante-soixante-dix des discours de contestation sociale (notamment du discours féministe) n'ont pas été sans exprimer le désir de voir évoluer les rapports sociaux entre les sexes, quitte à mettre en cause l'image de la famille traditionnelle organisée autour du « triangle œdipien » (papa-maman-enfant). On a assisté alors, dans les milieux étudiants et intellectuels, au foisonnement de comportements alternatifs à la norme familiale : union libre, vie en communauté, maternité célibataire volontaire, toutes pratiques exprimant la revendication d'une nouvelle liberté de mœurs.

Particulièrement présents dans les couches sociales à fort capital culturel, ces discours et pratiques ont mis en évidence une transformation des relations familiales dont on trouvait déjà des indices depuis quelques années et qui s'appuyait sur les modifications touchant la situation des femmes. La croissance continue du niveau scolaire des filles, puis l'investissement nouveau du marché du travail au cours des années soixante dans les nouveaux métiers du secteur tertiaire en ont constitué le soubassement [1]. Ces transformations n'ont alors pas manqué de trouver leur expression dans une nouvelle façon de concevoir le couple et la famille, qui positionne différemment le rapport à la fécondité. Les indices démographiques expriment dès lors cette évolution.

Ainsi, dans son analyse des transformations familiales, Martine Segalen note-t-elle :

> La naissance des enfants ne signe plus l'arrêt de leur vie professionnelle, bien que les démographes parlent de « concurrence » entre la carrière des femmes et la naissance de leur troisième enfant. En conséquence, selon l'expression d'Henri Leridon, « pour la famille, mai 1968 a eu lieu trois ou quatre ans plus tôt. C'est en effet vers 1964-1965 qu'on peut lire sur un grand nombre de courbes démographiques une inflexion décisive ». Il s'agit d'abord de la chute de la fécondité (de 2,9 enfants par femme en 1964 à 1,9 en 1975), puis de celle de la nuptialité [2].

1. Voir Jacques Commaille, *Les stratégies des femmes*, Paris, La Découverte, 1993.
2. « Les métamorphoses de la famille », *L'Histoire*, Paris, n° 150, décembre 1991.

Ainsi, les nouvelles représentations sociales qui sous-tendaient la montée de nouvelles valeurs dans les années soixante-soixante-dix ont constitué la base d'une alternative aux normes dominantes. Elles ont affecté la forme et la qualité des relations hommes/femmes, parents/enfants, et ont contribué à rendre plus fragile le lien conjugal et familial. Individualisme, expressivité, réalisation de soi sont les maîtres mots des valeurs modernes, ils trouvent leur expression au niveau familial dans la constitution de couples organisés autour de la force des affects et l'expression de l'individualité de chacun des membres [3]. Que le sentiment vienne à faiblir, et l'affirmation individuelle cherchera ailleurs une compensation qu'autrefois elle eût cherchée dans d'autres dimensions de la vie familiale.

C'est dans ce contexte qu'ont pu se développer des situations de crise de la structure familiale nucléaire, le plus souvent dans un processus de rupture du couple parental, dû au décalage entre les attentes, plus ou moins traditionnelles, des deux partenaires, parfois dans un processus de contestation consciente que la figure des « mères célibataires volontaires » a incarné.

Que la femme accepte que lui soit confirmé son rôle traditionnel de mère en annexant l'enfant, et l'homme sera bien souvent soulagé de ne pas avoir à assumer le poids de sa charge quotidienne. Le cas contraire (refus de l'enfant pour la femme et désir de garde pour l'homme), bien moins fréquent, connaîtra en revanche moins facilement sa solution : pour le droit et la tradition, l'action éducative de la mère reste *a priori* meilleure ; les résistances institutionnelles peuvent alors se faire lourdement sentir. Mais si, comme pour le père, la carrière professionnelle de la mère, son désir d'émancipation, ou sa liberté de mœurs la poussent à refuser la responsabilité exclusive de l'enfant, ou au contraire si les deux parents veulent en assumer la charge et investissent d'abord dans leur rapport à l'enfant, alors la situation devient éminemment conflictuelle. Dans le cas des divorces, on sait comment s'est régulé globalement ce genre de contradictions : en 1985, 85 % des gardes confiées à la mère, 9,3 % au père, 5 % aux deux parents, et 1,75 % à un tiers.

Depuis, la loi du 27 juillet 1987 a modifié les données du problème en différenciant autorité parentale et résidence de l'enfant. La désignation de la « résidence habituelle de l'enfant » n'autorise plus la

3. Voir l'analyse récente de François de Singly, *Libres ensemble. L'individualisme dans la vie commune*, Paris, Nathan, 2000.

mise en place officielle d'une résidence alternée chez les deux parents, alors que cette pratique demeure fréquente dans certains milieux, ceux qui sont le plus sensibles à l'évolution sociale dans le domaine familial : professions intellectuelles et professions intermédiaires.

Si l'autorité parentale est beaucoup plus souvent partagée [4], la répartition de l'attribution de la résidence habituelle demeure très asymétrique, avec une proportion d'environ 10 % de résidence habituelle chez le père qui se maintient depuis des années.

L'importance croissante des séparations

La « banalisation » du divorce [5] (quatre couples sur dix en France) et son « rajeunissement » (à l'heure actuelle, on divorce le plus après seulement quatre ou cinq années de mariage) ne manquent pas d'accentuer l'importance prise par les situations de socialisation des enfants hors du cadre parental classique. Cette évolution se traduit à un niveau qualitatif par l'importance prise par la séparation comme motif premier de la monoparentalité. En effet, dans le même temps où le nombre des familles monoparentales croissait, la part relative de chaque type (veuvage, divorce, célibat) changeait radicalement.

Ces modifications du mode de fonctionnement des rapports familiaux et de couple font que, en quelques années, on est passé d'une situation où on avait plus de « chances » d'être séparé de son conjoint par décès de celui-ci à une autre où la rupture engagée par l'un ou l'autre devient la cause essentielle de la présence d'un seul parent au foyer de l'enfant.

Ainsi, en 1968, 56 % des mères et 48 % des pères seuls étaient veufs, alors qu'en 1990 la proportion de veufs est tombée à 23 % pour les mères et 26 % pour les pères. Depuis, plus des trois quarts des situations monoparentales sont le fait de parents séparés, alors que vingt ans auparavant le veuvage constituait encore la cause prépondérante. De

4. Hugues Fulchiron (sous la dir. de), *L'exercice en commun de l'autorité parentale après divorce et dans la famille naturelle*, Centre de droit de la famille, CNRS/ministère de la Justice, 1993.

5. En dix-sept ans, le nombre de dissolutions de mariages a presque triplé en France, passant de 37 447 en 1970 à 104 997 en 1987, depuis il s'est stabilisé. Le taux de divortialité, lui, est passé de 11,3 % en 1970 à 30,5 % en 1987. Il atteint à l'aube du troisième millénaire 40 %.

fait, la hiérarchie des situations s'est complètement remodelée à l'image de l'évolution des mœurs, la situation dominante est devenue la séparation après un mariage, que le divorce ait été prononcé ou non (38 % en 1968, ces situations représentent près de 60 % en 1990), viennent ensuite à peu près à égalité le célibat (la plupart du temps après union libre) et le veuvage.

À l'heure actuelle, quatre enfants sur dix naissent hors mariage [6]. En cas de séparation des concubins, la charge et l'éducation des enfants ont bien souvent fait l'objet d'un compromis entre les deux parents où la justice n'a pas été appelée à intervenir (même si aujourd'hui la possibilité est offerte aux concubins de « légaliser » leurs pratiques en obtenant l'exercice en commun de l'autorité parentale [7]). Celle-ci n'est sollicitée qu'en cas de conflit irréductible. De même, pour les couples mariés se trouvant dans cette situation, le divorce n'intervient souvent que lorsque se manifeste un désaccord sur la résidence ou l'éducation des enfants et que l'« arrangement à l'amiable » n'est plus possible.

L'influence du milieu social

Il est à noter que l'importance quantitative de ces situations et leur distribution statistique s'effectuent de manière différente selon les milieux sociaux observés. À une exception près, mais de taille : il semblerait que, pour les hommes, le fait d'avoir à élever seul ses enfants se répartit dans tous les milieux.

---

6. Francisco Munoz-Pérez et France Prioux, « Naître hors mariage », *Population et Sociétés*, n° 342, janvier 1999.

7. Jusqu'en 1993, le principe était l'exercice de l'autorité parentale par la mère. L'exercice en commun de l'autorité parentale par les deux parents naturels était subordonné soit à une déclaration conjointe des parents devant le juge des tutelles, soit à la saisine du juge aux affaires matrimoniales. La loi du 8 janvier 1993 a institué une modalité nouvelle d'attribution de l'exercice en commun de l'autorité parentale dans la famille naturelle, s'ajoutant à la déclaration conjointe devant le juge et à l'action en justice. Celle-ci est strictement délimitée par des conditions restrictives censées traduire « la volonté des pères et mères d'assumer leur responsabilité parentale » : l'enfant doit avoir été reconnu par ses deux parents avant l'âge de 1 an, ils doivent vivre en commun lors de la reconnaissance simultanée ou de la seconde reconnaissance. Cette seconde condition devrait disparaître dans la loi de 2001 si les députés suivent les conclusions du rapport Dekeuwer-Défossez.

Pour les femmes, en revanche, le milieu social est une variable discriminatoire. Ainsi, ce sont les femmes salariées qui vivent le plus souvent cette situation, du fait, bien sûr, de leur plus grande autonomie financière. On constate de surcroît à l'intérieur même des couches salariées des différences notables selon les niveaux de qualification et les modes de vie. Ainsi retrouve-t-on une plus grande proportion de mères seules chez les femmes ouvrières et le personnel de service, d'une part, du fait de la présence dans ces milieux de la majorité des mères célibataires abandonnées, d'autre part, parce que le décès du mari est souvent plus précoce qu'ailleurs et le divorce plus fréquent ; à l'inverse, chez les femmes cadres on trouve moins de mères seules, car la situation de perte du conjoint est deux fois inférieure à la moyenne de la population active, alors que la proportion de divorcées et de mères célibataires reste proche de la moyenne.

On le pressent, la façon dont s'organisent ces différences n'est pas aléatoire. Mais ce qui est peut-être le plus caractéristique des oppositions entre milieux, avant même d'aborder les différences de situation après la séparation, c'est la façon dont se sont effectuées ces séparations.

2

DE QUELQUES TRAITS DIFFÉRENCIATEURS

Nous nous intéressons ici à la façon dont s'effectue la séparation et s'organise l'après-séparation dans différents milieux (intellectuels, ouvriers, employés, inactifs/chômeurs). En conséquence, nous n'avons travaillé que sur les situations pour lesquelles la séparation suppose une démarche volontaire d'au moins un des deux parents, à la différence du veuvage qui, dans la forme (circonstances de la séparation) comme dans le fond (attitude du parent seul), diffère profondément des autres situations.

L'éventail des situations

Descriptif des modes de séparation

Il y a trois manières de se séparer :

– la première, l'abandon, est totalement subie ; le départ de l'autre parent laisse à son conjoint la charge complète des enfants ;

---

1. La recherche a concerné 40 mères et 40 pères, répartis dans les quatre catégories socio-professionnelles.

– les deux autres, séparation conflictuelle et séparation à l'amiable, sont dans certains cas limites plus difficiles à différencier : le conflit peut ne pas être ouvert, la séparation peut résulter d'un consensus tout en étant orageuse. Nous avons considéré qu'il y avait séparation conflictuelle lorsqu'il n'y avait pas accord sur les modalités de la séparation, notamment en ce qui concerne la garde.

On sait que, dans les cas d'abandon, la proportion de célibataires est deux fois supérieure à ce qu'ils représentent dans les autres modes de séparation. Plus fragile, participant moins fréquemment d'un projet commun, la parenté célibataire, qui concerne essentiellement des femmes, est dans certains milieux souvent le fruit d'une rencontre occasionnelle ou d'un abandon rapide ; elle favorise de fait l'abandon par l'autre parent. En symétrie, les parents abandonnés en cours de mariage sont plus souvent des hommes.

Ainsi, la situation matrimoniale des parents abandonnés diverge profondément selon qu'il s'agit de pères ou de mères et renvoie à des modes de relation entre hommes et femmes qui apparaissent très différents. Nous aurons l'occasion de revenir sur cette constatation.

La résidence de l'enfant

La loi de 1987, que nous analyserons plus en détail dans la deuxième partie, a fait éclater la notion de garde en distinguant en son sein la notion d'autorité parentale, qui peut être exercée en commun, de la résidence de l'enfant, attribuée à l'un des parents (même si une fois sur dix cette résidence est en réalité partagée). Nous n'emploierons donc la notion de garde que lorsque résidence et autorité parentale sont attribuées au même parent.

Il est à noter que la résidence alternée se rencontre avec une fréquence bien plus grande dans les séparations à l'amiable que dans les séparations conflictuelles, et chez les ex-concubins. De même chez ceux qui ont au moins un niveau équivalent au baccalauréat, les « professions intermédiaires » et « professions intellectuelles supérieures ». Cette tendance, forte dans les années quatre-vingt, semble s'être atténuée dans les années quatre-vingt-dix avec une certaine diffusion de la pratique en milieu populaire.

Des trajectoires divergentes selon les milieux

À l'évidence, on ne se sépare pas de la même façon et on n'établit pas le mode de résidence des enfants suivant le même schéma selon que l'on occupe telle ou telle profession, que l'on a une licence ou le certificat d'études... Non seulement les représentations et les normes de comportement divergent selon que l'on évolue dans tel ou tel milieu, mais les possibilités pratiques d'assumer différentes attitudes ne sont pas les mêmes.

L'étude des difficultés rencontrées par les pères de milieux populaires pour continuer à voir leurs enfants illustre ces différences. Non seulement le consensus social, qui fragilise le lien paternel en valorisant la relation mère-enfant au détriment de celle du père à l'enfant, est plus marqué en milieu populaire, mais les modalités de rupture du couple sont souvent plus difficiles à supporter et conditionnent un peu plus les pères à abandonner toute relation à l'enfant. Ainsi que le montrent Daniel Bertaux et Catherine Delcroix [2] :

> Le divorce est rendu plus douloureux dans cette couche sociale que dans les classes moyennes, car, d'une part, les difficultés matérielles engendrent des conflits entre personnes, d'autre part, parce que, en milieu populaire, les couples sont davantage de type « fusionnel ». Par conséquent, lorsque s'opère la séparation, les conflits sont beaucoup plus forts, le divorce à l'amiable n'étant pas de mise ici.

En fait, plus le niveau scolaire et professionnel est bas, plus on rencontre de cas d'abandon et plus la séparation risque d'être conflictuelle ; à l'inverse, plus le niveau scolaire et professionnel est élevé, plus la séparation a des chances de s'effectuer à l'amiable et plus l'option résidence alternée est envisageable.

De la même façon, les modes de vie avant comme après la séparation restent fortement imprégnés de la marque du milieu d'origine et de la façon dont s'est constituée la situation monoparentale.

• Ainsi, les parents des milieux ouvriers adoptent des comportements matrimoniaux caractéristiques de leur milieu. Ils sont les plus précoces à quitter leurs parents pour fonder à leur tour un couple, ou plutôt une « famille » dans son acception traditionnelle, puisqu'ils

---

2. « Des pères face au divorce. La fragilisation du lien paternel », *in Espaces et Familles*, n° 17, CNAF, 1990, p. 38.

recourent moins souvent au « mariage à l'essai » et qu'ils privilégient un mode de fonctionnement où l'épouse conserve une entière disponibilité pour prendre en charge l'entretien et la gestion du foyer. Face à la dissolution de l'union, différentes portes de sortie sont alors empruntées par ces parents, elles n'ont pas les mêmes implications sur les relations postséparation.

L'abandon par l'autre parent, qu'il ait eu lieu avec ou sans vie commune, est assez fréquent. Il concerne des femmes (mères célibataires) ainsi que des hommes (pères divorcés) et est corrélé, pour les femmes, avec une non-reconnaissance de l'enfant, pour les hommes, avec de fréquentes dettes. L'abandon s'accompagne généralement d'une cessation définitive des relations avec l'autre parent.

Hormis l'abandon, on constate que ces parents se séparent rarement dans de bonnes conditions. La plupart du temps, le conflit prévaut. Compte tenu de la façon dont ils se sont séparés, on comprend la rare fréquence des rapports ultérieurs des ex-conjoints et du conjoint absent avec son ou ses enfants.

> Ainsi, « la prise d'autonomie des femmes qui peuvent désormais quitter leur mari en emmenant leurs enfants, avec l'aval de la société, fragilise la place des hommes dans la famille au point, dans certains cas, de se retrouver exclus et dans l'incapacité de poursuivre une relation avec leur enfant [3] ».

Toutefois, un petit nombre de parents de ce groupe se séparent à l'amiable et tentent ainsi de préserver une possibilité de rapports ultérieurs.

C'est peut-être la difficulté et la souffrance rencontrées lors de cette période qui les « vaccinent » en quelque sorte contre le désir de recommencer une vie commune, tant il est vrai que l'éventualité d'une relation sentimentale durable ou sérieuse les rebute. Mais, outre l'importance de la déception, la volonté de préserver leur(s) enfant(s) contre une éventuelle belle-mère ou un éventuel beau-père est désignée comme une des principales raisons de leur réserve, ce qui montre bien à quel point la rupture matrimoniale est intensément vécue dans les milieux ouvriers et contribue à renforcer une méfiance généralisée à l'égard de l'autre sexe.

• Les parents des couches moyennes offrent des profils que l'on peut qualifier d'intermédiaires entre les précédents et le groupe des

---

3. « Des pères face au divorce », *op. cit.*

parents de professions intellectuelles. Sur un point cependant, ils se différencient des deux : leur cycle de vie apparaît retardé, ils quittent leurs parents et se mettent en couple plus tard que les autres. Leur départ est associé à un désir de vie de couple, même si l'on sent poindre chez eux les débuts d'une quête d'autonomie individuelle. Ils se montrent à la fois plus attachés aux valeurs traditionnelles que les professions intellectuelles (leur mise en couple se conclut plus souvent par un mariage) et en même temps plus prudents car ils hésitent moins que les ouvriers et personnels de service à vivre en couple avant de conclure un mariage. Plus souples dans leur mode de mise en couple, ils le sont aussi dans leur façon de se quitter.

À côté des parents abandonnés et de ceux qui se sont quittés de façon conflictuelle, on voit apparaître des parents s'essayant à des modalités de séparation plus conciliantes, laissant la voie ouverte à de nouvelles possibilités de contacts ultérieurs entre eux, et entre le parent absent et les enfants issus de l'union. Généralement, les parents qui ont pu arriver à se concilier lors de la séparation se caractérisent au sein de leur groupe par un niveau de diplôme ou de formation plus élevé. C'est dans ces couches que l'on commence à rencontrer de nombreux cas où le parent non gardien continue à entretenir des relations suivies avec ses enfants, et que l'analyse de Didier Le Gall et Claude Martin s'avère particulièrement pertinente :

> Les situations monoparentales provoquées par les divorces ou les séparations ne sont donc pas réductibles aux relations existant entre un parent gardien et ses enfants. Elles installent les enfants bien souvent dans un réseau complexe de relations qui se déploient dans un cadre à « géométrie variable ». Et ce jeu des relations, parfois précaire, est peut-être plus qu'on ne le pense « orchestré » par les enfants [4].

• Les parents exerçant une profession intellectuelle partent assez jeunes de chez leurs parents, mais pour de tout autres motifs que les autres. Ce n'est pas la recherche d'un partenaire qui les pousse à partir, mais la poursuite d'études ou la prise de fonction dans une activité professionnelle. D'ailleurs, la prise d'indépendance résidentielle n'est pas toujours pour eux synonyme d'indépendance financière. Installés plus longuement dans le « provisoire », ils ne cherchent pas systématiquement

---

4. « Le réseau parental après le divorce ou une séparation », *in Dialogue*, n° 101, 3e trimestre 1988.

à officialiser leur vie sentimentale. Lorsque le mariage intervient, après un essai plus ou moins long, il régularise souvent une prochaine naissance. Rarement abandonnés, ils n'arrivent pas toujours à concilier leurs intérêts lors de la séparation, notamment au niveau de la résidence de leurs(s) enfant(s). Dans ce cas, leurs relations restent conflictuelles et, de ce fait, s'espacent avec le temps. Ils adoptent, quand ils le peuvent, une attitude plus conciliante, permettant de préserver des relations plus faciles entre les parents et des contacts plus fréquents avec les enfants. Ainsi, le parent « absent » l'est nettement moins pour son ou ses enfants que les parents des autres catégories socioprofessionnelles, cette implication pouvant aller jusqu'à la résidence alternée, pour laquelle les contacts entre parents se doivent d'être « civils ».

Ces parents apparaissent de même plus disponibles pour une éventuelle rencontre dont ils ne rejettent pas *a priori* la possibilité. La séparation est loin d'être pour eux synonyme de vie monacale, surtout chez les hommes. Le fait de se retrouver parents seuls ne les condamne pas à n'être que cela. Dès lors, on comprend que les remises en couple soient chez eux beaucoup plus fréquentes et s'accompagnent sans difficulté de vie commune.

L'impact sur l'enfant et la vie familiale : une éducation compromise ?

Nombreux ont été les écrits sur les effets nocifs de la séparation des parents sur l'équilibre des enfants, leur socialisation et leur réussite scolaire. Ces propos, référant souvent à la psychiatrie ou la psychologie, étaient caractéristiques d'une époque où la figure dominante du parent seul (hormis celle du veuf) était celle de la « fille-mère », abandonnée par un amant inconstant, et suspecte *a priori* de ne pouvoir octroyer une éducation convenable à son enfant [5]. Les temps ont, depuis, bien changé, les séparations se sont banalisées et les situations monoparentales ne font plus l'objet d'une telle suspicion.

Que peut-on dire alors des effets de la séparation sur la socialisation de l'enfant ?

5. Voir Nadine Lefaucheur, « Sur la scène de l'anormalité familiale », *in* M. T. Meulders-Klein et I. Théry, *Les recompositions familiales aujourd'hui*, Paris, Nathan, 1993.

Si beaucoup de parents reconnaissent que la situation n'a pas manqué d'avoir des effets sur leurs enfants, que ceux-ci soient jugés négatifs, contradictoires, voire positifs, ces effets sont souvent considérés comme passagers et mettent rarement en cause de façon profonde l'équilibre des enfants. Et le bon sens parle lorsqu'on note que, de toute façon, la séparation valait mieux que le pourrissement d'une situation que l'enfant supportait mal, ou que dans une famille triangulaire les choses ne se passent pas forcément mieux pour lui. De fait, comme le remarque une mère institutrice, « c'est moins la forme de la famille que l'attitude de l'entourage qui importe ».

Mais un indice plus objectif d'une perturbation possible est celui de la réussite scolaire. Ainsi, si l'on prend l'indice de réussite dans la classe où s'enclenche le processus scolaire, le cours préparatoire [6], on constate que, dans notre population, c'est uniquement dans les milieux les plus défavorisés que se manifeste un handicap supplémentaire tenant à la situation d'isolement du parent. Ce constat concorde avec d'autres études. Ce sont dans les milieux précarisés que l'on trouve effectivement les situations où l'absence de l'autre parent est le plus susceptible d'être préjudiciable à la socialisation des enfants : parents abandonnés, disposant de faibles ressources et dont les contraintes matérielles subies ne peuvent que rajouter au peu de dispositions qu'ils auraient à suivre la scolarité de leurs enfants.

Au contraire, avec la croissance du niveau de formation et l'amélioration des conditions matérielles, s'accentuent aides et démarches en faveur du parent seul et de la prise en charge de l'enfant, notamment au niveau éducatif. Très souvent sensibilisés aux problèmes éducatifs et psychologiques que peuvent rencontrer leurs enfants du fait de leur situation, les parents de qualification supérieure (ouvriers les plus qualifiés, employés, professions intellectuelles) sont particulièrement attentifs à la réussite scolaire de leurs enfants et ont mis en place un dispositif de suivi scolaire qui semble porter ses fruits.

S'il est remarquable que les enfants de parents isolés ne semblent pas – d'après l'appréciation que porte leur principal éducateur – pâtir outre mesure de leur situation, cela n'est pas sans contrepartie. Souvent, c'est au prix du sacrifice plus ou moins prononcé de leur vie

---

6. La façon dont est accomplie la première classe de l'enseignement primaire constitue un diagnostic privilégié des possibilités de réussite ultérieure de la scolarité. Pour plus de développements, on peut se reporter à notre article « L'éducation des enfants de parents isolés », G. Neyrand, *in Savoir*, n° 3, 1990.

personnelle que les parents ont pu préserver leurs enfants des risques que l'absence de l'autre engendrait. Si les retards ne sont pas plus fréquents chez eux que chez les autres enfants, si même l'on trouve une proportion importante d'enfants considérés comme épanouis et apparaissant comme de très bons élèves, c'est que, dans la plupart des cas, ils sont le lieu d'un surinvestissement que leur situation d'enfants sans père ou sans mère provoque de la part de leur entourage, de leur famille, et surtout du parent qui les élève. L'enfant occupe très souvent dans la vie de celui qui se retrouve seul une place prépondérante. Il est un peu le prisme au travers duquel se réfléchissent la vie du parent isolé, ses angoisses, sa culpabilité latente ou ses désirs de réussite.

Rares sont les parents qui peuvent continuer à mener une vie pour eux-mêmes sans avoir à procéder au sacrifice d'une partie de leur mode de vie antérieur et de leurs aspirations personnelles. Ceux-là, lorsqu'on les rencontre, jouissent au départ d'une position privilégiée ; représentants des professions intellectuelles, ils ont connu une séparation à l'amiable, moins perturbatrice que pour la plupart des autres, et bénéficient souvent de la résidence alternée de leurs enfants. Il s'agit là de situations qui servent un peu de repoussoir aux autres, ce d'autant plus que, s'inscrivant en faux contre les présupposés les plus courants concernant l'« intérêt de l'enfant », les enfants qui alternent lieux d'hébergement et prise en charge parentale semblent tout à fait satisfaits d'une situation qui leur a permis de garder leurs deux parents, sans qu'apparaissent chez eux les signes du déracinement psychologique, de l'instabilité pathologique que l'on avait pu craindre.

Sans vouloir minimiser l'importance de l'influence de la séparation sur l'enfant, qui, surtout lorsqu'elle est conflictuelle, peut s'accompagner de troubles psychologiques plus ou moins passagers chez celui-ci, nous avons constaté que ces cas sont loin de représenter la majorité des enfants de parents seuls, comme tout un courant encore actif a voulu le laisser croire, s'appuyant sur une argumentation empruntée au secteur médical ou psychologique [7].

Mais il est clair que cette place prise par l'enfant après la séparation suppose une attitude qui privilégie celui-ci, et implique des contraintes pour le parent qui a la charge de l'enfant, contraintes qui ne sont pas sans influer sur le reste de sa vie, notamment l'éventualité du développement de nouvelles relations sentimentales et sexuelles.

---

7. Voir Claude Martin, *L'après-divorce*, Rennes, PUR, 1997.

Une réticence à l'établissement de nouvelles relations sentimentales

L'isolement sentimental

Une proportion importante des parents rencontrés n'ont pas connu de nouveau partenaire sentimental depuis leur séparation. Il s'agit aussi bien de femmes que d'hommes, qui vivent le plus souvent en solitaires, ou sont retournés dans leur famille d'origine (chez les grands-parents) ; quelques-uns ont connu des situations multiples ou plus originales (par exemple vie d'un père avec son frère, qui participe activement à l'éducation de l'enfant).

On remarque que cette situation d'isolement sentimental est moins fréquente parmi les professions intellectuelles et concerne en ce cas presque uniquement des femmes. On retrouve sans doute là une des différences caractéristiques entre les hommes et les femmes concernant les liaisons entre vie professionnelle et vie sentimentale. Mener de front carrière et vie familiale apparaît beaucoup plus difficile (et parfois moins recherché) dans le cas des femmes que dans celui des hommes.

Dans les milieux où les possibilités de carrière restent limitées, comme les milieux ouvriers et employés, on constate que, si l'isolement sentimental apparaît plus fréquemment, notamment au sein des niveaux d'études inférieurs au bac, il n'y a pas alors de déséquilibre entre les sexes.

Notons que ce sont surtout les célibataires qui se retrouvent dans cette situation d'isolement sentimental après la séparation, pour la plupart des femmes qui représentent *grosso modo* deux cas de figure : les mères célibataires abandonnées par le père après, voire avant la naissance, et les mères célibataires « volontaires ». Cette opposition renvoie à une différenciation entre milieux sociaux, même si, concrètement, la ligne de clivage n'est pas toujours aussi nette et que l'on retrouve des cas d'abandon parmi les professions intellectuelles, et de maternité célibataire volontaire chez des employées ou des ouvrières (*cf.* à ce sujet le chapitre suivant sur la typologie des situations monoparentales).

Relations sentimentales sans vie commune

Un nombre important de parents seuls ont retrouvé une vie sentimentale après la séparation mais, du fait des circonstances ou par choix, n'ont pas établi avec leurs partenaires une vie commune. Dans la plupart des cas, il s'est agi de relations occasionnelles ou intermittentes pour lesquelles l'éventualité d'une vie commune ne se posait pas ou était rejetée d'emblée par le parent isolé. Ainsi, nombre de parents nous ont avoué qu'ils ne tenaient pas à ce que leurs enfants rencontrent leurs amis ou amies, du moins tant qu'ils n'avaient pas atteint un certain âge ou tant que la séparation demeurait proche dans le temps.

Un nombre non négligeable cependant a connu des relations suivies, sans pour autant s'engager durablement dans une vie commune. Il s'agissait alors le plus souvent d'un désir de ménager son indépendance sans pour autant sacrifier sa vie intime. Par exemple, Bertrand, architecte, après avoir essayé de vivre avec une autre femme et rencontré un échec, s'est finalement décidé pour le « chacun chez soi ». Geneviève, employée de service en mairie, après avoir eu son deuxième enfant « en mère célibataire volontaire », voit régulièrement un nouvel ami. Elle le voit avec d'autant plus de plaisir qu'elle reste indépendante et qu'elle ne « demande plus ce qu'on ne peut donner ».

Là encore, une divergence importante se fait jour entre les hommes et les femmes. Les vies communes interrompues sont presque toujours le fait des hommes, alors que les femmes optent plutôt pour des relations suivies sans vie commune, ou, dans les cas plus rares où elles recommencent une vie commune, ont tendance à s'y tenir.

Que les relations soient occasionnelles ou suivies, l'absence de vie commune avec le partenaire confère à l'ensemble des individus dans ces situations une certaine homogénéité quant au mode de vie. Ils ne sont pas – ou rarement – aidés par leur partenaire en ce qui concerne les charges de la vie quotidienne et de l'éducation des enfants. Ils organisent seuls leur vie et connaissent, comme ceux qui n'ont pas renoué de relations, tout le poids de la vie de parent isolé, surtout, bien sûr, lorsqu'ils n'ont pas réintégré le cadre de la famille d'origine (cas très marginal).

Notons que, pour les personnes ayant été mariées, ces relations sans vie commune sont dominantes, alors que, pour les célibataires, elles sont concurrencées par l'absence de relations.

La reprise d'une vie commune

La reprise d'une vie commune avec un nouveau partenaire concerne une minorité des parents interviewés.

Ces personnes ayant connu après la séparation une vie commune sont essentiellement des professions intellectuelles et, secondairement, des employés, les ouvriers ne connaissant quasiment pas de période de cohabitation après la rupture (un seul cas). Il s'agit majoritairement d'hommes (pour les deux tiers) ; la plupart du temps, ces nouvelles relations entretenues par les pères n'ont pas duré.

Le cas des femmes est un peu différent : sur les six ayant vécu avec un nouveau partenaire, quatre ont reconstitué durablement une famille. Il est à noter que la recomposition familiale s'effectue pour la grande majorité des cas avec le seul nouveau partenaire que la mère ait connu et que cela semble bien correspondre à une démarche volontaire de la part de celle-ci. Une mère nouvellement arrivée dans la région a ainsi recouru aux services d'une agence matrimoniale qui l'a orientée dès le premier essai vers son futur époux.

De l'influence croisée du statut professionnel et du sexe

On constate ainsi chez les femmes trois tendances : une plus faible propension que les hommes à renouer des relations suivies avec un autre partenaire (deux fois moins souvent) et, lorsqu'elles le font, deux positions opposées : la recherche d'une recomposition familiale d'une part, le refus de la vie commune d'autre part. Ces attitudes concernent de façon équivalente des employées et des professions intellectuelles, les ouvrières et personnels de service ayant connu très rarement des relations suivies après leur séparation.

Ainsi, Michèle, secrétaire médicale au chômage, a rencontré trois ans après sa séparation un homme, divorcé lui aussi, qui est devenu son nouveau compagnon et occupe désormais dans sa vie la place qu'aurait dû tenir son ex-mari. En revanche, Nathalie, secrétaire, si elle ne veut pas sacrifier sa vie sentimentale, désire conserver une totale indépendance et n'envisage pas une nouvelle vie commune avec son ami.

Les hommes, en revanche, réalisent beaucoup moins une recomposition familiale durable que la mise en place de relations suivies successives, avec vie commune la plupart du temps.

C'est le cas d'Éric, cadre administratif, qui a eu de nombreuses relations, dont certaines ont donné lieu à une vie commune plus ou moins longue, mais qui n'a toujours pas trouvé l'« âme sœur » ; ou de Paul, rédacteur de mairie, qui a fait des rencontres dont certaines ont débouché sur des périodes de vie commune, mais qui a finalement toujours conservé son indépendance.

On peut dire que, pour chaque sexe, le statut professionnel joue de façon très différente sur la formation de nouvelles relations selon qu'il s'agit des professions intellectuelles ou des milieux plus « populaires ».

Ainsi, dans les milieux ouvriers et employés, on ne trouve pas de différence notable entre hommes et femmes quant aux situations par rapport aux nouveaux partenaires : autant d'hommes que de femmes qui n'ont pas connu de partenaires, qui en ont connu sans vie commune, ou qui ont vécu avec eux. En revanche, la situation au sein des professions intellectuelles apparaît très contrastée. Les hommes semblent en ce cas « se recaser » beaucoup plus facilement ; la majorité a repris une vie commune, une minorité a des relations sans vie commune, un seul n'a pas de relations. Les femmes, elles, se montrent beaucoup plus réticentes à envisager de nouvelles relations. Chez elles, la proportion de celles qui n'ont pas eu de nouvelles relations est équivalente à la proportion de celles qui ont des relations suivies, alors que le groupe le plus important est constitué par les mères connaissant des relations occasionnelles.

Le fait d'atteindre un certain statut socioprofessionnel semble jouer, là encore, en défaveur des femmes, au détriment de leur vie sentimentale [8] ; alors que, au contraire, cela constitue un atout pour les hommes, qui ne restent jamais seuls très longtemps.

8. À ce sujet, on peut consulter l'ouvrage de François de Singly, *Fortune et infortune de la femme mariée*, Paris, PUF, 1987, rééd. remaniée 1997.

3

UNE TYPOLOGIE DES SITUATIONS MONOPARENTALES

La prise en compte de l'histoire particulière de chaque parent isolé, notamment la façon dont s'est réalisée la séparation, permet de répartir les cas individuels dans quelques catégories d'analyse.

Une première catégorie est formée par les *« parents abandonnés »*, pour lesquels les situations divergent profondément selon qu'ils sont célibataires ou divorcés. Ainsi, Marie, sans emploi, vit avec l'API depuis qu'elle s'est retrouvée enceinte et que son compagnon a préféré rompre leur relation devant son refus d'avorter. Joseph, lui, est ouvrier charpentier. Il s'est retrouvé à assumer seul la charge de ses enfants de 5 et 8 ans lorsque sa femme est partie avec un autre homme. Il a obtenu le divorce et s'acquitte de sa tâche parentale avec l'aide de sa famille, sa mère notamment, qui s'occupe des enfants après l'école.

La deuxième catégorie est constituée par le groupe des *« indépendants »*, qu'il s'agisse des parents célibataires « volontaires » ou de ceux, mariés, qui sont à l'origine de la rupture. Mère célibataire « volontaire », Nicole, titulaire d'un DEA de psychologie, a décidé d'élever seule l'enfant né de sa relation avec un homme marié. Elle réalise des vacations dans une école d'éducateurs et trouve dans son réseau amical les bonnes volontés pour garder sa fille lorsque c'est nécessaire. Élodie, elle, est employée de mairie. Insatisfaite de sa vie de couple, qui ne lui apporte plus rien, dit-elle, elle décide de divorcer, mettant plus ou moins son mari devant le fait accompli. Après quelques tiraillements, elle s'installe avec ses deux enfants dans un appartement obtenu avec l'aide de la mairie. Le père participe à l'entretien des enfants et les voit régulièrement.

Le troisième groupe de cette classification est formé des « *cas conflictuels* », que ce soit autour de la garde de l'enfant ou de la séparation même. Jérémie est technicien, sa femme lui annonce son désir de partir avec un autre homme en emmenant son enfant. Il s'y oppose violemment et finit par obtenir la garde de sa fille. La mère la prend depuis régulièrement tout en essayant de faire modifier l'attribution de la résidence habituelle. Marion, elle, est secrétaire de direction. Amoureuse d'un médecin marié, elle vit avec lui une liaison tumultueuse depuis quinze ans. À la naissance de leur fils, il refuse la vie commune bien que séparé de sa femme. Leurs relations s'enveniment, deviennent épisodiques et toujours conflictuelles.

Les parents du quatrième groupe se sont montrés « *conciliateurs* » en essayant d'aplanir les difficultés relatives à la séparation, et parfois en tentant de faire survivre le couple parental autour de la résidence des enfants. Benoît, auteur vidéo, et Isabelle, éducatrice, ont eu deux enfants. Leur relation s'est lentement dégradée. Ils décident alors de se séparer à l'amiable. Les enfants vivent alors pendant un temps chez leur mère, puis, à leur demande, est instaurée une résidence alternée. Celle-ci élargit le cercle de la famille, par ailleurs désunie, en intégrant la nouvelle compagne de Benoît et ses deux enfants.

Enfin, le dernier groupe est constitué des parents dont les situations sont apparues trop complexes pour pouvoir entrer dans une seule catégorie. En leur sein nous avons distingué entre les « *marginaux* » et les « *accidentés* ».

Les abandonnés

Les parents qui forment ce groupe ont tous en commun le fait de ne pas avoir – en tout cas consciemment – recherché à être seuls, soit deux catégories de personnes, celles dont la séparation a pris la forme d'un départ soudain et sans retour de l'autre parent, et celles qui se sont séparées à l'issue d'un conflit aboutissant à la disparition de l'autre parent du paysage du parent gardien. Qu'ils soient célibataires ou mariés, leur idéal de vie ne correspond pas à la situation qu'ils vivent.

Ils la subissent, font avec, et espèrent pour un bon nombre reformer une famille où ils ne seraient plus seuls à assumer toutes les charges. Parmi eux, nous pouvons distinguer les célibataires des divorcés.

Les célibataires (mères abandonnées)

Ce groupe, presque exclusivement féminin, comprend des femmes de faible – voire très faible – qualification, souvent elles font partie du personnel de service ou elles sont sans emploi. Généralement, elles ont été abandonnées avant la naissance de l'enfant ou juste après, et n'ont qu'un enfant. La maternité est souvent le résultat d'un « accident », et le refus d'avorter a été le déclencheur de la séparation.

Certains cas sortent bien sûr de ce cadre dominant, ainsi une femme est mère de cinq enfants, de quatre pères qui l'ont tous abandonnée quand elle s'est retrouvée enceinte (le dernier avait promis le mariage après la naissance du quatrième, aussi a-t-il eu le temps d'en faire un cinquième avant de partir définitivement...). Pour celles (et ceux) dont la maternité était voulue par les deux parents, l'autre parent s'est assez rapidement rendu compte qu'il ne supportait pas cette responsabilité.

La spécificité de la situation des deux hommes rencontrés vaut qu'on la souligne : l'un n'a aucune nouvelle de sa compagne, qui est partie lorsque leur fille était bébé ; l'autre n'a pu que constater que sa compagne avait choisi la prostitution, le laissant seul avec son fils de 9 mois.

Dans presque tous les cas, la durée de vie commune, lorsqu'elle a eu lieu, a été courte ; tous vivent maintenant leur solitude comme une lourde charge qu'ils aimeraient pouvoir partager. De fait, la plupart des enfants de parents célibataires abandonnés ne reverront vraisemblablement jamais leur autre parent. Si l'aide apportée par celui-ci est par définition nulle, son absence est loin d'être compensée par une présence importante d'autres soutiens : seule une femme sur quatre bénéficie d'une aide conséquente émanant de sa famille, alors que, symétriquement, la moitié d'entre elles essuie critiques ou désapprobations familiales. Manifestement, la façon de vivre des mères célibataires, qui se caractérise par la précarité (affective et professionnelle), n'a pas l'heur de plaire à leur famille. On retrouve ce trait chez les mères célibataires volontaires, mieux installées dans la vie mais qui ont pour beaucoup rompu avec la façon de vivre de leur famille.

Les divorcés (pères abandonnés)

Beaucoup plus d'hommes dans ce groupe, symétrique en quelque sorte du précédent. Ces hommes sont souvent issus des milieux ouvriers : ils travaillent dans le BTP, dans l'industrie, sont affectés à des tâches d'entretien, ou à la conduite de poids lourds, sont au chômage ou dans l'incapacité de travailler. Il s'agissait avant la séparation de couples traditionnels, la plupart des épouses n'exerçant pas d'activité professionnelle fixe, ou seulement de façon occasionnelle. Elles s'occupaient de la maison, des enfants et du budget, ce qui a permis à un certain nombre d'entre elles de partir en « vidant les caisses » ; laissant ainsi leurs maris dans une situation financière extrêmement difficile dont ils mettront des mois, voire des années à se relever. Ces dernières, si on tient compte de leur absence de qualification et d'activité professionnelle, n'avaient, semble-t-il, pour seule alternative que la fuite avec un autre homme.

Au contraire des mères célibataires abandonnées, les pères abandonnés bénéficient d'un soutien familial assez fréquent et assez important. Généralement soutenus et plaints par leur famille, ils peuvent déléguer une partie des charges que représente l'enfant sur celle-ci, notamment la grand-mère.

Les femmes de ce groupe sont des cas atypiques tout comme l'étaient les hommes du groupe précédent : une se sent abandonnée même si elle est à l'origine du divorce, car elle a été poussée à cela par l'attitude de son époux ; une autre, dont le mari n'était pas capable d'assumer la paternité de ses trois enfants, a fini par lui laisser la garde du plus jeune quelques mois après la séparation.

Dans ce groupe, la présence fréquente de plusieurs enfants tient à une vie commune beaucoup plus longue que chez les célibataires.

Pour beaucoup, le départ du parent avec un autre partenaire sonne le glas de ses relations parentales, sauf pour une minorité qui garde l'enfant de temps en temps ou participe avec lui à des activités épisodiques.

Les indépendants

À la différence des parents du groupe précédent, ceux-ci ont volontairement choisi d'élever seuls leur(s) enfant(s), et/ou de se séparer de leur conjoint ou compagnon. Leur démarche éclaire une situation fort différente tant du point de vue de leurs représentations que de leur itinéraire socioprofessionnel. Il s'agit avant tout de femmes.

Les mères célibataires volontaires

En leur sein on peut délimiter deux itinéraires contrastés :

– les mères qui ont déjà connu une relation familiale traditionnelle (mariage et enfants) à laquelle elles ont mis un terme, et qui veulent à nouveau concevoir un enfant sans pour autant s'engager dans une relation de couple. Ces femmes ont toujours eu une activité professionnelle stable qu'elles ont rarement interrompue. Elles appartiennent souvent aux catégories employées ou personnel de service. Après la naissance de leur(s) premier(s) enfant(s) dans le cadre d'un mariage qui fut un échec, elles ont choisi d'avoir à nouveau un enfant. Une a choisi un homme marié et père de famille afin d'exclure toute possibilité de vie commune. Une autre, après un mariage raté dont elle a eu un enfant, a cherché un « géniteur » pour faire ses deux autres enfants. Pour autant, elles n'ont pas mis un terme à leur vie amoureuse et ne répugnent pas à entamer de nouvelles relations sentimentales ;

– des femmes (et un homme) qui ont connu ou non une vie de couple et qui arrivent à un certain âge sans avoir eu d'enfant. Elles se décident alors à la maternité (ou la paternité) en sachant qu'elles seront seules, ou en voulant être seules pour l'assumer. La naissance de l'enfant a mis généralement un terme à la vie de couple que certaines connaissaient. Les mères de ce sous-groupe appartiennent le plus souvent à un milieu cultivé (infirmière, orthophoniste, éducatrice, sociologue). Beaucoup travaillent, et pour celles qui n'ont pas d'activité professionnelle rémunérée, les allocations et aides sont largement appréciées pour la possibilité qu'elles donnent d'élever les enfants. Dans tous les cas, la parenté célibataire n'a pas été une surprise, quand elle n'a pas été clairement choisie. L'homme est un cas particulier au sein de ce groupe exclusivement féminin : homosexuel, il est le seul à avoir explicitement exprimé et réalisé un désir de procréation en dehors d'une relation amoureuse avec une femme, et à avoir trouvé une mère « porteuse » qui accepte de céder l'enfant.

Une partie des mères « célibataires volontaires » ne reçoit pas d'aide de la part du père, qui, souvent, n'a pas apprécié d'être utilisé comme un géniteur plus ou moins consentant, et estime ne pas être engagé vis-à-vis d'un enfant qui n'est pas véritablement le sien, mais celui de la mère. L'autre partie bénéficie d'une aide financière ou pratique : ainsi Magali savait très bien à l'origine de la conception de Raphaël qu'elle ne pourrait compter sur son père, celui-ci vivant en Afrique et s'étant installé professionnellement et familialement. C'est donc en parfaite connaissance de cause qu'elle a assumé sa maternité célibataire. Le cas est un peu différent pour Geneviève, qui a eu son premier enfant lors d'un mariage et décidé d'avoir un second enfant, une fois divorcée, avec un homme dont elle savait qu'il ne vivrait pas avec elle. Elle maintient de bonnes relations avec eux et tous deux participent à l'éducation de leur enfant, à la fois financièrement (pension alimentaire) et pratiquement (garde un week-end sur deux et vacances).

En rupture avec le modèle familial proposé par leurs propres parents, ces femmes sont peu enclines à solliciter une aide de leur famille ; de fait, cela arrive rarement.

Les divorcées sur leur initiative

Essentiellement des femmes mariées à l'origine de la demande de séparation. La plupart mariées et mères très jeunes, elles se sont rendu compte qu'elles n'avaient en fait aucune autonomie, ou qu'elles s'ennuyaient chez elles. Si elles ne travaillaient pas, elles s'y sont mises après leur séparation, ou, au chômage, recherchent activement un emploi. La plupart sont employées, personnel de service, ou professions intermédiaires.

Deux cas de figure dominent, le premier concerne celles qui « étouffaient » chez elles, ou s'ennuyaient, soit par leur maintien dans une relation de dépendance (aucun contrôle sur l'organisation du couple, la gestion de la famille et du budget), soit par l'absence de goûts communs avec leur mari ; le second s'applique à celles qui ont compris que leur mari n'était pas ou ne correspondait pas à ce qu'elles souhaitaient (maris « volages », brutaux ou absents, préférant les copains à la vie de famille).

Il semble très significatif que ce groupe soit presque exclusivement féminin quand on sait que les femmes sont trois fois plus souvent à l'origine des démarches de divorce dans les procédures contentieuses. Ici semblent s'exprimer les principaux reproches qu'une certaine catégorie de femmes énoncent vis-à-vis des hommes qu'elles ont pu connaître dans le cadre traditionnel du mariage : le manque d'autonomie d'une part, le manque d'attention d'autre part.

Elles ne sont pas opposées comme les « célibataires volontaires » à la vie de couple, mais n'ont pas trouvé leur compte dans celle qu'elles ont vécue, et ont refusé le compromis. D'ailleurs, certaines ont déjà repris une vie commune avec un autre homme ou vont même se remarier. En même temps que leur indépendance, ces femmes ont voulu garder leur(s) enfant(s), ce qui, semble-t-il, n'a pas posé de problème particulier à ces pères dont la plupart étaient décrits comme des « machos », laissant à leur épouse la charge totale des tâches domestiques et des soins aux enfants.

Ce relatif accord autour de la garde des enfants et de la séparation s'organise autour d'une conception spécifique de la fonction paternelle, plus prégnante dans les milieux populaires, qui fait que les pères « démissionnent » facilement vis-à-vis d'un rôle qu'ils ont jusqu'alors peu assumé. Mais il s'agit sans doute là moins d'une « démission », jugée comme telle par des personnes disposant d'autres valeurs de référence, que de l'adhésion à un système de normes et de représentations propres aux classes populaires qui les différencient des autres milieux sociaux. Comme le montre Olivier Schwartz, dans le système des valeurs des familles ouvrières :

> Il ne saurait y avoir de réversibilité dans le grand partage des attributs, ni de circulation des places à l'intérieur d'une fonction parentale commune. Le maintien rigoureux des différences et de la netteté des écarts constitue le principe fondamental et consensuel de l'organisation des relations entre les sexes. [...] Les classes populaires tiennent au primat masculin du travail et de l'autorité, comme elles défendent aussi, dans leurs réponses, la place « naturelle » de la femme auprès des enfants et du foyer [1].

On comprend dès lors qu'en cas de séparation les hommes acceptent facilement que leurs femmes continuent à assumer ce qui est d'abord de l'ordre de leur rôle et de leurs prérogatives : s'occuper des enfants et les élever. Cela ne faisant bien souvent qu'exprimer le décalage existant entre leur propre système de références et celui, plus moderne, de leurs femmes désireuses d'accéder à plus d'autonomie et insatisfaites de la place accordée par une division traditionnelle des rôles. Ce qui fait que, parfois, les mères refusent plus ou moins explicitement que les pères continuent à voir leurs enfants. Ceux-ci, confrontés à un véritable consensus d'exclusion, se résignent alors à ne plus entretenir de relations avec leurs enfants, quand ils ne s'excluent pas eux-mêmes.

---

1. Olivier Schwartz, *Le monde privé des ouvriers*, Paris, PUF, 1990, repris dans *Problèmes politiques et sociaux*, n° 685, p. 36-37.

Les pères dans ce schéma sont beaucoup plus enclins à assumer ce qui constitue l'essentiel de leur rôle parental : subvenir aux besoins de l'enfant. Ainsi, les « parents divorcés sur leur initiative » reçoivent généralement une pension alimentaire.

En parallèle, ces parents bénéficient assez souvent d'une aide émanant de leur famille qui, bien souvent, compatit à leurs difficultés.

Les femmes de ces deux sous-catégories (mères célibataires volontaires et divorcées sur leur initiative) ont en commun un fort désir d'indépendance, un refus du compromis, un désir d'enfant, et diffèrent sur le type de situation matrimoniale. Cependant, le milieu social semble avoir une influence non négligeable. Les femmes des professions intellectuelles n'ont pas suivi la même trajectoire, elles se retrouvent d'abord parmi les célibataires, exprimant ainsi une position plus radicale de rejet de la vie traditionnelle de couple, alors que les divorcées ne désespèrent pas de la cohabitation entre les sexes.

Les cas conflictuels

Les parents de ce groupe, qu'ils aient été mariés ou pas, n'ont pas vraiment réussi à se mettre d'accord sur les modalités de la séparation ou de la garde des enfants. Deux groupes se détachent suivant que le conflit a porté sur la garde ou la séparation.

Les gardes conflictuelles

Les parents de ce groupe ont accepté bon gré mal gré le départ de leur conjoint avec une autre personne, mais ont totalement refusé que, ce faisant, il parte avec les enfants. Si les femmes ont obtenu généralement satisfaction, les hommes ont perdu beaucoup d'argent et/ou d'énergie pour obtenir gain de cause, et ont fini par obtenir la garde de leur unique enfant. L'un d'eux se verra obligé de vendre la maison achetée du temps du mariage pour payer les procédures de justice et les dettes que sa femme lui a laissées. L'une des conditions de cette attribution inhabituelle de la garde au père est une activité professionnelle stable, qualifiée (technicien et ouvrier qualifié), et une grande ténacité.

Extrêmement volontaires, ils ont attendu plusieurs années pour que leur cause soit entendue. Encore restent-ils méfiants, tel ce père qui, en nous recevant, a mis très longtemps à accepter l'idée que nous n'étions pas là pour faire une enquête sociale destinée à une remise en cause de la décision d'attribution de garde sous l'impulsion de son ex-épouse.

Les séparations conflictuelles

Il s'agit plutôt là de femmes, pour lesquelles l'éventualité d'un problème autour de la garde de l'enfant ne s'est jamais posée. En revanche, après une liaison tumultueuse avec le père de leur enfant, la séparation a été difficile et a frisé le drame. Ainsi, Marion, après quinze ans de liaison, a failli se faire étrangler par Jules lors d'une explication qui a précédé sa fuite. Florence, qui refuse de « jouer les roues de secours », entame une procédure de recouvrement de pension alimentaire qui conduit en justice le père de son enfant et le condamne à trois ans de prison avec sursis.

Les parents de cette catégorie (gardes conflictuelles ou séparations conflictuelles) offrent un certain nombre de caractéristiques communes, la grande majorité travaille et occupe des emplois qualifiés sans pour autant qu'ils soient très élevés. Enfin, la quasi-totalité a eu de longs et difficiles rapports avec la justice à propos de leurs « affaires », rapports dont ils sont loin d'être satisfaits.

Les conciliateurs

Les parents de cette catégorie ont réussi à dédramatiser leur séparation en essayant d'éviter les déchirements, tant pour eux-mêmes que pour leur(s) enfant(s). Leur capital économique et/ou culturel est assez élevé. Ils ont connu une séparation maîtrisée qui a permis aux enfants d'éviter de subir des pressions conflictuelles. Séparés consensuellement, ils divergent cependant quant au mode de résidence instauré : résidence unique ou résidence alternée.

Les divorces et séparations consensuels avec résidence unique

Dans ce groupe, tout le monde possède une bonne qualification professionnelle (secrétaire, assistante dentaire, professeur de dessin, ouvrier qualifié, architecte, ingénieur conseil...). La plupart travaillent dans de bonnes conditions d'emploi et ne se trouvent pas dans des situations financières trop difficiles. Lorsqu'il y a divorce, la modalité privilégiée est le divorce à l'amiable. Dans de nombreux cas, le motif de la séparation est l'« usure du couple » ou l'« incompatibilité d'humeur ». Partant de là, ils ont essayé d'aplanir les difficultés et d'organiser au mieux la rupture et les modalités de la vie ultérieure. Parmi eux se trouvent les parents qui ont proposé aux enfants le choix de leur résidence. C'est dans ce groupe, et bien sûr dans le suivant, que les enfants ont les rapports les plus fréquents avec le parent qui ne vit pas avec eux. C'est aussi parmi eux que l'on commence à rencontrer des ex-conjoints ou ex-compagnons dont les relations survivent à la rupture.

Les couples qu'ils formaient étaient pour certains peu traditionnels : les pères étaient fortement impliqués dans l'éducation de leurs enfants, les conjoints faisaient preuve d'une grande tolérance à l'égard de l'autre, tolérance et complicité qui survivent parfois.

La majorité de ces « séparations consensuelles » bénéficient de la part de l'ex-conjoint d'une aide pratique, voire financière. De la même façon, les familles de ces parents interviennent assez souvent pour les décharger de certaines de leurs contraintes parentales.

Les parents pratiquant la résidence alternée

Pour ces parents, il était clair qu'ils ne souhaitaient pas renoncer à leur rôle parental, pas plus qu'ils ne voulaient déposséder l'autre du sien. Cet accord s'est parfois mis en place après la séparation mais, dans tous les cas, il satisfait pleinement les parents interviewés qui y voient l'occasion de continuer à être parents sans pour autant n'être que cela. Tous les parents de ce groupe travaillent et exercent un emploi qualifié (assistante sociale, animateur, agent d'exploitation Télécom, cadre administratif, technicien, ingénieur de recherche, auteur vidéo, conceptrice en prêt-à-porter) qu'ils apprécient, même si certains sont encore sur la corde raide au plan financier. Quelques-uns, d'ailleurs, n'ont pas hésité à changer d'orientation professionnelle lorsqu'ils ont ressenti une certaine lassitude par rapport à leur emploi. C'est peut-être cela qui les différencie des autres parents : cette volonté de ne vouloir lâcher du terrain dans aucun domaine (parental, professionnel, vie privée...).

La plupart ont renoué des relations avec un autre partenaire, avec vie commune pour certains. Tous, en dehors de leurs enfants, ont un ou plusieurs centres d'intérêt (travail, loisirs, vie sentimentale). La plupart ont maintenu de bonnes relations avec leur ex-conjoint, jusqu'à parfois habiter dans la même unité résidentielle ou instaurer aussi une « garde alternée de la voiture ».

Si les parents pratiquant la résidence alternée sont peu souvent aidés par leur famille alors qu'ils sont tous restés en bons termes, c'est qu'à la fois leur mode de vie ne s'y prête pas (les cadres et professions intellectuelles ont souvent changé de région, ils sont plus tournés vers une sociabilité amicale, ont souvent renoué des relations de couple) et qu'ils en ont moins besoin (ils n'ont leurs enfants qu'à mi-temps). Très éloignés des schémas traditionnels, ils avaient quasiment tous adopté une répartition des activités familiales différente du modèle dominant : les hommes s'occupaient à part entière des enfants et des travaux domestiques, les femmes de leur carrière professionnelle. Ils ont pour caractéristique – à la différence des autres – d'investir sur tous les fronts à la fois et trouvent dans l'alternance un moyen de satisfaire leurs multiples aspirations.

Les situations « complexes »

Cas délicats, à cheval sur plusieurs catégories, ils ont enfanté dans différentes situations matrimoniales ou ont connu des histoires complexes difficiles à classer, avec deux types de parcours : ceux qui ont connu une trajectoire sociale compliquée, à la limite de la marginalité parfois, et ceux qui étaient partis pour vivre comme le plus grand nombre et qui, du fait d'un « accident », se sont retrouvés dans une situation délicate.

Les « marginaux »

Deux femmes illustrent cette situation : faiblement qualifiées, l'une travaille dans une blanchisserie industrielle, l'autre ne cherche un emploi que lorsqu'elle ne trouve pas d'homme « pour remplir son rôle de pourvoyeur de salaire » et toutes deux ont suivi des itinéraires particuliers. Elles sont suivies de près par les services de la DDASS à qui Marie voue une rancune tenace : « Ils ont tout fait pour que j'abandonne mes petites. » Agathe essaie d'en jouer au mieux de ses intérêts, sans en être trop dépendante : « Moi, je ne suis pas sous tutelle, car mes petites elles sont belles et mieux que d'autres qui ont plus d'argent. »

Ces parcours sociaux toujours à la limite de la chute dans les « filets de l'assistanat » et de la mise en tutelle ont peu de points communs avec ceux des parents de la sous-catégorie suivante.

Les « accidentés »

Tous doivent à un événement plus ou moins brutal, plus ou moins dramatique, involontaire et imprévisible, la rupture de leur vie familiale. Tous étaient partis pour vivre une vie de famille paisible, prématurément abandonnée.

Dans ce groupe, les « accidents » recouvrent des faits aussi disparates que l'internement psychiatrique, la dépendance toxicomaniaque, ou la séparation involontaire pour cause de tracasseries douanières lors d'un déplacement (refus de visa de sortie pendant quatorze mois).

L'exemple de Jonathan illustre ces situations. Celui-ci, pharmacien, vit tranquillement avec sa femme et leurs deux enfants. Un brutal drame familial perturbe profondément sa femme, qui le met alors dehors. Mais la situation psychique de celle-ci se détériore encore et elle doit être internée. Jonathan récupère alors domicile et enfants et, après de longs mois d'attente, finit par reprendre une vie commune avec une nouvelle compagne.

Pour disparates que soient ces cas, la plupart des parents de cette catégorie ont une bonne situation professionnelle. Après ce premier coup dur, certains ont entamé une vie commune avec un(e) nouveau (nouvelle) partenaire.

Des tendances sociales affirmées

On voit à l'issue de cet essai de classification à quel point les trajectoires divergent selon qu'on est homme ou femme.

Ainsi note-t-on chez les femmes deux grandes situations qui regroupent l'essentiel de la population : les mères célibataires abandonnées, et les mères indépendantes, parmi lesquelles se différencient les célibataires volontaires et les divorcées à leur initiative.

Ces différences de situations expriment d'abord des différences de niveau social, en effet, les mères abandonnées sont d'un niveau social très inférieur à celui des mères célibataires volontaires. La trajectoire correspond ici en grande partie aux possibilités propres à des milieux sociaux déterminés. Le cas des mères divorcées à leur initiative vient d'ailleurs corroborer cette analyse : de milieu social intermédiaire (employées qualifiées le plus souvent), leur démarche participe des valeurs et des normes dominantes dans les milieux populaires (mariées jeunes, elles ont souvent vécu de façon très traditionnelle), et de la remise en question de ces normes, propre aux couches intellectuelles (leur volonté d'indépendance va briser le cadre dans lequel elles s'inscrivaient et les pousser vers la vie active et la recherche d'un mode nouveau de relations).

La position des hommes est, elle aussi, très typée. On distingue également chez eux deux situations principales, qui ne sont que partiellement symétriques à celles des femmes :

– les pères abandonnés divorcés constituent le volet masculin des mères célibataires abandonnées. On voit bien en quoi la situation de ces hommes de milieu populaire diffère de celle des femmes : l'abandon s'effectue ici après une durée non négligeable de mariage et traduit une volonté d'indépendance de leurs épouses (avec refus des responsabilités), alors que les compagnons d'un temps des mères célibataires n'avaient, eux, jamais été dépendants. Ainsi, Marie-Agnès, tzigane, inactive, a conçu son enfant avec un vacancier de passage qu'elle n'a jamais revu. Elle vit en caravane avec sa petite fille, à côté de ses parents, et subsiste grâce à l'aide sociale. Damien, lui, est chauffeur de poids lourds. Il épouse sa femme alors qu'elle est enceinte. Trois ans après la naissance du deuxième, celle-ci, plus attirée par les personnes de son propre sexe, le quitte en lui laissant les enfants. Il s'installe alors chez sa mère, qui l'aide à élever ses enfants ;

– les pères conciliateurs constituent une catégorie dont l'importance ne trouve pas son équivalent statistique chez les femmes (cette situation représente une proportion bien moins grande des situations où elles sont gardiennes). Il s'agit là d'individus dont la séparation à l'amiable a pu s'accompagner d'une résidence alternée, et qui ont les moyens économiques et culturels, voire psychologiques, de réaliser une séparation qui les satisfasse.

Rapportées à leurs conditions de vie, on peut schématiquement opposer chez les pères deux grandes situations : ceux, de milieu populaire, pour qui la garde de l'enfant a été complètement subie par suite de l'abandon de la mère ; ceux, de milieu aisé, qui ont eu les moyens de choisir de s'occuper de leur(s) enfant(s) dans les meilleures conditions. Ils sont le symétrique, en quelque sorte, des mères indépendantes.

Si l'on veut résumer ces grandes tendances, on distinguera :

– les mères célibataires abandonnées, généralement de milieu populaire, courant qui a déjà une longue histoire, décrite et analysée par Nadine Lefaucheur sous la figure de la « fille-mère » ;

– les mères divorcées à leur initiative, de milieu plus qualifié, courant qui apparaît après la guerre et s'est beaucoup développé depuis les années soixante-dix ;

– les mères célibataires volontaires, tendance plus marginale qui concerne essentiellement les femmes de milieu intellectuel, et est apparue à la fin des années soixante ;

– les pères divorcés abandonnés, de milieu populaire, dont l'épouse est partie, les laissant seuls avec leur(s) enfant(s) ;

– les parents séparés de façon consensuelle, qui ont décidé ensemble des conditions de garde des enfants, et pour lesquels le couple parental est encore vivace ;

– les parents qui pratiquent la résidence alternée de l'enfant. Il s'agit là d'une des situations où l'on retrouve une grande proportion des hommes qui ont gardé la charge quotidienne de leurs enfants, et elle concerne essentiellement les catégories sociales aisées. Elle s'oppose en tout point à l'autre situation fréquemment représentée chez les hommes : l'abandon par la mère.

L'importance prise par ces dernières situations renvoie aux changements sociaux intervenus lors de ces trois dernières décennies, qui font qu'à côté du modèle encore dominant des relations familiales et sexuelles coexistent d'autres modèles, alternatifs à cette tradition dominante et qui s'expriment de façon privilégiée dans les milieux à fort capital culturel [2]. Une chose cependant semble résister aux remises en cause : la prépondérance de la mère dans le soin et l'éducation des enfants, *a fortiori* lorsque le couple se dénoue. La garde par le père est encore considérée comme a-normale (c'est-à-dire en dehors de la norme sociale), et correspond à une situation « marginale ».

---

2. Outre notre recherche déjà citée *(Imaginaire du couple et place des femmes dans l'espace du privé)*, voir G. Neyrand, « Imaginaire du couple et modernité », *Cahiers internationaux de sociologie*, n° LXXX, 1986 ; et G. Neyrand (dir.), *« La famille malgré tout »*, *Panoramiques*, n° 25, 1996. Voir aussi Jacques Commaille et Claude Martin, *Les enjeux politiques de la famille*, Paris, Bayard, 1998.

4

LA SPÉCIFICITÉ DES SITUATIONS SELON QUE L'ON EST PÈRE OU MÈRE

Ainsi, l'évolution des mœurs contemporaines touche de façon très différenciée l'un et l'autre sexe. Avant toute réorganisation de la vie quotidienne des parents, le processus même de la séparation est profondément marqué par cette évolution.

Des trajectoires matrimoniales divergentes

D'emblée, les trajectoires féminines s'infléchissent différemment de celles des hommes, alors même que sont envisagés le départ du domicile parental et l'accession à une autonomie nouvelle. La démarche des futurs parents isolés est la même que pour l'ensemble de la population des jeunes « entrant dans la vie active » ; les jeunes femmes partent plus tôt que les jeunes hommes et les raisons qu'elles invoquent pour justifier ce départ concernent d'abord la mise en couple (souvent dans l'optique de fonder une famille), puis le désir d'accéder à l'autonomie, enfin la poursuite des études ou les raisons professionnelles, alors que, pour les hommes, ce motif reste en tête, devançant la mise en couple, puis le désir d'autonomie.

En ces temps où le rapport entre vie privée et vie professionnelle évolue pour l'homme comme pour la femme, la prédominance masculine dans le domaine professionnel et la prédominance féminine dans le domaine familial demeurent. On retrouvera cette prédominance dans la carrière ultérieure, aussi bien au niveau de l'emploi occupé et des souhaits qu'il suscite que des raisons qui ont dicté l'évolution de la carrière professionnelle : les femmes connaissent une certaine insatisfaction quant à la nature de l'emploi qu'elles occupent, qui va de pair avec une évolution professionnelle beaucoup plus liée à des motivations familiales ; la carrière des hommes, elle, reste beaucoup plus dépendante de motifs professionnels et l'insatisfaction qu'ils peuvent ressentir concerne non pas leur poste, mais le manque des responsabilités qu'ils souhaiteraient endosser.

Dès lors, on comprend les inflexions divergentes de leur « carrière matrimoniale ». Motivées par un désir d'autonomie, qu'elles essaient souvent de mettre en œuvre au travers d'une mise en couple, les femmes pour lesquelles le processus matrimonial « dérape » se retrouvent ou mères célibataires abandonnées ou amenées à remettre en cause leur vie de couple qui n'a pas apporté ce qu'elles en espéraient et à demander le divorce, payant bien souvent au niveau professionnel le prix de leur indépendance et de leur « privilège » familial.

Lorsque les hommes « héritent » des enfants, cela reste à contre-courant de leur situation dans le complexe des relations sphère privée/sphère professionnelle ; il est ainsi tout aussi logique qu'ils restent minoritaires dans ce cas (moins d'un parent isolé sur sept à l'heure actuelle), et qu'il s'agisse alors, en dehors du cas des veufs, soit de pères abandonnés « qui font contre mauvaise fortune bon cœur », soit de pères « conciliateurs » dont une bonne part opte pour la résidence alternée.

Si l'on se penche de plus près sur les trajectoires féminines et masculines, on voit bien tout ce qui les sépare.

• Pour les femmes, à côté de la situation connue des mères célibataires abandonnées, dont l'importance a proportionnellement baissé, se sont développées les situations de célibat volontaire et, surtout, les situations d'émancipation vis-à-vis de l'autorité du mari, que l'on retrouve avec les femmes dont la séparation puis le divorce ont été effectués sur leur initiative et qui manifestent ainsi le désir de reprendre en main une destinée qui autrefois serait restée telle qu'elle avait été tracée d'emblée. Autre manifestation plus stigmatisée de ce désir d'indépendance, l'abandon du mari par la mère pour « refaire sa vie », en lui laissant enfants et charges accumulées, constitue une des modalités majeures selon lesquelles le père se trouve amené à prendre en charge lui-même le devenir familial. Enfin, dernière modalité, mais qui représente une proportion bien moindre des situations de garde que pour les hommes, des séparations consensuelles à l'issue bien souvent d'une usure du couple, et où la résidence est soit laissée à la mère d'un commun accord, soit partagée.

• Pour les hommes, chez qui la situation de paternité isolée reste encore marginale, la garde de l'enfant imposée au mari abandonné, qui jusqu'alors vivait sans trop de problèmes une union traditionnelle où l'épouse tenait le foyer, s'oppose au choix de la situation de résidence chez le père. On est alors dans un processus de conciliation avec l'autre parent, qui ménage ou non selon les cas la possibilité d'une résidence alternée, mais laisse généralement la porte ouverte au contact régulier de la mère avec ses enfants. Le choix est alors celui des deux parents et participe là encore d'une évolution sociale où les milieux intellectuels apparaissent en position privilégiée pour le « passage à l'acte » de nouvelles formes de vie qui renvoient à de nouvelles valeurs.

Les autres situations, plus conflictuelles ou plus complexes, laissent peu de place pour une catégorisation, du fait de la spécificité propre à chacune d'entre elles. Elles sont cependant révélatrices des soubresauts qui traversent, au-delà du cercle familial, le corps social tout entier, ses institutions (scolaires, assistancielles, judiciaires...) et son imaginaire.

Les différences entre les trajectoires masculines et féminines vis-à-vis de la famille et du milieu professionnel tiennent à leur position sociale asymétrique. Elles révèlent sur la plus grande précarité dont souffrent les mères, mais aussi leur goût plus prononcé pour la vie solitaire et la meilleure acceptation de leur situation (pourtant matériellement moins bonne), alors que les pères doivent lutter contre la tendance à l'éloignement de leurs enfants.

Des différences de situation sociale selon les sexes

Placés d'emblée dans des trajectoires divergentes, les mères et pères seuls se positionnent différemment dans la relation entre la vie familiale et la vie professionnelle. Il n'est pas rare de trouver des mères qui ont momentanément arrêté de chercher du travail afin de pouvoir se consacrer à l'éducation de leurs enfants, aidées en cela par les allocations, et qui ne reprennent une activité que lorsque leurs revenus menacent de s'effondrer à la suite de l'arrêt des allocations, alors que l'on ne trouve quasiment pas de pères dans ce cas.

La situation des femmes participe ainsi à la fois du consensus social, qui fait qu'il est plus difficile pour elles de trouver un emploi satisfaisant, et de leur attitude qui a tendance plus souvent à privilégier la vie familiale au détriment de leur carrière. Il est intéressant à cet égard de noter que l'accroissement de leur qualification ne s'accompagne pas, à l'inverse des hommes, d'une amélioration significative de leur stabilité professionnelle. Pour les hommes de niveau cadre, la paternité isolée ne constitue pas un handicap professionnel très lourd dans la mesure où, rapidement, ils trouvent un substitut à l'absence de la mère, alors que cela reste beaucoup plus un handicap pour les mères, ainsi que le film *Baby boom* nous le présente sur un mode humoristique. Peu aidées par des partenaires, dont la présence est nettement moins probable, les mères de professions intellectuelles voient leur carrière beaucoup plus facilement compromise que les pères de même niveau.

De fait, hormis le cas des pères abandonnés, parmi lesquels nous avons trouvé les situations les plus « catastrophiques », ce sont les hommes qui jouissent des meilleures situations qui envisagent le plus facilement de garder leurs enfants en cas de séparation. Dès lors, rien d'étonnant à ce que globalement les femmes aient un niveau moyen de revenus nettement plus bas, un taux de précarité professionnelle plus élevé s'accompagnant d'une proportion beaucoup plus importante, chez elles, de parents qui vivent essentiellement des revenus des allocations ; elles sont globalement moins bien logées, moins bien équipées et moins satisfaites de leurs conditions de vie.

Pourtant, elles sont beaucoup plus souvent satisfaites de leur situation d'isolement. Le repli sur la relation à l'enfant est mieux vécu que pour les pères et explique leur désir moins fréquent de renouer des relations sentimentales. Beaucoup de mères se satisfont ainsi de ce recentrage sur l'enfant [1]... Fait caractéristique, à l'inverse des hommes, le jugement des femmes sur leur situation est allé en s'améliorant avec l'expérience de cette vie qui, pour elles, habituées à supporter l'essentiel des charges domestiques, est moins pénible qu'elles ne le pensaient de prime abord.

Les hommes, eux, supportent plus mal une situation pour laquelle ils n'ont pas été socialisés, ce qui explique aussi leur plus grande

1. Ce qui induit un risque fusionnel de « captation psychique » fréquemment dénoncé. Pour l'explicitation de la logique de cette attitude, voir Gérard Neyrand, « Conjugalités plurielles et renouvellement de la parentalité », *Dialogue, « Nouveaux couples, nouvelles familles »*, n° 150, 4e trimestre 2000.

tendance à chercher à combler l'absence de la mère dans une situation qu'ils vivent beaucoup plus comme celle de « parent isolé », avec toute la charge que cela suppose. Ils ont ainsi plus rapidement et plus souvent des relations suivies avec de nouvelles partenaires, s'accompagnant plus fréquemment de vie commune. Les professions intellectuelles se démarquent là encore, dans la mesure où quasiment tous leurs représentants masculins ont connu une nouvelle vie commune, à l'opposé des femmes de leur milieu comme des autres femmes et des autres hommes.

Un soutien important de l'entourage, plus fréquent chez les pères

La plus grande fréquence d'aide de l'entourage à l'égard des pères tient à la présence des nouvelles partenaires. De fait, ces partenaires interviennent généralement pour aider les pères dans leurs charges quotidiennes, alors que c'est rarement le cas pour les mères. De la même façon, lorsqu'une aide occasionnelle est apportée par des amis, ce sont avant tout des femmes qui interviennent, surtout auprès des mères, mais cette aide ne compense que partiellement l'absence significative d'aide apportée par un nouveau partenaire.

Alors que cela n'apparaît pas vraiment dans leur discours, les pères qui ont la charge quotidienne de l'enfant fonctionnent comme s'ils cherchaient à trouver un substitut à l'absence de la mère (par leurs nouvelles compagnes et par l'appel à des gardiennes privées) ; au contraire des mères qui, si elles ne manifestent pas particulièrement une recherche de ce type, vivent beaucoup plus cette absence en termes de manque pour l'enfant et évoquent la figure sociale du père (en termes de « substitut paternel », d'« autorité absente », d'« image du père »...).

Il faut cependant se garder de caricaturer : si la tendance est que, effectivement, d'une part les pères soient plus aidés, d'autre part que ce soit plus des femmes qui apportent cette aide, il n'en demeure pas moins que nombre d'hommes interviennent de façon très active auprès des parents seuls et que nombre de mères bénéficient d'une aide importante de la part de leur entourage.

La position des institutions apparaît, elle, plus neutre. Il est nécessaire toutefois de distinguer entre leur fonctionnement, qui, une fois le processus enclenché, ne fait *a priori* aucune distinction entre les parents, et la position des acteurs concrets au sein des rouages institutionnels, qui peut sembler parfois répondre à des présupposés largement répandus dans le corps social. Ainsi plusieurs pères ont-ils nettement ressenti l'incrédulité des travailleurs sociaux ou des administratifs face à l'existence de leur situation de pères seuls et ont-ils dû batailler pour se faire reconnaître ; ce qui n'a pas manqué d'entraîner pour eux difficultés et retards dans l'aide qui leur a finalement été octroyée.

Parallèlement, alors que certains ont des difficultés à faire admettre leur spécificité face à des gestionnaires sociaux dubitatifs, d'autres bénéficient parfois d'une attention bienveillante de la part des personnels de l'accueil de l'enfance. Par exemple, certaines institutrices compréhensives font de la garde d'enfants après la sortie des classes en attendant le père. Ces aides ponctuelles et informelles n'effacent pas pour autant les problèmes rencontrés à d'autres niveaux.

Hormis ces écarts dans l'attitude des personnels des diverses institutions, hommes et femmes ne connaissent pas de différence de traitement au niveau des allocations acquises.

Malgré le bien-fondé des critiques qui ont été formulées par certains, l'attitude des institutions d'accueil de la petite enfance et celle des institutions dont la fonction est d'apporter une aide, généralement financière, constituent un élément essentiel permettant aux parents d'assurer la charge de socialisation de leurs enfants. Sans cet apport, beaucoup de parents seraient dans le dénuement le plus complet.

L'attitude de l'institution judiciaire constitue un cas un peu à part dans la mesure où elle se singularise des autres administrations en contact avec les parents isolés qui se sont, du fait de leur fonction sociale spécifique, adaptées beaucoup plus rapidement à l'évolution des mœurs. Ce n'est pas un hasard si les dénonciations énoncées sont surtout le fait de pères, qui constituent un peu les « parents pauvres » de la justice. Ils bénéficient là, si on peut dire, de leur non-spécialisation dans le domaine familial, qui a, selon les secteurs, des effets contradictoires. Nous allons avoir l'occasion dans la deuxième partie de revenir en détail sur cette position spécifique de la justice.

De quelques situations nouvelles qui « posent problème »

Deux nouveaux cas de figure illustrent parfaitement les changements de mentalité en cours : celui des pères revendiquant un égal accès à leurs enfants et celui des « mères célibataires volontaires ».

Alain, par exemple, ne supporte pas d'avoir été débouté par le juge de sa demande de résidence alternée et de n'avoir accès à ses enfants qu'épisodiquement. Il a adhéré à une association de pères et y trouve le soutien nécessaire pour essayer d'obtenir une révision de son jugement. Adeline, elle, déçue par son ex-mari avec lequel elle a eu un premier enfant, décide d'en élever seule un deuxième conçu avec un partenaire de passage.

À travers cette volonté de certaines mères de « faire un bébé toutes seules », et celle des pères, de plus en plus nombreux, qui remettent en question les décisions d'attribution de la résidence habituelle de l'enfant à la mère et demandent à être traités sur un pied d'égalité, s'affirment la référence à des modèles différents de celui de la famille triangulaire traditionnelle et le poids pris par la norme individualiste d'affirmation personnelle à travers le rapport à l'enfant.

Dans cette perspective, les stratégies défensives dénonceront avant tout les écarts par rapport à la norme familiale qui paraissent d'emblée représenter un danger social, sous l'invocation devenue obligatoire du bon équilibre de l'enfant, tout autant que l'on soupçonnera les fautifs de perturbations psychologiques diverses. De fait, la notion d'intérêt de l'enfant, principe directeur de la législation sur le divorce, privilégie la norme familiale traditionnelle comme référence à la mise en place de la garde des enfants. Face à une famille désunie, le moindre mal est alors d'accorder à la mère la résidence de l'enfant, en excluant le père *a priori* de cette possibilité, du fait de la plus grande capacité « naturelle » de la mère à l'éducation des enfants. *A contrario*, chez la mère célibataire volontaire, qui s'est inscrite en opposition à l'ordonnance des relations familiales, est dénoncé un désir illégitime d'appropriation personnelle de l'enfant, alors que la mère divorcée ou séparée n'est pas soupçonnée d'un tel désir, dans la mesure où la conception s'est effectuée dans le cadre régulateur du couple. Confrontée à l'éclatement de la famille, elle constitue le pôle de référence sociale pour la fonction parentale, et bénéficie ainsi d'un préjugé qui lui est favorable.

Il est vrai que l'apparition dans les années soixante-dix de la revendication par certaines femmes d'une maternité célibataire volontaire a été l'indice d'un bouleversement profond du positionnement social vis-à-vis de la sexualité et de la famille, qui a placé la parenté dans une position éminemment polémique. On sait depuis avec quelle ampleur ces mutations se sont exprimées : un taux d'activité professionnelle féminin si élevé que le modèle de la femme au foyer s'en est trouvé désactivé, la possibilité d'une sexualité maîtrisée grâce aux avancées de la contraception, l'explosion du divorce et de l'union libre qui, renversant les données antérieures, ont d'abord été le fait des femmes. Bref, une évolution fondamentale aussi bien qu'ambiguë, car elle exprimait ainsi la faillite d'un certain ordre familial patriarcal et procédait par soubresauts et déchirements à la mise en évidence de sa crise sans proposer d'alternative véritable. Soumis à de telles attaques, le modèle familial traditionnel n'a cependant pas sombré, il s'est simplement restructuré autour de la possibilité d'une famille à double carrière et de l'aménagement d'une nouvelle place de la femme sans que l'emprise de la spécialisation sexuelle des rôles soit vraiment remise en cause.

Conséquence seconde de cette évolution, le couple demeure la seule structure de référence de socialisation des enfants et la mère, la dépositaire par nature de cette socialisation. Dès lors, la situation monoparentale volontaire comme son symétrique, le paternage intempestif, ne peuvent plus apparaître que comme anormalité, danger pour l'ordre social, voire pour l'individu lui-même. La mère célibataire est dénoncée comme un être immature, niant la fonction paternelle et la place symbolique du père dans le système de la parenté. En parallèle, la dissociation d'un couple parental constitué doit normalement s'accompagner d'une garde des enfants par la mère, déniant aux nouveaux pères la légitimité d'une position parentale symétrique, un droit égal à la garde, ou même le partage des enfants, car le père occuperait alors une place qui, socialement, n'est pas la sienne, et dénierait par la même occasion la fonction symbolique dominante et traditionnelle de la paternité, sa spécialisation publique et sociale.

Ainsi, les situations d'organisation des rapports entre les sexes qui s'écartent de la norme familiale apparaissent encore comme des anomalies, des déviances. Même si certains discours tendent à les légitimer, elles demeurent dans les référentiels institutionnels à proscrire, mais peut-être pour très peu de temps encore... Position qui s'appuie sur la référence à l'ordre d'un certain savoir psychologique qui vient renforcer l'évidence de la norme [2]. Rappelons à cet égard ces propos de Winnicott, qui

2. Les alternatives au mode de socialisation dominant que constitue la famille nucléaire ont fait long feu. La quasi-disparition de la famille élargie n'a été relayée que sur une brève période par des conceptions communautaires de l'éducation, illusoirement appuyées sur des références extérieures au système social (par exemple, les kibboutzim). Pour un approfondissement de cette question, voir G. Neyrand, *L'enfant, la*

– nonobstant son génie – indique à quel point les savoirs sont immergés dans les mentalités de leur époque. « Le père est incapable de tirer du plaisir du rôle qu'il doit jouer et incapable de partager avec la mère la grande responsabilité qu'un bébé représente toujours pour quelqu'un[3]. »

Ces situations atypiques sont toutes les deux expressions symétriques d'un consensus de gestion familiale qui a longtemps ressorti à une norme sociale générale : la famille nucléaire aux rôles parentaux bien définis. Le père, traditionnellement spécialiste de l'extérieur, du public, y a vu son importance indexée à la place symbolique de support du nom (la filiation) et de l'autorité (la loi) ; la mère, gardienne de la sphère de l'intimité, occupe toujours auprès de l'enfant le rôle éducatif premier, celui du contact physique et affectif, si justement dénommé maternage.

Quoi de plus naturel, en effet, que la forme familiale triangulaire, père-mère-enfant, telle que nous la connaissons ? Dans sa naïveté même d'évidence de la nature, elle va écarter les pères divorcés ou séparés de la possibilité de continuer à s'occuper correctement de leurs enfants après la séparation. La logique sociale encore dominante nous place ainsi devant une sorte de paradoxe : dénier à une mère « volontairement » seule le droit d'élever en bonne conscience son enfant et enjoindre à la mère seule « involontairement » d'élever seule son enfant en déniant au père la capacité d'assumer cette fonction, voire de la partager. Dans ces cas, symétriques d'une certaine façon, la mère sans père reconnu, et le père sans enfant, le même système de références familial a fonctionné pour stigmatiser, anormaliser, marginaliser les tenants de ces situations, leur refusant une identité propre, au risque d'une dérive des codes, des normes, des références.

En ce sens, les mouvements féministes des années soixante-dix revendiquant une maternité autonome[4] et les associations de pères divorcés ou séparés des années quatre-vingt-quatre-vingt-dix revendiquant l'accès à leurs enfants participent d'un même processus de contestation du modèle familial normatif. Les représentants institutionnels ont énoncé jusqu'alors la version renouvelée de cette norme : la mère

mère et la question du père. Un bilan critique de l'évolution des savoirs sur la petite enfance, Paris, PUF, 2000.

3. D. W. Winnicott, *Jeu et réalité*, Paris, Gallimard, 1975 (1971).

4. Sans qu'il y ait forcément déni de la paternité. La mise à l'ordre du jour de la question de l'homoparentalité relance actuellement ce débat sur la filiation. *Cf.* Martine Gross (dir.), *Homoparentalités, état des lieux. Parentés et différence des sexes*, Paris, ESF, 2000.

est naturellement mieux armée pour éduquer l'enfant, nous disent les juges et bien souvent les psychologues, et la résidence alternée est préjudiciable à l'intérêt de l'enfant.

Dès lors, l'étude approfondie de la résidence alternée de l'enfant, pratique qui autorise la continuité de l'action éducative des deux parents séparés, permettra une meilleure compréhension de ses limites et de son intérêt.

II

La résidence alternée de l'enfant : un hiatus entre les parents et la justice

On a vu que, dans l'éventail très large des pratiques concrètes de prise en charge des enfants après l'éclatement du couple conjugal, l'une d'entre elles se caractérise par un ensemble de traits spécifiques qui lui confèrent une certaine exemplarité : la résidence alternée de l'enfant chez les deux parents.

Il convient dès lors de préciser plus largement ce que l'on entend par ces termes. Lorsque deux parents sont séparés, la résidence alternée, dans son acception courante, apparaît comme une pratique de prise en charge d'un (ou des) enfant(s) par un parent durant une période définie, puis par l'autre parent sur une période équivalente, et ainsi de suite. Cette pratique suppose l'exercice en commun de l'autorité parentale. L'alternance de résidence de l'enfant chez l'un et l'autre parents s'accompagne généralement d'une proximité des domiciles de ceux-ci, surtout lorsque le cycle de l'alternance exerce une influence non négligeable sur le mode de vie des enfants dans la mesure où les cycles peuvent être très différents et varier d'une journée à un an, voire plus.

Reconnue du bout des lèvres par l'institution judiciaire au niveau jurisprudentiel, après la loi de 1975 autorisant le divorce par consentement mutuel, cette pratique de garde alors désignée sous le terme de « garde alternée » a été prohibée par arrêt de la Cour de cassation du 2 mai 1984. Dès lors, elle ne possède plus d'existence juridique reconnue. Les mouvements de revendication se développent alors et expriment une sévère critique de l'attitude jugée trop rigide de l'institution. Dans la pratique, en effet, une forte demande en faveur de la garde alternée s'exprime dans certains milieux, et de nombreux couples se sont organisés de cette façon.

La loi du 22 juillet 1987 semble constituer une réponse à certaines de ces critiques, avec l'importance nouvelle accordée à l'exercice conjoint de l'autorité parentale, qui permet au père d'être associé à toutes les décisions importantes concernant la vie de l'enfant.

Pourtant, elle verrouille toute possibilité de garde alternée. En effet, elle redéfinit les termes de l'intervention judiciaire sur la situation des enfants de parents séparés. Elle apporte un nouvel éclairage sur la façon dont doivent être pris en compte par le juge les cas de séparation qui lui sont soumis et complète ces nouvelles dispositions par la reconnaissance de nouveaux droits aux parents séparés non mariés qui sont susceptibles de bénéficier eux aussi de l'exercice en commun de l'autorité parentale, pour peu qu'ils fassent déclaration de leur décision au juge des tutelles.

L'un des éléments clés de cette loi se trouve dans le passage de la notion de garde à celle d'autorité parentale. Cela correspond entre autres à une volonté de bien différencier l'« exercice de l'autorité parentale », qui peut être attribué à l'un ou l'autre des parents ou aux deux, de la « résidence habituelle de l'enfant » sur laquelle le juge est aussi amené à statuer. Cette « résidence habituelle » concerne alors la mère, le père, voire un tiers, mais ne laisse pas explicitement place à la possibilité que la résidence de l'enfant soit attribuée alternativement à l'un et l'autre parent, même sous certaines conditions et selon un cycle défini.

Ainsi, si la notion d'exercice de l'autorité parentale permet de rompre avec l'assimilation de la notion de garde à l'« entier gouvernement de la personne de l'enfant [1] » en distinguant l'exercice de l'autorité de la résidence de l'enfant, elle semble conforter paradoxalement ceux qui critiquaient la « garde alternée », dans la mesure où, jusque-là, le juge devait « respecter la volonté des parents » en ce qui concerne la garde, et qu'il doit désormais dire où est la « résidence habituelle de l'enfant ».

La loi du 8 janvier 1993 va assouplir la position de la justice sans la changer fondamentalement. Elle institue l'autorité parentale conjointe comme norme de référence (et non plus comme simple possibilité) et privilégie l'accord amiable sur la résidence, tout en maintenant l'idée de

1. E. S. de La Marnierre, « Exercice en commun de l'autorité parentale sur les enfants dont les parents sont divorcés ou célibataires », *Gazette du Palais*, 7 octobre 1987, p. 2.

résidence habituelle. Ce qui donne : « L'autorité parentale est exercée en commun par les deux parents, le juge désigne, à défaut d'accord amiable ou si cet accord lui paraît contraire à l'intérêt de l'enfant, le parent chez lequel les enfants ont leur résidence habituelle. »

Ce qui ne manque pas de poser problème, lorsque est évoquée la résidence alternée et même si elle est souhaitée par les deux parents. En fait, la décision reste alors en grande partie du ressort du juge et dépend de ce qu'il estime être souhaitable pour l'enfant, compte tenu du contexte... et de l'hostilité dominante à l'égard de ce mode de résidence.

L'exercice en commun de l'autorité parentale
(après divorce ou séparation de corps)

La possibilité d'exercer ensemble cette autorité parentale nécessite un accord des parents pour se répartir et pour concourir à l'exécution de leurs devoirs envers leurs enfants : la réforme du divorce l'a rendue possible par la loi du 13 juillet 1975 (Marie-France Nicolas-Daguin, « À propos de la garde conjointe des parents divorcés », D., *Chronique*, p. 111). Si diverses tentatives ont été faites pour que l'autorité parentale soit attribuée conjointement aux deux parents divorcés, ou plus exactement que la garde conjointe leur soit donnée, il faut constater cependant que nombreux sont les arrêts qui écartent systématiquement cette possibilité (Reims, 19 novembre 1981, *Gazette du Palais*, 1982, 1, sommaire p. 172). Vu les rares arrêts qui envisagent cette garde conjointe (à condition que les parents soient profondément d'accord), des répartitions entre les différents éléments de l'autorité parentale sont quelquefois faites.

La loi de juillet 1987, en supprimant la notion de « garde », tend à supprimer de ce fait celle de « garde conjointe » pour la remplacer par celle d'« exercice conjoint de l'autorité parentale ». Il appartient au juge de fixer la résidence habituelle de l'enfant, ce qui n'empêchera pas ce dernier d'aller dormir ailleurs. Cette possibilité laissée à l'enfant d'aller vivre avec l'autre parent chez qui la résidence habituelle n'a pas été fixée ouvre théoriquement la voie, sinon juridiquement (car elle n'est pas interdite), à l'instauration d'un régime de résidence alternée.

La « résidence alternée » consisterait dans l'option offerte à l'enfant de résider alternativement chez son père et chez sa mère. Cette solution a été généralement rejetée en ce qu'elle était contraire aux intérêts de l'enfant. Toutefois elle a pu être envisagée favorablement sous condition d'un long délai d'alternance de l'ordre d'un an (Nîmes, 29 octobre 1980, Montpellier, 22 avril 1980, *Gazette du Palais*, 1981, note Brazier).

> Il faut préciser que cette garde alternée demeure encore dans l'esprit de la loi comme non conforme à l'intérêt de l'enfant ; elle avait été proposée par l'association « Condition masculine, soutien de l'enfance » comme étant propre à rétablir l'équilibre entre père et mère de l'enfant, de manière que celle-ci ne bénéficie pas en fait et quels que soient ses torts d'un traitement de faveur.

La possibilité de l'option « résidence alternée » en cas d'exercice conjoint de l'autorité parentale se trouve dès lors pratiquement exclue, alors que, dans certains milieux, la pratique de la résidence en alternance chez les deux parents apparaît avec une fréquence que la rareté des décisions judiciaires dans ce sens ne permet pas d'appréhender (que ce soit parce que les parents s'abstiennent de faire appel à la justice ou parce que la décision judiciaire ne va pas dans le sens de leur désir).

Pourtant, certaines possibilités sont laissées au juge d'adapter sa décision. Celle-ci reste grandement tributaire de sa propre sensibilité au problème, elle va osciller entre les deux logiques juridiques que définit Jacques Commaille, logiques qui se fondent, « d'un côté, sur des valeurs "civilistes" privilégiant la référence à la loi, l'énoncé des règles et des principes régissant la vie familiale, tels qu'ils sont contenus par exemple dans le droit civil, de l'autre côté, sur des valeurs "familialistes", ou de gestion sociale, où il s'agit moins d'appliquer des règles et principes préétablis que de collaborer à la mise en œuvre de finalités sociales [2] ».

Il importe dès lors de préciser la position de la loi sur le sujet, avant de définir le hiatus pouvant exister entre les pratiques des justiciables au niveau de la résidence de l'enfant et les interprétations que les juges et avocats font de la loi.

Cette partie est ainsi divisée en deux sous-parties : après la présentation du cadre fourni par la loi et des discussions dont elle a été l'objet, nous présentons la façon dont des parents ont mis en œuvre leurs pratiques de garde de leur(s) enfant(s), notamment pour ceux qui ont pratiqué une garde alternée (avant 1987) ou une résidence alternée (après 1987) ; ensuite nous abordons les positions développées par des juges aux affaires matrimoniales et des avocats, de Paris et petite couronne, et d'Aix-Marseille.

Sont ensuite mis en perspective les résultats obtenus auprès des parents avec les pratiques développées par les juges.

---

2. « Ordre familial, ordre social, ordre légal », *L'Année sociologique*, volume 37, 1987, p. 282-283.

5

LE CONTEXTE DE LA LOI MALHURET DE JUILLET 1987 [1]

Ce chapitre traite des conditions de production de la loi qui a inauguré la gestion moderne de la situation de l'enfant après la séparation. Le lecteur peu sensible aux questions juridiques peut passer directement à la synthèse qui en est faite (p. 73).

La loi du 22 juillet 1987 portant réforme de l'autorité parentale témoigne d'une double volonté de garantir à l'enfant le droit naturel de conserver ses deux parents au-delà de la dissolution des liens conjugaux légitimes, et de réserver à l'enfant vivant dans une famille naturelle un traitement identique à celui qui est accordé à l'enfant de parents divorcés. Sans aller jusqu'à la reconnaissance juridique des familles naturelles, en supprimant notamment toute la disparité entre le régime du mariage et celui du concubinage, la loi marque une étape dans la promotion des couples non mariés, tout en s'efforçant de ne pas favoriser la chute du mariage, conformément au souci, exprimé à

---

1. Ce texte constitue une version résumée du chapitre rédigé par Sahra Mekboul à la suite de son étude des textes juridiques concernant la loi de 1987. La version intégrale est consignée dans le rapport de recherche *Résidence alternée de l'enfant et exercice commun de l'autorité parentale chez les parents séparés*, CIMERSS/CNAF et Fondation de France, 1993.

plusieurs reprises par ses auteurs, de ne pas subir l'évolution[2]. Ce jeu de cache-cache avec les transformations des cellules familiales a valu à cette loi d'être appelée « loi gadget », qui n'apportait aucune solution nouvelle en droit positif, n'ayant en fait qu'entériné la jurisprudence. Les nouveaux droits et devoirs reconnus aux pères légitimes divorcés et aux pères naturels ont conduit certains à dénoncer la philosophie propaternelle de la réforme et à ironiser sur le secrétaire d'État chargé des droits « des hommes » et non de l'homme.

En fait, il semble que la loi soit sous-tendue par la recherche de l'intérêt de l'enfant dont l'équilibre suppose la présence de ses deux parents. D'où l'affirmation de l'égalité des sexes dans le nouvel équilibre des pouvoirs parentaux. M. Malhuret rappelle la participation des pères dans l'organisation de la vie familiale et le sens des responsabilités des pères naturels, visible à travers l'accroissement du nombre de reconnaissances par le père dès la naissance et dans l'année qui suit la naissance. Jusqu'en 1972, seuls 22 % d'enfants naturels étaient reconnus par un père à leur naissance ; en 1987, 50 % à la naissance et 70 % dans l'année qui suit la naissance.

La donnée invariable est que l'enfant ne peut continuer à vivre avec ses deux parents après leur rupture de vie commune. Avant la loi du 4 juin 1970, les règles en matière de divorce conduisaient au démembrement des attributs de la puissance paternelle : la garde et l'éducation étaient le plus souvent confiées à la mère, le père conservant les autres prérogatives. La réforme de 1987 entend renforcer les chances de survie de la parentalité indépendamment de la carrière de la conjugalité en instituant l'exercice conjoint de l'autorité parentale après la séparation des parents.

L'article 287 nouveau dispose que, selon l'intérêt des enfants mineurs, l'autorité parentale est exercée soit en commun par les deux parents après que le juge a recueilli l'avis de ceux-ci, soit par l'un d'eux. En cas d'exercice en commun, le juge indique le parent chez lequel les enfants ont leur résidence habituelle.

2. Pierre Mazeaud, rapporteur de la Commission des lois, JO, AN, 7 mai 1987. « L'évolution des mœurs et de la pratique familiale conduit le législateur à adopter le texte [...] pour répondre aux situations nouvelles [...], voire à stopper certaines évolutions dont les conséquences pourraient nuire à la conception que nous avons de notre société. »

L'indistinction de l'autorité parentale et de la résidence de l'enfant dans l'ancienne garde alternée

La réforme du divorce a engendré ou revivifié des interrogations sur la « garde alternée » et la « garde conjointe », qui se sont développées compte tenu de nouvelles figures du divorce. Le principe de la « garde alternée » pouvait être théoriquement approuvé : le père et la mère auraient alternativement la garde selon des périodes qu'ils auraient à déterminer sous le contrôle du juge. L'article 287 ancien, s'il ne visait pas expressément cette possibilité, ne l'interdisait pas dès que l'intérêt de l'enfant était respecté ; ce que le juge pouvait décider, les époux pouvaient *a fortiori* l'organiser dans le divorce sur requête conjointe. Mais un inconvénient pratique résultait du transfert automatique de l'autorité à celui qui avait la garde, inconvénient auquel on pouvait apporter la solution suivante : selon les époques de l'alternance, l'un des parents aurait les prérogatives principales sur l'enfant – garde et éducation –, ainsi que celles sur les biens, l'autre, les prérogatives secondaires – visite et surveillance [3].

La garde conjointe préfigurait le partage de l'autorité parentale

Les objections soulevées par le principe de la garde conjointe sont d'un autre ordre. Les textes en vigueur avant 1987 s'opposent *a priori* : l'article 287 ancien dispose que la garde est confiée à l'un ou l'autre, l'article 373-2 que l'autorité est exercée par celui, et non par ceux, à qui le tribunal a confié la garde. À cet argument textuel, l'on pourrait faire valoir que l'exercice en commun de l'autorité parentale serait le modèle vers lequel même la famille désunie pourrait tendre, dès l'instant où il n'y aurait pas d'hostilité entre les époux séparés. En fait, il fallait distinguer selon les cas de divorce. L'article 287 ne vise pas le divorce sur demande conjointe, dans lequel la garde conjointe pourrait être admise. Face à cette situation en 1983, la Cour de cassation a réagi par une interprétation extensive de l'article 287 en admettant pour la première fois que la garde conjointe et l'exercice conjoint de l'autorité parentale pourraient être décidés en cas d'accord entre les parents, et, en 1987, même en l'absence d'accord préalable dès lors que l'intérêt de

3. Claude Colombet, « L'autorité parentale à l'épreuve... » Paris, Economica, 1983, p. 9.

l'enfant l'exige. Cette consécration législative d'un principe jurisprudentiel entendait faire disparaître la réticence des juges de fond à accepter la notion de « garde conjointe » (pourtant reconnue par la Cour de cassation pour les enfants naturels), et combattre la confusion entre la notion de garde et ses attributs, et celle d'autorité parentale. Il convenait donc, d'une part, de séparer la garde de l'autorité parentale, d'autre part, de préciser « *l'exercice de cette autorité qui à elle seule comprend l'ensemble des attributs résultant de la garde et l'exercice de l'autorité parentale* ».

La nouvelle loi : une synthèse imparfaite entre deux conceptions antagonistes

Ainsi, dans la logique de l'ancienne loi, la « garde alternée » et la « garde conjointe » étaient deux configurations exclusives l'une de l'autre, deux façons différentes d'organiser la garde dans le temps. La « garde alternée » ôtait l'autorité parentale à l'un au profit exclusif de l'autre sur une durée donnée. La « garde conjointe », au contraire, maintenait cette autorité conjointement aux deux parents, mais restait en porte-à-faux sur la question de la résidence de l'enfant.

Dans la lettre et l'esprit de la nouvelle loi, en différenciant l'autorité parentale de la résidence de l'enfant, la notion même de garde disparaît. Mais, pour un grand nombre de commentateurs, accoler au terme de résidence celui d'*habituelle* ressuscite l'idée de garde, et par conséquent tous les problèmes soulevés dans le passé à son sujet. Il est vrai cependant que, contrairement à la « garde », la « résidence habituelle » fixée chez l'un des deux parents divorcés dans le cadre de l'exercice conjoint de l'autorité parentale ne dépouille nullement l'autre parent des prérogatives de cette même autorité.

L'innovation principale réside ainsi dans la reconnaissance implicite du lien établi entre l'épanouissement de l'enfant et le maintien de relations parentales assidues, rendues possibles grâce à l'autorité parentale conjointe au-delà de la rupture de la vie commune. Est ainsi entériné le plus « grand avantage des enfants » comme principe de référence au détriment de ce que préconisait l'ancien article 302 : le gain du divorce (« les enfants sont confiés à l'époux qui a obtenu le divorce »). Le texte actuel consolide nettement la validité légale de ce critère et confirme le pouvoir d'appréciation du juge.

Le pouvoir d'appréciation du juge

L'intérêt de l'enfant semble ne constituer qu'une notion cadre [4], qu'une de ces « notions légales à contenu indéterminé, de normes formelles mais imprécises dont le contenu virtuel a besoin d'être précisé », l'« agent du complément » étant le juge [5]. Le flou de la notion conduit à considérer l'intérêt de l'enfant non pas comme une fin en soi, mais comme un instrument opérationnel, dont l'utilisation est confiée au juge dans sa fonction d'attribution de l'exercice conjoint de l'autorité parentale. Devant chaque situation concrète, le juge se fonde sur des facteurs objectifs et subjectifs, d'une part, en considérant les bases de l'intérêt de l'enfant que constituent son développement physique et moral, la nature de ses relations affectives et son intégration dans la société [6], d'autre part, en s'informant des besoins de l'enfant, de son caractère, de son milieu, de ses parents [7].

La lecture des attendus des décisions rendues en matière d'exercice conjoint de l'autorité parentale et en matière de résidence habituelle de l'enfant fait apparaître l'approche essentiellement subjective du juge, qui ne dispose ni du temps, ni des moyens lui permettant de procéder à une analyse approfondie. Les associations de parents (Mouvement pour l'égalité parentale, Association des familles monoparentales), les magistrats et les avocats déplorent que le juge aux affaires matrimoniales ne consacre que quelques minutes à chaque affaire. En fait, les auteurs font remarquer que c'est le temps plus que les moyens qui fait défaut au juge. Tous les instruments procéduraux existent, qui lui permettent de mieux analyser chaque situation (accords passés entre les époux, enquêtes sociales, audition des mineurs).

Les accords passés entre les époux

Ces accords ont une importance différente selon la procédure de divorce retenue. En cas de divorce par consentement mutuel, le législateur demande aux époux d'étendre leurs accords sur le constat d'échec

---

4. Hughes Fulchiron, *Autorité parentale et parents désunis*, CNRS, Centre régional de publication de Lyon, 1985.

5. G. Cornu, « L'apport des réformes récentes du Code civil à la théorie du droit civil », cours de doctorat, p. 136.

6. M. Donnier, « L'intérêt de l'enfant », D. 1959, *Chronique*, p. 179.

7. M. J. Gerbler, « Divorce : conséquences à l'égard des enfants », *Jurisclasseur civil*, fascicule n° 70.

de leur mariage à un accord sur les conséquences de la séparation en présentant au juge une convention réglant notamment leur relation avec leurs enfants. En prononçant le divorce, le juge homologue ou non la convention. La nouvelle loi est considérée comme un élargissement de la marge de manœuvre laissée au juge. La faculté que la loi lui accorde d'imposer l'exercice conjoint de l'autorité parentale sans l'accord des parents réduirait le risque d'« accords arrangés ». Cette faculté peut aussi conduire les parents divorcés à changer d'attitude vis-à-vis de l'autorité parentale conjointe dans l'après-divorce. Dans les autres cas de divorce, les époux peuvent être incités par le nouveau dispositif législatif à inclure, parmi les accords réglant à l'amiable les conséquences de leur divorce, une entente sur l'exercice en commun de l'autorité parentale.

L'audition de l'enfant

Contrairement à l'enquête sociale, qui ne devait pas subir de changement significatif, l'audition de l'enfant transforme l'édifice légal du droit de l'enfant. Comme dans le système antérieur, l'audition des enfants de moins de 13 ans n'a lieu que si elle paraît nécessaire et ne comporte pas d'inconvénient pour eux. Celle des plus de 13 ans ne peut être écartée que par « décision spécialement motivée ». Le principe de l'audition de l'enfant est considéré par certains comme culpabilisant et traumatisant pour lui [9]. D'autres, au contraire, sont favorables à la participation de l'enfant à la décision qui les concerne au premier chef [10].

La quasi-obligation d'entendre les mineurs de plus de 13 ans s'inscrit dans l'évolution actuelle du droit de la famille et se trouve justifiée par le fait que la transformation de la société rend plus précoce la maturité d'esprit du mineur. Le seuil de 13 ans a été retenu parce qu'il correspond à la majorité pénale. L'insuffisance quantitative et qualitative des rapports d'enquêtes sociales justifie le recours à l'audition. Elle tendrait à assainir le climat, et à éviter d'exposer l'enfant à la manipulation que favoriserait la demande d'audition par un seul parent. Une « décision spécialement motivée » justifiant un refus d'audition a été préférée à une « audition obligatoire ». Elle devrait conduire le juge à ne plus se contenter de motifs généraux (risques psychologiques, immaturité de l'enfant) ou de motivations préétablies, et l'inciter à une

9. *Cf. Le Monde de l'éducation*, « Les enfants du divorce », avril 1982.
10. Rapport Pelletier, *Rapport sur la garde des enfants du divorce*, mars 1981, p. 43.

plus grande individualisation de sa décision. Outre l'âge de l'enfant, l'obligation de l'audition est soumise à la procédure de divorce utilisée. Le divorce sur requête conjointe ne semble pas devoir être concerné, puisque ce sont alors les parents qui déterminent l'exercice de l'autorité parentale, l'article 290 visant des éléments dont le juge tient compte.

La rédaction des articles 287 et 373.2. du code civil privilégie l'exercice commun de l'autorité parentale en lui conférant la valeur d'un principe, en en faisant une référence prioritaire. Énoncé en deuxième lieu, à chaque fois, l'exercice unilatéral s'offre du point de vue du droit comme une possibilité secondaire, une « solution subsidiaire ». Tout en visant primordialement la consécration du droit de l'enfant à ses deux parents à travers la dédramatisation de l'après-divorce, et le frein ainsi mis à la déresponsabilisation imputable ou seulement imputée à l'exercice individuel de l'autorité parentale, la loi de juillet 1987 organise juridiquement l'entrée des « nouveaux pères » dans le champ recomposé des responsabilités parentales.

La deuxième orientation significative de la loi de 1987 réside dans la faculté accordée au juge d'imposer l'exercice conjoint de l'autorité parentale. Le non-conditionnement de l'exercice conjoint de l'autorité parentale à l'accord des parents fut l'objet d'âpres discussions. Pour certains, la loi ne peut contraindre à l'exercice conjoint de leur autorité des parents qui n'y sont pas disposés, ce qui multiplierait les conflits. Pour d'autres, ce système laisse au juge la plus grande liberté d'action et constitue le meilleur moyen pour parvenir à l'entente entre les parents. Il est indispensable que l'époux réticent ne se sente pas conforté dans son refus par la loi, d'autant plus que les parents pourraient évoluer dans leur attitude à l'égard de l'exercice conjoint. L'exemple de la Californie, où l'autorité parentale conjointe imposée aurait entraîné une diminution de 50 % du nombre de conflits au moment du divorce, est cité par les défenseurs de cette mesure.

La détermination obligatoire de la résidence habituelle de l'enfant

Par définition, l'enfant doit vivre avec l'un ou l'autre des parents, ces derniers ne cohabitant plus. Par cette obligation faite au juge, le législateur « cherche à écarter jurisprudentiellement la garde alternée ». Les débats parlementaires à ce sujet tendent à montrer que la loi définitive qui retenait la « fixation de la résidence habituelle » contre la « détermination des modalités de la résidence de l'enfant » proposée par certains a voulu indiquer nettement que la résidence alternée ne peut pas être décidée par le juge. Pourtant il est dit que le droit de visite « ne s'exercera pas dans le cas où l'autorité parentale est conjointe et où les deux parents déterminent ensemble les modalités de résidence de l'enfant, même si le juge indique sa résidence habituelle [11] ». Ainsi, la loi actuelle rend plus facile la résidence alternée que l'ancienne disposition de garde alternée. L'alternance de la résidence n'entraîne nullement l'alternance de l'exercice de l'autorité parentale. Naturellement, les parents, d'un commun accord, ont tout le loisir de la pratiquer et certains supposent que ce système sera encore adopté dans le divorce sur requête conjointe.

Cependant, la marge de manœuvre reconnue aux parents pour organiser librement les visites et éventuellement l'hébergement, dans le cadre de l'autorité parentale conjointe, se trouve singulièrement rétrécie dans l'obligation faite au juge de « fixer » la résidence habituelle de l'enfant (et, dans la loi de 1993, de statuer si l'« accord lui paraît contraire à l'intérêt de l'enfant »). Ces droits seraient mieux assurés si le juge déterminait seulement les modalités de résidence de l'enfant. L'exégèse des travaux parlementaires permet de mieux cerner les intentions du législateur. L'amendement visant à prévoir que le juge « fixe les modalités de la résidence », au lieu d'« indiquer la résidence habituelle de l'enfant », tendrait à favoriser l'accord en évitant toute référence à un choix en faveur du domicile de l'un ou de l'autre époux, et permettrait la garde alternée quand les deux époux choisissent des domiciles qui ne sont pas trop éloignés et font en sorte que l'enfant se sente chez lui aussi bien au domicile du père qu'à celui de la mère, avec des droits de visite et d'hébergement très simples. Cet amendement s'appuie sur l'idée que la souplesse accordée au juge rejoint la souplesse laissée aux parents. Les parlementaires qui étaient en faveur de l'amendement ont fait valoir que la notion de résidence habituelle risque de figer les situations et de créer des conflits ; c'est une notion réductrice car, en privilégiant une solution, elle en exclut d'autres.

---

11. C. Malhuret, Sénat, séance du 17 juin 1987, p. 1971.

La rédaction finalement retenue (« indiquer la résidence habituelle de l'enfant ») cherche à barrer l'accès à la « résidence alternée ». Cette dernière mesure est généralement déconseillée, car elle multiplierait les écueils, imposerait des séparations à l'enfant et ne répondrait pas au besoin de stabilité et de sécurité, surtout du petit enfant. Or, celui-ci n'est pas seulement tributaire de son entourage parental et de son habitat, mais aussi, au fur et à mesure qu'il grandit, de tout un environnement social : établissement scolaire, organismes de loisirs... dont on ne saurait l'éloigner sans avoir au préalable mesuré les risques de perturbation susceptibles de l'affecter. La formule concurrente est rejetée, car « fixer les modalités du choix de cette résidence » reviendrait en définitive à donner au juge le moyen de réglementer en détail les conditions d'hébergement. Or l'objectif du texte est précisément de donner aux parents le maximum de souplesse dans l'adaptation de ces modalités, de telle sorte que le plus grand nombre de décisions soient prises en commun et ne soient pas fixées en détail par le juge. Le lieu de résidence de l'enfant peut être source de conflit, c'est la raison pour laquelle le législateur se doit de le fixer. Cela n'interdit pas à l'enfant d'être hébergé chez le parent chez qui il n'a pas de résidence habituelle.

L'importance juridique de la résidence habituelle de l'enfant en fait le critère légal pour la compétence territoriale des tribunaux, pour les allocations, les demi-parts fiscales et pour le domicile du mineur.

Une ambiguë recherche d'équilibre

La stratégie législative consiste à se faufiler entre l'accord et le non-accord, alternative offerte depuis la loi de 1975, pour aboutir à une troisième hypothèse : l'accord forcé. Le législateur fait un pari difficile sur l'ultime bon sens des parents, afin qu'ils sauvent la parentalité quand il faut renoncer à la conjugalité. Si le défi est relevé par les parents, au-delà de la défaite de la vie commune, alors le pari aura été gagné, mais une ambiguïté majeure subsiste, celle de vouloir ériger en norme universelle la résidence habituelle chez un seul des parents.

Synthèse

La loi de 1987, complétée par celle de 1993, répond à la volonté de permettre à l'enfant de conserver ses relations avec ses deux parents, qu'ils aient été mariés ou non. Pour cela, elle institue « l'exercice conjoint de l'autorité parentale » après la séparation, l'exercice unique devenant l'exception. Est ainsi confirmé l'intérêt de l'enfant comme principe de référence de la gestion moderne de l'après-séparation, intérêt que doit évaluer le juge.

Cependant la loi oriente l'interprétation de cet intérêt. En effet, si elle privilégie les accords passés entre époux, elle n'en demande pas moins que soit attribuée une « résidence habituelle de l'enfant » chez un seul parent, ce qui vise entre autres à « écarter jurisprudentiellement la garde alternée », considérée comme trop déstabilisante pour l'enfant. Elle manifeste ainsi un double paradoxe. Le premier consiste à reconnaître l'égalité parentale par l'autorité conjointe tout en refusant que celle-ci se traduise dans les modalités de résidence (ainsi les notions de résidence habituelle et de droit de visite et d'hébergement induisent l'idée d'un parent « principal », et d'un parent « secondaire »). Le second paradoxe réside dans le fait de favoriser l'accord des parents tout en incitant le juge à refuser que cet accord porte sur une résidence alternée.

Le pouvoir d'appréciation du juge est en l'occurrence important. La loi l'incite à refuser tout accord de résidence alternée, mais l'autorise cependant à donner un droit d'hébergement libre ou correspondant à un mi-temps lorsqu'il a la conviction personnelle que c'est conforme à l'intérêt de l'enfant.

6

DES PRATIQUES JUDICIAIRES AUX PRATIQUES PARENTALES

Place de l'enfant dans les remaniements juridiques

Les nouvelles lois, en distinguant « exercice en commun de l'autorité » et « résidence habituelle de l'enfant », prennent ainsi position de façon opposée vis-à-vis de deux pratiques (« garde conjointe » et « garde alternée ») que l'on avait trop tendance à présenter de façon parallèle comme solutions novatrices dans le problème de la garde des enfants de parents séparés. En fait, ces deux démarches ne sont pas du tout assimilables. Nous en prendrons pour preuve le fait que la grande majorité des parents ayant bénéficié d'une garde conjointe avaient laissé la résidence de l'enfant chez l'un d'entre eux (la mère pour la plupart), seule l'autorité parentale étant vraiment partagée.

Il y a bien ainsi un hiatus entre certaines pratiques non reconnues de garde à tour de rôle par les parents et le cadre juridique qui a pris position contre elles au nom même de l'« intérêt de l'enfant », alors qu'en son même nom elle privilégie dorénavant la notion d'autorité parentale conjointe.

Dans ce contexte, la position des juges apparaît bien délicate à tenir. Dans la pratique, ceux-ci ne peuvent qu'entériner un état de fait entre les deux parents, ou bien prendre une décision remise en cause par l'attitude effective des parents (qui adoptent un mode de résidence non prévu par la convention de divorce), ou encore, en cas de désaccord entre les parents, privilégier une résidence unique qui peut être à la fois trop lourde charge pour l'un et frustration trop grande pour l'autre.

À ce niveau interfèrent représentations sociales générales et habitus [1] propres aux milieux sociaux, attitudes individuelles et retentissement psychologique, et l'on comprend l'intérêt d'une approche parallèle du discours de l'institution (les textes juridiques), des parents et de leurs enfants, et des représentants institutionnels (les juges aux affaires matrimoniales et les avocats).

Ces trois types différents de discours constituent les trois axes d'approche de notre investigation.

Les composantes du hiatus

Ce hiatus oppose, d'une part, des parents qui souhaitent partager la responsabilité de la garde et ne pas imposer à l'un d'eux son entière responsabilité, de l'autre, la justice qui rejette l'alternance pour cause de désordre. Cette pratique judiciaire, qui a privilégié la garde unique, puis a imposé la détermination de la résidence habituelle de l'enfant au nom de l'« intérêt de l'enfant mineur... » ne manque pas d'irriter certains justiciables. Ceux-ci reprochent au juge de ne pas respecter l'équilibre naturel des relations affectives des enfants avec leur père et leur mère.

La loi sur l'autorité parentale conjointe souligne cependant cet intérêt de l'enfant de pouvoir pareillement aimer et être aimé de ses deux parents, mais ne le renvoie pas moins à son lieu habituel de résidence. Elle reformule en la matière le thème de l'enfant « ping-pong », jusqu'alors prévalent lorsqu'il s'agissait d'évoquer la garde alternée. Enfant que ce mode de garde allait écarteler entre ses parents, ballotter d'un lieu à l'autre, l'obligeant à mener deux existences de front.

Pourtant, si l'on se penche du côté des parents, on constate bien souvent ce que Anne-Marie Coutrot appelle « la lassitude du parent

1. Pour Pierre Bourdieu, le concept d'*habitus* réfère à l'ensemble des habitudes et des dispositions propres à un milieu social, intériorisées par l'individu lors de sa socialisation. Il rend compte du processus qui permet de transformer un héritage collectif en inconscient individuel et commun. Voir P. Bourdieu, *Le sens pratique*, Paris, Minuit, 1980.

gardien, seul à assumer la fonction éducative alors que l'autre s'en décharge » et « le découragement du parent non gardien confronté aux obstacles qui le gênent dans la communication avec son enfant[2] ».

Pour cela, il semble souhaitable de situer les droits parentaux sur un terrain plus objectif afin de tenir compte de l'évolution des modes de vie et des mœurs, et plus égalitaire pour compenser le déséquilibre et la charge trop lourde d'un mode de résidence unique inéquitablement dévolu au même parent (presque toujours la mère). Il s'agit en fait pour les deux membres du couple parental, en instaurant la résidence alternée, d'éviter que l'un ne soit que parent, et l'autre plus du tout ; ou encore l'un parent de la semaine et des contraintes, et l'autre parent du week-end et des loisirs. Démarche dont les aspects « contestataires » à l'égard de la tradition matrimoniale s'expliquent en grande part par son apparition dans certaines couches sociales au capital culturel plus élevé, et qui bénéficient à la fois des moyens d'une distanciation critique vis-à-vis du consensus et de possibilités de valorisation professionnelle et affective, que n'ont pas d'autres milieux.

Outre la charge psychologique que représente la garde exclusive de l'enfant par l'un ou l'autre parent, d'autres facteurs interviennent à divers niveaux pour expliquer la recherche d'une solution différente. Avec la résidence unique, la carrière professionnelle est bien souvent stoppée lors de ce changement de statut : on assiste à une régression des ambitions professionnelles, qui se manifeste dans une recherche d'emplois plus souples au niveau des horaires, ou plus stables.

De même, au niveau de la vie affective, les conséquences que peut entraîner ce déséquilibre de fonction, entre l'un, tout parent, et l'autre, redevenu célibataire, ne sont pas toujours souhaitées.

Voulant préserver l'équilibre de l'enfant, l'obligation de désignation de la résidence habituelle n'exprime-t-elle pas en fait la volonté de se rapprocher le plus possible de la norme familiale par la constitution d'un « ersatz » de la famille traditionnelle ?

Les partisans de la résidence alternée se positionnent différemment dans le contexte de l'évolution sociale. Pour eux, plutôt que de tenter de refaire une seule et unique famille avec les débris de la précédente, ne vaut-il pas mieux mettre en place de nouvelles modalités de vie familiale,

---

2. « Divorce : les pièges du consentement mutuel », *in Le Groupe familial*, « *Séparations* », n° 108, juillet-septembre 1985, p. 65.

qui, en prolongeant la relation parentale après la rupture de la relation conjugale, assurent un meilleur équilibre aussi bien aux ex-conjoints qu'à leurs enfants désemparés ?

La résidence alternée – supposant un minimum d'entente et de proximité géographique entre les deux parents – présenterait l'intérêt de respecter un équilibre dans la répartition des rôles familiaux, sexuels, professionnels... une fois admis que rien ne pourra être comme avant.

Les psychologues et intervenants du secteur sociofamilial ne semblent pas aussi sûrs que la justice quant à la réponse à apporter à cette interrogation. Même si, et il faut le noter, l'un des constats sur lesquels s'appuient les juges pour justifier l'attitude de la justice est que les parents sont souvent trop « mobiles » (au niveau professionnel, donc géographique, et au niveau affectif, avec la constitution fréquente de familles recomposées [3]).

Jean-Pierre Rosenczveig, juge des enfants, président du tribunal des enfants de Bobigny, s'exprime ainsi sur ce thème :

> L'observation et la psychologie nous ont enseigné que les besoins de l'enfant évoluent. Selon les époques de son développement, il souhaitera se rapprocher de tel ou tel parent. Il a besoin de sécurité et de ses deux parents. Pour reprendre le discours psychologique, « il doit pouvoir circuler entre ses deux parents », mais avec des repères formels [4].

Un questionnement en ce sens nous a paru susceptible d'apporter des enseignements révélateurs. Il constitue l'un des axes du recueil des représentations des parents et des enfants, tout autant que celui des juges et des avocats.

---

3. Cette mobilité s'est traduite par la nécessité de constituer une chambre spéciale (Chambre des instances modificatives) destinée à traiter des demandes formulées par les parents de remise en cause des mesures concernant les enfants.

4. *La Lettre de l'IDEF*, n° 9, novembre 1986.

III

Pratiques parentales et rapport à la justice

7

SITUATION DES PARENTS ET RÉSIDENCE DES ENFANTS

L'enquête auprès des parents

L'objectif de cette partie est d'analyser les représentations développées par des parents séparés ou divorcés sur leurs pratiques vis-à-vis de leurs enfants.

Pour cela, quarante-sept interviews ont été réalisées avec des parents séparés, si possible avec chacun des deux parents, dans la mesure de l'acceptation par les deux ex-conjoints. Cela a été possible pour treize couples, où chacun des parents a été interviewé. En tout, la situation de trente-quatre couples a été prise en compte.

Les parents concernés par ces interviews résident essentiellement dans les circonscriptions judiciaires des tribunaux de grande instance d'Aix-Marseille.

À fin de comparaison, les situations des parents ont été diversifiées, au regard du type de résidence des enfants et de la répartition de l'autorité parentale, ainsi qu'à celui du mode de vie matrimonial antérieur : vie commune en ou hors mariage. La répartition des différentes situations est donnée p. 83.

Les entretiens ont abordé, sur un mode assez libre, les différents aspects de la vie quotidienne liés à la vie et aux tâches familiales, ainsi que les relations instaurées dans les différentes situations matrimoniales rencontrées, tant entre les parents qu'avec leurs enfants, et la mise en perspective de ces organisations dans un ensemble de discours visant à les légitimer.

L'essentiel du questionnement porte ainsi sur les différentes organisations et relations mises en place au cours de la vie familiale des ex-conjoints rencontrés. Un autre volet aborde la place et le rôle joué par l'institution judiciaire dans cette évolution, en fonction de la façon dont les souhaits des parents ont été proposés à celle-ci. Remarquons que vingt séparations ont eu lieu avant la loi de 1987 et douze après celle-ci.

Une enquête complémentaire auprès d'enfants se trouvant en situation de résidence alternée, ou bien l'ayant pratiquée durant plusieurs années, a été effectuée. Elle concerne douze enfants, répartis dans huit des familles enquêtées.

Situation des couples et des enfants

Deux groupes équivalents opposent ceux qui ont pratiqué la résidence alternée des enfants et ceux qui sont restés dans le cadre traditionnel de la résidence unique. Sur les dix-neuf couples du premier groupe, une minorité a cessé l'alternance soit du fait de l'éloignement professionnel de la mère venant justifier son désir de « récupérer » les enfants, soit par suite d'une décision commune des parents. À l'inverse, sur les quinze couples avec résidence unique, une minorité a vu au moins un des parents souhaiter l'alternance mais n'a pas répondu à ce souhait, soit par refus de l'autre parent, soit par situation trop précaire d'un parent ou enfin par éloignement trop grand des parents. Une solution de partage des enfants a alors été mise en place dans deux couples : la mère a gardé un ou deux enfants, le père un autre enfant, les enfants se retrouvant pendant les vacances passées alternativement chez l'un ou l'autre.

Dans chaque mode de résidence, un tiers des couples n'ont pas été mariés. Ils se situent tous dans la fourchette d'un à quatre enfants, avec une majorité dans la norme sociale de deux enfants.

Dans presque tous les cas, il s'est agi de parents pour lesquels la rupture est intervenue lorsque l'enfant (ou les enfants) était encore jeune. Ceci procède d'une démarche volontaire de notre part, afin de délimiter, dans une période où la question de la résidence des enfants se pose avec une certaine acuité, une certaine homogénéité de contraintes,

Tableau récapitulatif de la situation des couples

N°	Résidence	Durée de vie commune	CSP du couple	Niveau scolaire du couple	Nombre d'enfants	Recomposition familiale	
						H	F
1	Alternée	16	Intellec. sup.	+ 7	3	couple	liaison
2	Alternée	14	Intellec. sup.	+ 7	2	seul	seule
3	Alternée	8	Employé	+ 3	2	couple	couple
4	Alternée	12	Intellec. sup.	+ 7	2	couple	couple
5	Alternée	12	Intellec. sup.	BEPC	2	couple	liaison
6	Alternée	10	Intellec. sup.	+ 2	2	couple	couple
7	Alternée	8	Intellec. sup.	+ 7	2	seul	couple
8	Alternée	7	Intellec. sup.	+ 7	1	couple	seul
9	Alternée	5	Intermédiaire	BAC	2	seul	couple
10	Alternée	10	Intermédiaire	+ 3	2	couple	couple
11	Alternée	10	Intermédiaire	+ 2	1	seul	seule
12	Alternée	10	Intellec. sup.	+ 7	1	seul	seule
13	Alternée	15	Intellec. sup.	+ 5	1	liaison	seule
14	Alternée	4	Intellec. sup.	+ 5	2	liaison	seule
15	Alternée	15	Intellec. sup.	+ 7	2	couple	couple
16	Alternée E	6	Intellec. sup.	+ 7	1	couple	couple
17	Alternée E	8	Intermédiaire	+ 5	2	couple	seule
18	Alternée E	11	Intermédiaire	+ 2	2	couple	seule
19	Unique D	5	Intellec. sup.	+ 5	1	liaison	seule
20	Unique D	18	Intellec. sup.	+ 5	2	liaison	liaison
21	Unique D	8	Intellec. sup.	+ 7	3	couple	seule
22	Unique D	7	Intellec. sup.	+ 3	2	seul	seule
23	Alternée E	2	Intellec. sup.	+ 3	1	couple	liaison
24	Unique D	1	Employé	+ 5	2	couple	liaison
25	Unique	4	Intellec. sup.	+ 2	1	seule	couple
26	Unique	10	Intellec. sup.	+ 7	2	couple	couple
27	Unique	10	Intellec. sup.	+ 7	2	couple	seule
28	Unique	12	Intellec. sup.	+ 7	3	couple	seule
29	Unique	17	Intellec. sup.	+ 2	4	couple	couple
30	Unique	16	Intermédiaire	+ 2	1	couple	liaison
31	Unique	6	Intellec. sup.	+ 7	1	couple	liaison
32	Unique	1	Intellec. sup.	BAC	2	couple	liaison
33	Unique	8	Employé	+ 5	2	seul	seule
34	Unique	7	Précaire	+ 7	1	couple	couple

Alternée E : résidence alternée épisodique ; Unique D : résidence unique avec désir d'alternance.

CSP du couple : profession la plus élevée des deux conjoints au moment de la séparation.

Études couple : niveau d'études le plus élevé des deux conjoints, diplôme ou nombre d'années après le BAC.

de problèmes, quelles que soient les solutions trouvées. Ainsi, dans trente-deux cas, au moins un des enfants des couples interviewés n'avait pas dépassé le stade de l'école primaire au moment de la séparation des parents, dans les deux autres cas les enfants avaient 13 ans.

Il s'agit pour la plupart de couples qui ont vécu longtemps ensemble : vingt-trois plus de six ans, et certains jusqu'à vingt ans ! Notons cependant que trois couples n'ont jamais eu de vie commune, par choix des deux parents (une résidence alternée) ou des pères (deux résidences uniques).

Mise en place de la résidence de l'enfant

Deux fois sur dix, l'attribution de la résidence a donné lieu à des modifications juridiques. C'est le cas avant tout des résidences alternées épisodiques. Il convient d'ailleurs de noter que les treize cas sur trente-quatre où la situation pratique n'est pas conforme à la situation juridique sont le fait des résidences alternées, qui s'organisent très majoritairement en marge de la loi. En effet, seules trois des quinze résidences alternées ont vu la justice suivre leur demande, les autres se trouvant dans des situations variées où soit le jugement contourne la loi en accordant un droit de visite libre ou égal à la période de résidence habituelle, soit la pratique s'établit en contradiction avec le jugement, soit la pratique s'établit en l'absence de tout jugement (union libre).

Ainsi, l'exercice de l'autorité ne correspond à la décision de justice que pour les résidences uniques, où elle n'est conjointe qu'une fois sur deux, alors que tous les pratiquants de la résidence alternée exercent l'autorité parentale conjointement, quelle que soit la décision de justice. L'absence de partage de l'autorité en résidence unique va généralement de pair avec un faible exercice du droit de visite et d'hébergement... comme on pouvait s'y attendre.

Remarquons que, en ce qui concerne la mise en place de leur résidence, les enfants sont rarement consultés, en raison soit de leur trop jeune âge, soit du désir de ne pas leur imposer de choisir, soit de la volonté d'un parent... De même, l'âge des enfants rentre peu en ligne de compte pour la mise en place de leur résidence. Il est invoqué avant tout chez ceux qui pratiquent la résidence alternée (neuf fois sur dix-neuf) et de façon contradictoire : certains pensent que l'alternance n'est guère possible pour les petits enfants, d'autres que c'est le moment le plus approprié.

Une pratique socialement marquée

La résidence alternée, on l'a vu, se pratique plutôt dans des milieux de niveau social assez élevé. Même si notre échantillon ne prétend pas être représentatif de la population des parents qui pratiquent ce mode de résidence (population qui demeure à ce jour inconnue), les différents contacts pris nous ont amenés, comme on pouvait s'y attendre, à rencontrer des enseignants, des cadres, des professions libérales beaucoup plus que des ouvriers ou des employés. Ceux-ci, présents dans l'échantillon, y sont très minoritaires.

Ainsi, si l'on prend la position professionnelle *la plus élevée du couple* comme référence du niveau de celui-ci, on constate que treize se classent parmi les professions intellectuelles supérieures, cinq parmi les professions intermédiaires, un parmi les employés. De même, les niveaux d'études des couples (établis d'après *le niveau le plus élevé* des deux membres) apparaissent très élevés : huit de niveau thèse ou grandes écoles ; sept de niveau licence-maîtrise ; deux de niveau bac + 2 ; un de niveau bac ; un de niveau CAP.

Nous avons donc pris, comme représentants de la résidence unique, des couples de mêmes niveaux professionnels et niveaux d'études.

Une comparaison des hommes et des femmes nous montre que, là comme ailleurs, la situation des femmes est globalement inférieure à celle des hommes, au niveau professionnel comme au niveau de la scolarité [1]. Ce qui se traduit soit par une certaine homogamie scolaire et professionnelle (des niveaux équivalents), soit par la prédominance des hommes. Il est rare que la femme possède un niveau supérieur à celui de son conjoint.

L'alternance, prolongement d'un choix de vie antérieur

La première constatation que l'on peut faire quant aux familles qui pratiquent la résidence alternée, c'est que celle-ci s'inscrit dans le prolongement de la façon de vivre de ces familles lorsqu'elles étaient

1. Ce qui explique que, si l'on se fonde sur le seul niveau d'études des mères, la pratique de l'alternance apparaisse moins concentrée dans les couples les mieux dotés, ainsi que le montre Catherine Villeneuve-Gocalp, « La double famille des enfants de parents séparés », *Population*, 1, 1999.

unies. La grande majorité des pères s'investissaient dans l'éducation des enfants, partageaient les tâches domestiques, différenciaient peu leur rôle de celui de la mère.

À ce moment, ces couples fonctionnent sur des modalités alternatives au modèle traditionnel plus ou moins prononcées. D'ailleurs, ceux pour lesquels un parent a manifesté un désir d'alternance qui n'a pas abouti (avec ou sans partage des enfants) s'éloignent moins du modèle traditionnel de séparation stricte des rôles masculin et féminin que ceux qui ont mis en pratique la résidence alternée. Pour ceux-là, de nombreux éléments novateurs sont mis en œuvre, et même, pour sept d'entre eux, il n'y a plus du tout de spécialisation des rôles. Quatre ont ainsi vécu en communauté dans les années soixante-dix. Ils se différencient aussi des autres par l'acceptation plus fréquente d'une certaine liberté sexuelle, même si c'est cette liberté qui a pu finir par aboutir à la rupture.

À l'inverse, la majorité des parents qui fonctionnent avec une résidence unique des enfants sans désir de résidence alternée mettait en œuvre un modèle familial traditionnel, plus ou moins aménagé (par exemple, par le travail de l'épouse). La répartition classique des rôles sexuels (homme-domaine public/femme-domaine privé) est ainsi respectée pour sept couples sur les dix résidences uniques strictes. *A contrario*, seuls trois des quinze couples pratiquant la résidence alternée fonctionnaient sur ce modèle. De même, un sur les quatre pour lesquels l'alternance a été épisodique, et un sur les cinq qui auraient souhaité une alternance.

Ainsi on a tendance à « déspécialiser » fortement les rôles chez les partisans de la résidence alternée. On retrouve chez eux les cas où l'éducation des enfants était sous la responsabilité paternelle, ainsi que la majorité des situations de responsabilité partagée, et seulement une minorité des situations où cette responsabilité était maternelle. À l'inverse, les deux couples qui s'expriment en faveur d'une conception très traditionnelle, où la femme est l'unique responsable de l'éducation, pratiquent la résidence unique chez la mère.

La pratique de la résidence alternée de l'enfant correspond pour la majorité des couples dans cette situation à un prolongement d'un mode de vie antérieur en marge du modèle traditionnel, et s'inscrit par là dans une logique spécifique qui marie nombre d'éléments novateurs. Les pratiques rejoignent les conceptions, et témoignent en faveur d'une différenciation plus ou moins importante des rôles sexuels, familiaux, parentaux, où l'homme s'est investi dans le domaine privé, notamment parental, et la femme dans le domaine public et professionnel. La résidence alternée apparaît alors, dans bien des cas, comme une conséquence logique d'un fonctionnement antérieur, que la rupture du couple ne saurait radicalement remettre en cause.

Ce fait est à rapprocher des estimations de l'INED (enquêtes emploi 1986 et 1994), montrant que la fréquence de résidence alternée serait deux fois plus élevée chez les parents ayant vécu en union libre que chez les parents mariés. Ce qui rend bien compte de la tendance à une coparentalité active plus grande chez les concubins.

Motifs et circonstances de la séparation liés au choix de la résidence

Un certain lien se manifeste entre les motifs de la rupture, le type de séparation et le choix de la résidence. Il est clair que la mise en place d'une résidence alternée s'effectue plus souvent que pour les résidences uniques sur la base d'une séparation à l'amiable et moins souvent dans une situation conflictuelle. Cependant, cela n'implique pas que la séparation consensuelle soit une condition nécessaire.

> Longtemps avant la séparation, ça n'allait plus. Je voulais divorcer, elle m'a eu au chantage sur le fait que je n'aurais jamais les enfants. Jusqu'au jour où a eu lieu une scène violente et elle est partie. Je me suis retrouvé seul avec les enfants trois mois, elle est revenue et a demandé à avoir les enfants. À ce moment-là, on a fini par se mettre d'accord pour la garde conjointe. (Un père, technicien.)

Il faut donc insister sur cette idée qui va à l'encontre des idées reçues : *la séparation en douceur n'est pas une condition à la mise en place d'une résidence alternée.* Près des deux tiers des couples qui la pratiquent se sont séparés en conflit.

En parallèle, les motifs de la séparation ne sont pas sans lien avec la résidence choisie. Ainsi l'usure du couple, que mentionnent neuf d'entre eux, induit une séparation plus consensuelle et une résidence alternée plus fréquente. L'infidélité de l'un des conjoints évoquée par trois couples, au contraire, est souvent suivie d'une séparation conflictuelle et d'une résidence unique. La volonté d'indépendance de la femme, dont parlent huit couples, se situe, elle, en position médiane quant à la résidence, même si la séparation est rarement consensuelle mais représente plutôt des difficultés, voire des conflits importants.

La présence d'enfants enfin est un motif prépondérant pour trois autres couples, soit que la naissance d'un enfant éloigne le père, soit que les enfants d'un premier lit éloignent la mère. Sur ces trois mères en résidence unique, deux auraient souhaité mettre en place une résidence alternée que le père n'a pas voulue, dans l'autre cas c'est la mère qui refuse d'accéder au désir d'alternance du père.

Pour les dix couples restants, les motifs de séparation sont multiples et ne peuvent être hiérarchisés. La présence de conflits ou de difficultés de séparation est alors très grande. Ces situations complexes et conflictuelles ne sont pas liées à un type déterminé de résidence des enfants.

La vie après la séparation

Les lieux de domicile des parents entrent bien sûr en ligne de compte lorsqu'il s'agit de déterminer la résidence de l'enfant, et notamment lorsque l'on se met à évoquer une alternance de l'enfant entre les domiciles parentaux. En conséquence, il est logique que les parents en résidence unique soient plus souvent éloignés, et que les parents qui veulent maintenir l'alternance ne s'éloignent pas ou alors avec la volonté plus ou moins consciente d'interrompre l'alternance. L'éloignement justifie d'ailleurs parfois un partage des enfants préféré à la résidence alternée. En cas de résidence alternée, seuls deux parents parmi les quinze couples qui sont dans cette situation de façon stable résident à une grande distance l'un de l'autre (Aix et Paris) et pratiquent une alternance sur un cycle de très longue durée (trois ans).

Autrement ceux qui pratiquent la résidence alternée se voient très régulièrement, les autres de façon épisodique.

Une évolution professionnelle des mères

Contrairement aux hommes, la situation professionnelle des femmes après la séparation a connu des changements fréquents. Pour certaines, leur statut s'est détérioré à la suite de la rupture (trois femmes qui ont la charge seules de leur enfant) ; pour d'autres, au contraire, leur statut s'est amélioré (cinq dans chacun des deux modes de garde). Ces différences dans l'évolution de la situation professionnelle des pères et des mères sont à relier, notamment, à la différence d'âge de certains conjoints et à une situation professionnelle de départ des mères bien plus basse.

Le choix de la solitude

Alors que, conformément aux observations habituelles, les pères se remettent plus facilement en couple, on se rend compte que, pour le tiers des parents restés seuls dans chaque mode de résidence, les motivations divergent. Ainsi, la solitude apparaît plus volontaire chez les pratiquants de la résidence alternée, qui, plus souvent séparés à l'amiable, sont moins souvent « vaccinés contre les hommes/femmes » (barrer le sexe inadéquat) ; elle est plus subie chez les parents chez lesquels résident en permanence leurs enfants (moins disponibles, ils ont plus tendance à se refermer sur eux-mêmes).

Les enfants : un handicap pour la vie sentimentale des mères

La position des nouvelles compagnes est favorable à la situation existante pour la grande majorité des résidences alternées, et pour une minorité des résidences uniques ; alors que les nouveaux partenaires des mères, moins nombreux, sont aussi moins favorables à la situation.

Nous retrouvons là un résultat déjà constaté dans d'autres études sur ce que l'on a pu appeler le « marché matrimonial ». Dans notre société, une femme qui a déjà porté des fruits voit sa « valeur d'échange » sur le marché sexuel décroître tendanciellement. La présence des enfants, dans l'optique d'une possible recomposition familiale, si elle ne semble pas constituer un lourd handicap pour les pères en résidence alternée, a un impact beaucoup moins positif pour les pères qui n'ont pas leurs enfants, et pour les mères en général, qu'elles partagent ou non la résidence de leurs enfants... De fait, la présence des enfants semble bien constituer un handicap pour la vie sentimentale des mères, soit qu'elle leur ôte toute disponibilité, soit qu'elle indispose leurs nouveaux partenaires ; alors que, pour les pères, les enfants entravent beaucoup moins leur nouvelle vie sentimentale et, lorsqu'ils les ont chez eux, ceux-ci sont généralement bien acceptés par leur nouvelle compagne. Mais cela n'est pas général et peut représenter pour certains un obstacle à la recomposition :

> Le fait d'avoir des enfants m'a posé des problèmes pour rechercher une nouvelle compagne. Mes enfants passent avant tout. Ce qui fait que je ne suis pas tellement disponible pour chercher quelqu'un. Je pense qu'une femme qui n'a pas d'enfants ne voudra pas d'un homme avec deux enfants à charge. J'aimerais refaire ma vie avec une femme divorcée qui a des enfants. Je n'en ai jamais trouvé. Le fait que le divorce ait traîné si longtemps, que ce soit un conflit perpétuel, ça influe sur mon humeur. Cela fait cinq ans et demi que je vis avec la crainte de ne plus avoir la garde. (Père, n° 7.)

Dans ces conditions, la question se pose de savoir quel impact la position des nouveaux partenaires peut avoir sur le mode de résidence des enfants. Chez les interviewés, la tendance va être à une influence plus souvent favorable en cas de résidence alternée. Écoutons-les :

Familles recomposées où le beau-parent est favorable à l'alternance

> Ma nouvelle compagne y est très favorable. C'est vrai que quand ils étaient chez leur papa ils n'avaient que lui. Actuellement ils nous partagent. On réfléchit comment privilégier la relation de ma nouvelle compagne avec mes enfants, puisque désormais elle doit les partager avec ses propres enfants. Comme nos enfants s'entendaient bien, cela s'est fait sans aucun problème. C'est l'exemple d'une situation où les cinq enfants avaient envisagé qu'on se rapproche, c'est-à-dire qu'on vive ensemble. (Père, n° 3.)
>
> Sa nouvelle compagne, je la connaissais déjà et j'ai trouvé ça bien qu'elle vive avec papa. Avec mon frère, on n'était que deux au départ, et ça ne nous amusait pas trop. Maintenant on est cinq enfants, c'est pas toujours rigolo mais c'est mieux que d'être toujours que mon frère et moi... Maintenant j'ai compris que les parents devaient avoir d'autres compagnons. (Fils, 9 ans, n° 3.)
>
> À l'époque (j'avais 8 ans), ça ne m'avait pas trop touché je crois. Sa nouvelle compagne est arrivée assez rapidement, il n'y a pas eu de temps où je suis resté longtemps seul avec mon père... Pour ma mère, ça s'est passé cinq ans plus tard après la mise en place de la résidence alternée et je crois que c'est très bien. Je suis très content pour elle et je trouve que c'est normal. Le nouveau compagnon, sa présence, ça n'a pas influé sur ma façon de vivre. (Fils, 16 ans, n° 15.)

Les enfants quelquefois ressentent les choses différemment, selon leur âge, leur sexe, la période :

La première fois je l'ai très mal pris. J'ai complètement rejeté cette nana. Je sais pas pourquoi je supportais pas de voir mon père avec une autre nana. J'étais sans doute jalouse. La deuxième fois, ça ne m'a plus gênée, ça n'a quasiment rien changé. (Fille, 16 ans, n° 1.)

Familles recomposées où le beau-parent est défavorable à l'alternance

En vérité, la compagne de son père ne supporte pas la présence de ma fille. Après une série de conflits, j'ai déménagé et je suis venue habiter ici, ça a été le prétexte pour changer le mode de garde, avec l'accord de son père. (Mère, n° 8.)

J'ai mal vécu la relation avec la dernière compagne de mon père, jamais très amicale. Puis elle a commencé à faire des coups par-derrière, elle m'adressait plus la parole. J'ai préféré partir parce que je n'aimais pas cette ambiance-là. Mon père comprenait pas trop. Maintenant je le vois une fois par semaine, il m'emmène au restaurant, on peut discuter tranquillement, c'est mieux. (Fille, 19 ans, n° 8.)

Positionnements contradictoires

Certains parents vivent des situations où la recomposition s'avère favorable pour l'un, et plutôt défavorable pour l'autre.

Maintenant mon ex-mari vit avec quelqu'un, ça a beaucoup amélioré les choses. Il en avait besoin. C'est elle qui va les chercher à l'école, s'occupe d'eux. Elle est très présente. Moi c'est différent. Ils ont pris un peu de jalousie par rapport à mon ami. (Mère, n° 5.)

J'ai eu des liaisons, la première avec un homme avec qui j'ai vécu quand j'ai divorcé, pendant un an environ. La résidence alternée l'avait perturbé lui, car je faisais passer mes filles avant lui. En revanche, mes filles s'entendaient très bien avec leur belle-mère qui avait deux enfants. Moi je le vivais mal, le fait que quelqu'un prenne ma place et ma maison, c'était pour moi quand même très douloureux. (Mère, n° 2.)

Pour beaucoup, le choix de la personne appelée à partager leur vie, serait-ce de façon passagère, est directement relié avec la présence des enfants :

> Par rapport aux enfants, le choix des compagnes, je les ai toujours prises qui s'entendent avec les enfants, sans pour autant devoir être leur mère. (Père, n° 9.)

La présence de celle-ci peut parfois être conditionnée par l'absence des enfants, certains parents pratiquant une alternance, enfant durant une semaine/compagne ou compagnon durant l'autre semaine :

> Mon ami ne vient qu'une semaine sur deux. Mes enfants le connaissent à peine. L'autre semaine je ne suis pas disponible pour lui. Cela ne l'intéresse pas de venir à ce moment-là. Il ne se sent pas apte à assumer des enfants qui ne sont pas à lui. Il ne faut pas que je mélange ma vie amoureuse et mes enfants. (Mère, n° 5.)

Les situations où la recomposition familiale perturbe la résidence alternée permettent de mettre en évidence la façon dont les parents font référence aux normes sociales régissant les rapports entre les sexes. Cela se traduit dans leurs discours et leurs attitudes sur ce qu'il convient de faire par rapport à l'enfant, et s'exprime dans la façon dont leurs investissements affectifs vont s'agencer.

La résidence alternée s'attaque à la répartition traditionnelle des rôles

On sait que les hommes, socialement secondarisés sur le plan éducatif, répugnent plus que les femmes à jouer un rôle de beau-parent lorsqu'ils entrent en relation avec une mère séparée. En parallèle, lorsque eux-mêmes se séparent, ils sont plus prompts à revivre en couple dans les milieux aisés et à introduire ainsi une belle-mère auprès de leurs enfants. De même, ils partagent plus facilement le temps parental avec la mère. Les mères, qui sont, elles, investies du rôle éducatif principal, ont d'autant plus tendance à cautionner une telle délégation sociale du parental qu'elles la vivent comme naturelle [2]. La résidence alternée, en brisant cette asymétrie des positions parentales, heurte des croyances profondément enracinées dans l'inconscient collectif et incorporées par les individus sous forme d'*habitus*, plus ou moins traditionalistes selon les milieux. Les mères se replient ainsi plus facilement sur la relation à leurs enfants, répugnant à leur présenter leurs amis et manifestent plus facilement une

---

2. Sur le procès de naturalisation du rôle maternel, voir G. Neyrand, *L'enfant, la mère et la question du père*, notamment la première partie : « Généalogie de notre regard sur les bébés », Paris, PUF, 2000.

jalousie à l'égard de la compagne du père par rapport aux enfants ou une difficulté relationnelle à l'égard des enfants de leur compagnon, surtout lorsqu'elles ont elles-mêmes des enfants. Tout se passe comme si la prégnance de la norme de la famille organisée autour du couple mère-enfants prédisposait le père à accepter une situation que la mère ou la belle-mère peut ressentir comme une remise en question identitaire.

C'est à cette induction sociale des rapports humains que se heurte la résidence alternée. Ce qui peut expliquer les réticences, au-delà de sa non-légitimité sociojuridique, que nombre de parents peuvent avoir à l'envisager et ce qui rend compte aussi des difficultés que des pères privés de leurs enfants peuvent avoir à faire accepter leur désir de coparentalité... comme de ce que l'on catalogue trop rapidement comme une « démission » de certains pères.

La recomposition familiale peut ne pas avoir d'effet apparent

Dans quinze situations la position de la nouvelle compagne ou du nouveau compagnon semble n'avoir pas eu d'influence sur le fonctionnement de la résidence :

> Je ne sais pas exactement si ça lui pose des problèmes ou pas. Il y a quelques frictions, par jalousie des enfants avec une sorte de rejet de l'autre, mais sinon ça s'exprime par le mutisme, le non-dit. (Père, n° 4.)
>
> Cela n'a rien changé, c'était normal. Pour ma mère, comme j'étais assez petit, j'étais pas en mesure de juger quoi que ce soit. (Fils, 21 ans, n° 4.)
>
> Ma compagne dit que l'alternance est une bonne chose, dans la mesure où la mère demandait aussi les enfants. Cela a été du lest lâché parce qu'il y avait une nouvelle demande de la mère. On était d'accord. Elle n'a jamais pris parti, a toujours respecté ma situation et ne m'a jamais influencé pour toute décision. (Père, n° 6.)

Rapports des ex-conjoints après la séparation

Qu'en est-il enfin des rapports entretenus par les ex-conjoints après la séparation ? Comme on pouvait s'y attendre, ceux-ci apparaissent beaucoup plus souvent amicaux parmi ceux qui pratiquent la résidence alternée de façon stable (huit fois sur quinze) que parmi ceux qui préfèrent la résidence unique (quatre fois sur quinze). Mais les situations de résidence alternée de l'enfant ne s'établissent pas toujours dans un climat rasséréné ; les rapports peuvent être qualifiés d'instables, être limités à un consensus sur les enfants ou quasi inexistants. Ils ne restent cependant jamais conflictuels, ou alors cela aboutit à l'arrêt de la pratique d'alternance. Ainsi ceux qui ont dû interrompre ce type de « partage » de l'enfant n'ont jamais retrouvé de rapports amicaux avec leur ex-conjoint.

La conclusion établie au moment de la séparation, selon laquelle il n'est pas nécessaire de se séparer à l'amiable pour arriver à mettre en place une résidence alternée, vaut aussi après x années de séparation. Bien que les bons rapports entre les parents soient beaucoup plus fréquents pour les résidences alternées, ils ne sont pas absolument nécessaires pour qu'elles puissent fonctionner. Un accord minimum au sujet des enfants et une stabilité de résidence peuvent suffire à la pérennisation de l'alternance.

> Je n'ai plus aucun rapport avec mon ex-compagne. Elle a très mal vécu le fait que je vive avec quelqu'un d'autre. [...] Le fait d'être obligé de communiquer avec l'ex-conjoint, de s'entendre avec lui pour pratiquer la résidence alternée, c'est un mythe. Je ne crois pas à la continuité du couple parental. Elle existe *de facto* pour les enfants, mais ils n'ont pas toujours envie de faire un rapport sur ce qu'ils ont fait chez leur mère et *vice versa*. (Père, chercheur, n° 15.)

Deux modèles de référence pour les comportements familiaux

En définitive, il est possible de caractériser les couples qui pratiquent la résidence alternée en les différenciant de ceux, de même milieu social, qui préfèrent la résidence unique, par des tendances à se rapprocher plus fréquemment de deux modèles différents des rapports entre les sexes et de vie familiale, au niveau :

– des conceptions du couple, de la famille, de l'éducation ;
– des modes de vie en couple et en famille ;
– des modes de rupture et de gestion de l'après-séparation ;
– des modes de recomposition familiale et de vie après la rupture.

Ces deux pôles, caricaturaux, renvoient à l'opposition que peuvent faire juges et avocats entre comportements traditionnels et comportements novateurs ; ils pourraient être schématisés ainsi :

Modèle traditionnel

Une conception du couple et de la famille où la femme, qu'elle travaille ou non, demeure la spécialiste de la gestion du foyer, de l'entretien et l'éducation de l'enfant. L'homme demeure relativement extérieur à l'éducation, notamment du jeune enfant. Le consensus sur la répartition des rôles dans le couple et la famille semble plus difficile à établir, et peut aboutir à des situations de crise. La rupture a toutes les chances d'être conflictuelle, souvent le père ne cherche pas à obtenir plus qu'un droit de visite dont il semble se satisfaire pleinement, alors que la mère veut les enfants pour elle et ne peut envisager une autre possibilité. À l'image de la séparation, les relations ultérieures entre les parents sont souvent difficiles et peu fréquentes, voire inexistantes.

Modèle novateur

Une conception du couple et de la famille où les deux membres du couple se répartissent les tâches familiales et participent conjointement à l'éducation de l'enfant, y compris en bas âge. Consensuel, ce fonctionnement risque de le demeurer à la séparation, qui a plus de chances de s'effectuer à l'amiable. Un minimum concernant l'éducation conjointe des enfants est, à tout le moins, préservé. L'usure du couple mais aussi les effets d'un certain libéralisme sentimental sont plus fréquemment évoqués comme cause de la rupture. Les relations entre les parents demeurent souvent bonnes, jusqu'à autoriser certains moments passés en commun avec les enfants. La position imaginaire dans laquelle se trouvent les parents et qui structure leurs conceptions du couple, des relations parentales, de la place de l'homme et de la femme s'avère très différente de la position traditionnelle qui soustend l'autre pôle.

Dans la pratique on rencontre souvent des situations qui empruntent contradictoirement aux deux modèles.

8

RÉSIDENCE DES ENFANTS ET ATTITUDE DE LA JUSTICE : CE QU'EN PENSENT PARENTS ET ENFANTS

La résidence alternée : des avantages relationnels aux inconvénients pratiques

Plusieurs questions ont permis aux interviewés [1] de s'exprimer abondamment sur les avantages et les inconvénients de la pratique de la résidence alternée. Les positions des enfants sont généralement présentées après celles des parents.

Ce qui paraît le plus frappant dans l'ensemble des discours recueillis, c'est avant tout la satisfaction générale que les parents expriment par rapport à leur pratique de la résidence alternée, et la satisfaction qu'en écho les enfants manifestent. Pourtant, si les avantages leur apparaissent importants, les parents ne manquent pas de relever les contraintes, les inconvénients de leur situation.

---

1. Cette partie concerne les dix-neuf couples pratiquant ou ayant pratiqué la résidence alternée. Pour neuf d'entre eux, nous possédons l'opinion des deux parents. La mère uniquement a été interviewée dans quatre cas, et le père dans six cas. Au total, parmi ces couples, treize femmes et quinze hommes ont été interviewés. Les enfants de dix de ces couples ont aussi été interviewés, indépendamment de leurs parents.

« Les avantages sont relationnels [...], les inconvénients sont pratiques », nous dit une mère. Ceci résume bien l'ensemble des réflexions des parents à ce sujet, avec cependant quelques petites nuances.

Les avantages multiples d'une pratique marginale

Les discours sur cette pratique sont globalement très positifs. Ceci n'est pas pour surprendre : si des parents mettent en place une pratique qui ne peut être que volontariste et qui est souvent illégale, c'est, sans doute aucun, qu'ils trouvent à cette pratique hors normes suffisamment d'avantages pour contrebalancer leur « marginalité ».

L'expression d'un choix de vie : le point de vue des parents

Les avantages mis en avant par les parents sont de deux ordres. Ils concernent d'une part les parents eux-mêmes, d'autre part leurs enfants. Naturellement, ces deux aspects se recoupent et s'imbriquent.

Les avantages personnels que la pratique de la résidence alternée procure aux parents sont évoqués dans la plupart des interviews. Une analyse rapide pourrait même aller jusqu'à dire qu'il n'y a qu'un avantage, la plus grande disponibilité, les autres n'en étant que des conséquences plus ou moins directes. Ce raccourci serait cependant abusif, car il privilégierait l'aspect gestion du temps et des relations au détriment de l'impact psychologique et symbolique du partage de la résidence, qui, bien que moins développé, reste toujours sous-jacent dans le discours.

Les deux aspects sont d'ailleurs souvent évoqués de façon complémentaire ; ainsi, si la majorité des hommes et la plupart des femmes évoquent la disponibilité que leur procure l'alternance comme un grand avantage de celle-ci, beaucoup d'entre eux mentionnent en parallèle l'effet psychologique majeur que cette mise en pratique provoque dans sa concordance avec leurs conceptions des rôles sexuels et parentaux.

Pratiquer la résidence alternée c'est sans doute d'abord être en accord avec sa propre vision de la parentalité et de l'éducation, et, dans un deuxième temps, bénéficier de multiples avantages, pour ses enfants et pour soi-même, liés à cette pratique.

Il y a donc bien deux niveaux de discours pour évoquer ce qui constitue pour les parents les avantages d'une telle pratique : son intérêt profond et ses avantages « concrets », les deux apparaissant reliés dans les discours par de multiples passerelles.

L'intérêt des enfants apparaît alors en concordance avec celui des parents, en opposition à certaines critiques exprimées par des parents « non pratiquants », ou par des juges, selon lesquelles la résidence alternée satisfait surtout l'égoïsme des parents et ne saurait coïncider avec l'intérêt de l'enfant.

L'intérêt de l'alternance renvoie de fait à une vision du monde développée par les parents, qui s'exprime au travers, bien sûr, des conceptions éducatives, mais aussi des conceptions des rôles sexuels, de la parentalité, de la famille et, plus généralement, à des valeurs fondamentales telles que la responsabilité individuelle, la tolérance, l'équité.

Dès lors, l'intérêt de l'enfant et celui des parents se rejoignent autour de la notion d'équilibre, de celle de complémentarité éducative, de circulation des affects et des investissements filiaux et parentaux que la circulation des enfants entre leurs deux domiciles autorise. Les effets symboliques et psychologiques d'une telle pratique apparaissent considérables ; en fait, les parents se retrouvent positionnés d'une façon complètement différente de ceux qui pratiquent la résidence unique, façon qui exclut, pour beaucoup d'entre eux, la possibilité d'une autre modalité de garde.

> On ne pouvait concevoir qu'il y ait une différence entre le père et la mère. C'était normal qu'on fasse moitié-moitié. (Mère, n° 5.)
>
> Si on part du principe qu'ils ont un père et une mère, l'intérêt est qu'ils connaissent les deux. Cela me paraît fondamental. (Père, n° 6.)
>
> Pour nous la résidence alternée ce n'était pas une modification radicale de notre mode de vie. La résidence alternée, ce n'est peut-être pas le système idéal, mais c'est à mon sens le plus normal. (Père, n° 15, ayant vécu en communauté.)

En conséquence, la résidence alternée se positionne dans le prolongement de l'autorité parentale conjointe. Elle permet notamment que la place du père soit reconnue, au niveau symbolique, mais aussi au niveau pratique :

> Avec l'autorité parentale, on ne se sent plus dépossédé. Ce qui m'a fait penser à la garde alternée, c'est que je vivais très mal d'être dépossédé et elle le vivait très mal aussi. (Père, n° 6.)

Certains cependant n'ont pas envisagé d'emblée un tel fonctionnement : la mise en place de l'alternance a été l'aboutissement d'un processus de concertation, où les enfants ont parfois eu la part prépondérante :

> Au début, je ne pouvais pas décider de divorcer trop vite, car mon mari me présentait la garde des enfants comme élément de chantage. Je suis restée parce que j'avais peur. Il n'était pas question qu'ils soient séparés. D'ailleurs, ils connaissaient des copains qui pratiquaient cette formule et ce sont eux qui nous en ont fait la demande. (Mère, n° 1.)
>
> Au début, j'ai demandé le divorce. Cela n'a pas été très facile. Sur le principe même, il a fallu quelques mois pour qu'elle l'admette. On avait deux avocats qui se bagarraient entre eux, au fur et à mesure ça s'est amélioré. Elle a fini par prendre le même avocat que moi, ça a beaucoup facilité les choses. On a été d'accord sur le consentement mutuel, le reste était négociation. (Père, n° 1.)
>
> Au moment de notre séparation, Michel allait très mal. Il était déprimé, et, dans un premier temps, je ne lui aurais pas confié les enfants. J'avais donc les enfants à temps plein et il ne les prenait que les week-ends pendant toute une année scolaire. Il se plaignait bien sûr de ne pas les voir assez souvent et moi de les avoir trop. Donc la solution c'était la résidence alternée parce qu'on voulait élaborer de part et d'autre un équilibre personnel c'est-à-dire retrouver un équilibre entre le trop et le trop peu. (Mère, n° 3.)
>
> Le divorce à l'amiable a été prononcé en 1978, avec garde à la mère pour cinq ans, mais elle a craqué au bout de deux ans. Je les ai pris en 1981. Puis elle s'est remariée et a désiré revoir les enfants. Tout se passait bien pour les enfants, je trouvais trop dur de ne pas les avoir ou que la mère ne les ait plus du tout. On a trouvé le biais de la garde alternée pour résoudre le problème. On gardait ainsi chacun un statut de parent. (Père n° 6.)

Être bien dans l'alternance : le point de vue des enfants

Ce sont d'abord les enfants qui motivent la mise en place d'une résidence alternée. Comme leurs parents, la plupart des enfants explicitent clairement leur intérêt à ce sujet, aussi bien par l'adhésion qu'ils y manifestent que par les retombées dont ils disent bénéficier :

> Je pense que c'est la meilleure situation possible. (Fils, 13 ans, n°1.)
>
> C'était bien mieux de vivre chez les deux à la fois. (Fille, 16 ans, n° 1.)

À notre séparation, nos enfants voulaient cette résidence alternée. Ils sont très satisfaits. On a réussi à ce qu'ils soient autant en confiance ici que chez leur mère. (Père, n° 3.)

C'est mieux, mais au début ça me posait des problèmes, car, lorsque j'étais chez mon père, je voulais aller chez ma mère et ainsi de suite. Maintenant ça va mieux. (Fils, 9 ans, n° 3.)

Au début, je ne voyais que ma mère, mon père je le voyais que très rarement, puis quand il a eu un appartement, j'ai proposé à mes parents une semaine chez l'un, une semaine chez l'autre... Si je restais toujours avec ma maman, ça me peinait de ne pas voir mon père car j'aurais pu oublier que j'avais un père... (Fils, 11 ans, n° 3.)

Moi je suis le plus heureux, comme ça leur divorce m'a jamais vraiment gêné. (Fils, 19 ans, n° 4.)

Je trouve que c'est très bien comme ça. J'ai pas connu autre chose et je m'en porte pas plus mal. (Fille, 16 ans, n° 6.)

Pour moi, c'était naturel, et réglé comme ça dans ma tête. (Fils, 21 ans, n° 6.)

J'ai trouvé ça bien... sinon je resterais trop longtemps avec un seul parent. (Fils, 8 ans, n° 13.)

Au départ, c'est le souhait de ma fille, ça a trouvé un écho chez moi. (Père, n° 16.)

Certains enfants se plaignent d'ailleurs que l'alternance ne puisse plus avoir lieu, du fait, par exemple, de la nouvelle orientation professionnelle du père :

> Quand j'ai pris cette activité de journaliste radio libre, ça m'a plus ou moins absorbé totalement, au niveau du temps et des motivations personnelles. Je ne les prends plus de façon régulière. Maintenant, ça fait un mois que je ne les ai pas pris. Tout ça est arrivé en parallèle avec mon déménagement, je me suis éloigné de leur lieu d'école. Maintenant ils sont demandeurs, ils m'en veulent d'avoir une activité trop absorbante. Toute l'année dernière, ça les a perturbés, leurs résultats scolaires en pâtissaient. (Père, n° 9.)

Ou du fait d'un éloignement des parents, consécutif à un changement professionnel de la mère, qui, pour le père, constituait « un prétexte pour s'éloigner » :

> Elles étaient beaucoup plus heureuses dans la garde alternée qu'après. Sans cesse elles réclamaient la situation d'avant. Elles ont regretté cette période-là. Elles ont vécu alors beaucoup plus la séparation. (Père, n° 17.)

L'équilibre éducatif, premier avantage psychologique de l'alternance

Parmi les multiples intérêts psychologiques et relationnels que les enfants peuvent avoir à l'alternance, l'un d'entre eux est présenté comme primordial : pouvoir maintenir le contact régulier avec ses deux parents.

Le point de vue des parents

Pour les parents, le thème du *maintien de l'équilibre parental* revient très souvent. Il est évoqué par quatorze pères et treize mères ; seulement six parents n'évoquent pas cet avantage. Cet équilibre est entendu au sens large. Il y a équilibre entre la présence du père et celle de la mère, préservation de la relation père-enfant, de l'image de chacun des deux parents ; en d'autres termes, maintien de la double référence parentale.

> De cette façon, il n'y a pas déséquilibre des rôles. (Mère, n° 1.)
>
> Ils en tirent l'avantage de connaître dans le quotidien leur père et leur mère. Ils se sentent désirés des deux côtés. (Père, n° 6.)
>
> Tant les parents que les enfants ne sont pas coupés. Les enfants n'ont pas l'impression d'avoir perdu un des deux parents. C'est l'unique et énorme avantage. Aucun des deux parents n'a l'impression d'avoir été exclu, déchu de son droit parental. (Père, n° 7.)
>
> *A priori* cela lui a permis un développement relativement équilibré, de n'être privé ni de son père, ni de sa mère. (Père, n° 8.)

Le point de vue des enfants

De la même façon, les enfants reconnaissent qu'il s'agit là d'un des principaux intérêts de l'alternance que de pouvoir continuer à bénéficier à équivalence de ses deux parents. Cependant cet aspect est parfois plus difficilement mis en paroles que des avantages plus « pratiques », dans la mesure où ils vivent souvent la situation comme allant de soi.

> Il y a aussi le plaisir de retrouver le parent qu'on n'a pas vu depuis deux semaines. (Fils, 11 ans, n° 1.)
>
> En plus, on voit autant ses deux parents et on fait des choses avec. On les a à la fois la semaine et le week-end. (Fils, 13 ans, n° 1.)
>
> Ils nous ont dit : « Qu'est-ce que vous préférez ? » ; on a répondu la garde alternée, parce que ça nous permettait de voir les deux à la fois de manière équilibrée. Ça a été unanime entre nous, les enfants. (Fille, 16 ans, n° 1.)

> Je profite de ma maman et de mon papa en même temps. Quand je suis avec mon père, je fais du bricolage, d'autres choses. Quand je suis avec maman je fais autre chose aussi, ça change. (Fils, 9 ans, n° 3.)
>
> C'était le moyen d'être toujours avec les deux. Moi j'ai 19 ans, je le fais toujours. Ça me permet de profiter de mes deux parents. D'autres jeunes ont des parents divorcés et ils ne les voient plus. Ma copine elle ne voit plus son père. Moi je suis le plus heureux. (Fils, 19 ans, n° 4.)
>
> J'étais contente de changer, de voir mon autre parent. C'était très positif. Quand j'ai dû vivre avec ma mère, j'ai regretté un peu. Il y avait quelque chose de cassé. (Fille, 19 ans, n° 8.)

L'impossibilité de pratiquer l'alternance renforce le détachement des pères

Plusieurs pères évoquent la situation de ceux qui ne peuvent arriver à bénéficier de l'alternance et, impuissants, sont amenés à baisser les bras :

> Beaucoup de pères vivent des périodes de garde alternée, ça leur permet de mieux se situer vis-à-vis de leurs enfants. La garde alternée leur donne la possibilité d'être responsables. S'il n'a qu'un droit de visite tous les quinze jours, le père peut vite s'accommoder d'une situation de célibataire et se détacher petit à petit de ses enfants. (Père, n° 10.)

L'insistance sur l'équilibre psychologique des enfants

Mais l'équilibre est aussi l'*équilibre psychologique des enfants*. Beaucoup de parents évoquent cet aspect qui, pour eux, est primordial. On tente à tout prix de préserver celui-ci en offrant à l'enfant le moyen de continuer sa relation avec les deux parents, dans un cadre où les risques sont souvent limités au maximum.

Les opinions sur les effets psychologiques bénéfiques de l'alternance sont multiples, certains parents sont plus prudents et s'abstiennent de juger de ceux-ci, mais rares sont ceux qui pensent que l'alternance puisse perturber l'équilibre psychologique de leur enfant, si ce n'est parfois de façon momentanée. La préservation de l'équilibre psychologique de l'enfant par l'alternance est, en revanche, évoquée maintes fois :

Le seul avantage, c'est, pour les enfants, de réussir la séparation pour qu'ils en souffrent le moins possible. Il ne faut pas détruire l'image d'un père ou d'une mère. (Mère, n° 5.)

Je crois qu'ils sont épanouis et qu'ils n'ont pas de blocage particulier. (Père, n° 9.)

Ce qui est important pour l'enfant, c'est d'avoir deux maisons pour lui. Il doit pouvoir se sentir en même temps chez lui et chez son père, chez lui et chez sa mère, et non penser qu'il est chez lui avec sa mère et qu'il va chez son père ou *vice versa*. C'est d'abord pour son bien-être. (Mère, n° 11.)

L'enfant est beaucoup plus écouté. On les scrute, nos enfants, comme on navigue à vue. Dans un système où on est fondamentalement égoïste, il faut qu'on reste vigilant. Le fait d'en être séparé périodiquement permet de prendre du recul. Je constate que mes enfants ne sont pas malheureux et fonctionnent bien là-dedans. Ils se démerdent très bien dans la mesure où la séparation n'est pas liée à un conflit et où ils n'ont pas connu une autre situation. (Père, n° 14.)

Une pratique qui élargit l'esprit

Pour de nombreux parents, la résidence alternée apporte à l'enfant une *ouverture d'esprit plus grande*. L'enfant est régulièrement en contact avec deux modes de vie qu'il partage au quotidien : celui de son père et celui de sa mère.

Cet avantage est lié au précédent. Il apparaît chez dix pères sur quatorze concernés ; on le retrouve moins chez les mères où cette occurrence apparaît sept fois. En revanche, il est très souvent évoqué par les enfants comme un attrait majeur de l'alternance. Ceux-ci évoquent très facilement la diversité que leur procure le fait de vivre dans deux milieux différents comme un des attraits majeurs de ce mode de vie.

Les enfants sont conscients de cette attention qu'on a sur eux. Chacun s'est réaffirmé ; ils sont élevés dans des cadres différents, ce qui leur permet de relativiser les choses, on n'est pas des normes infaillibles. C'est très enrichissant pour eux d'avoir deux milieux différents. (Mère, n° 1.)

C'est deux styles différents. Et puis ça permet de découvrir autre chose. On n'est jamais dans le même quartier, on change un peu de vie. (Fils, 13 ans, n° 1.)

Ça met de l'originalité dans le quotidien, du changement. (Fille, 16 ans, n° 1.)

> C'est très bien, j'ai deux chambres, j'ai plus de place. Dans ces deux chambres, c'est tout le temps différent. [...] J'ai les cadeaux des deux familles, de Noël, et aussi je peux connaître plus de gens. (Fils, 11 ans, n° 5.)
>
> J'ai connu beaucoup de choses. C'est pas tout le monde qui fait ça, en changeant de ville, de région. Ça a été une expérience, c'était sympathique. J'ai beaucoup d'amis maintenant, ça a beaucoup de poids. (Fille, 16 ans, n° 6.)
>
> C'est agréable de changer de lieu, deux atmosphères différentes, des gens différents. Ça coupe de la routine. (Fille, 19 ans, n° 8.)
>
> Ce sont deux mondes différents, c'est pas du tout les mêmes milieux et moi ça me permet d'avoir des éléments de comparaison. Du coup, je peux beaucoup mieux me placer entre les deux. (Fils, 16 ans, n° 15.)

La construction d'un territoire

Cette possibilité de bénéficier de deux domiciles, ici valorisée, risque-t-elle pour autant de perturber les jeunes enfants et leur construction identitaire du fait de l'absence d'un espace central de référence qui favoriserait leur intégration psychique ? Cette idée, fréquente chez les psychologues, demande à être prise au sérieux, même si nos enquêtes semblent attester du bien-être et de l'équilibre psychologique des enfants rencontrés. L'enquête réalisée récemment par François de Singly et Benoîte Decup-Pannier montre que les enfants dans ces situations construisent une cohérence de leur territoire permettant leur enracinement identitaire, selon trois stratégies. La première consiste à trimballer à chaque changement toutes ses affaires importantes dans un gros sac, ce qui permet d'investir identiquement les deux espaces. La seconde valorise au contraire les allers-retours entre les deux logements pour chaque affaire oubliée, ce qui réunit les deux espaces en un seul territoire. La troisième consiste à hiérarchiser les deux espaces, un logement devenant dominant et dépositaire des objets les plus importants, le plus souvent le logement maternel. « À chaque fois, donc, la dualité tend à être minimisée, grâce à ces tactiques qui renforcent le sentiment de n'avoir qu'un seul "chez soi" [2]. »

2. F. de Singly, *Libres ensemble*, *op. cit.*, p. 227.

Dans cette situation, comme dans beaucoup d'autres possibles, l'enfant réalise un travail psychique d'intégration de la situation qui lui permet de ne pas se sentir clivé et d'investir ses deux espaces de vie comme partie prenante de son territoire, quitte à marquer symboliquement chacun d'entre eux comme tel. Les craintes étaient donc largement infondées, même si elles s'établissaient sur un constat renouvelé, celui de la nécessaire unité psychique de l'enfant, dont on constate là encore qu'elle dépend moins de la réalité matérielle que de la réalité psychique.

On peut d'ailleurs se demander si cette façon de voir les choses n'était pas simplement la conséquence directe de l'assignation, autrefois non questionnée, de la mère à l'enfant. L'image de la dyade fusionnelle mère-enfant s'y trouve projetée sur la gestion de l'espace après la séparation des parents. Évidence qui se trouve quelque peu remise en question depuis que les femmes ont investi l'espace public et les hommes le rapport au bébé... Toujours est-il que les enfants tirent souvent de multiples bénéfices d'avoir deux résidences.

Des opinions contradictoires sur le meilleur âge pour l'alternance

Les préoccupations concernant l'âge des enfants lors de la mise en place de l'alternance participent toujours de ce souci de préserver l'équilibre psychologique de l'enfant.

> Le plus petit avait 6 ans et la plus grande 10 ans. Les copines psychologues nous ont dit que c'était la bonne période. (Mère, n° 1.)

Mais les positions sont loin de faire consensus. Ainsi trouve-t-on des partisans d'un âge minimum :

> *Le mode de l'alternance sur un enfant de 12 mois n'est pas concevable. L'enfant est trop dépendant de sa mère, mais c'est mon sentiment personnel.* (Mère, n° 3.)
>
> *S'il avait été plus petit cela aurait été peut-être différent. J'ai le sentiment qu'il accède à un âge – 5 ans – où on pouvait prendre cette décision.* (Père, n° 11.)

Pour d'autres parents, le souci de l'âge joue plutôt dans le sens inverse, c'est-à-dire que pour eux l'alternance est surtout bénéfique pour les jeunes enfants, qui ont besoin de la présence de leurs deux parents :

> Je pense que la résidence alternée ne peut bien se faire que si les enfants sont tout petits. (Père, n° 10.)

> Pour lui le jeune âge a été pris en compte dans le sens où l'enfant, 5 ans, est encore dans l'âge de confirmation affective avec ses deux parents. (Père, n° 12.)
>
> L'âge sans doute, dans la mesure où elle était très jeune (6 ans). Cela a encouragé la garde conjointe. Si elle avait été adolescente, elle aurait peut-être eu une garde unique. (Père, n° 8.)

Dans la même perspective, on ne peut dire que la durée du cycle de l'alternance fait consensus, on trouve cependant une tendance : l'allongement de celle-ci avec l'âge.

Une périodicité variable selon les situations et l'âge des enfants

De fait, le rythme de l'alternance est assez variable : le plus souvent entre une demi-semaine et quinze jours, mais il peut être plus fréquent pour un très jeune enfant. Certains parents insistent sur le caractère sécurisant pour les jeunes enfants de la répétition des mêmes jours de résidence chez l'un ou l'autre parent, qui les aide à se repérer.

> Les trois jours et demi ne posent aucun problème. Je les ai les samedi et dimanche, elle le mercredi. Il y a moins de contraintes qu'une semaine/une semaine parce que pour les enfants chaque jour de la semaine c'est bien défini. Cela les sécurise beaucoup. (Père, n° 7.)

La tendance cependant est à l'espacement de l'alternance avec la prise d'âge des enfants. Leur plus grande maturité et les contraintes scolaires induisent des temps de séjour plus longs chez chaque parent, évolution qui s'effectue souvent à leur demande.

> Il y a trois ans je leur ai suggéré un autre rythme (la semaine) pour des raisons scolaires... Ce rythme-là est beaucoup plus intéressant car il permet une gestion du temps meilleure. Les choses sont moins entrecoupées qu'avec trois jours et demi. (Fils, 16 ans, n° 15.)

Le bénéfice éducatif : disponibilité et requalification du père

L'intérêt de l'alternance réside aussi dans ses *effets éducatifs*, effets que la moitié des parents énoncent à la fois comme conséquence de leur plus grande disponibilité (ils n'ont les enfants que la moitié du temps) et comme effet de complémentarité entre les deux parents, d'équilibre éducatif.

> Il y a un équilibre éducatif. Le fait d'avoir eu cette garde conjointe m'a appris à reconsidérer le rôle du père. Avant j'étais trop captatrice. J'assurais le rôle du père et maintenant on est à égalité. Avant j'étais malheureuse en tant que femme, j'avais trop investi mon rôle de mère. (Mère, n° 1.)
>
> Ce qui m'a vraiment intéressé c'est de pouvoir m'occuper de mes enfants « seul ». Après mon divorce je n'étais plus exclu des couches, de la cuisine alors que je n'avais rien à dire sur ce plan auparavant. (Père, n° 10.)

Pour les parents : une disponibilité épanouissante

La majorité des interviewés insistent sur la disponibilité que permet l'alternance de la résidence entre les deux parents, disponibilité psychologique et matérielle vis-à-vis des enfants d'abord, disponibilité pour l'organisation de sa vie personnelle, hors période de garde des enfants, ensuite. Écoutons ces propos *a contrario* :

> J'aurais souhaité que leur père les garde régulièrement, jusqu'à la garde alternée. Ça permet de partager les responsabilités, l'allégement des charges qui m'aurait permis à moi de vivre, parce que je n'ai pas vécu, et même maintenant je n'ai pas de vie. J'aurais à la fois plus profité de mes enfants et de ma vie personnelle. De fait je suis très fatiguée à la fin de la journée, je n'arrive pas à m'occuper avec plaisir de mes enfants. Le temps où on se voit c'est d'abord des contraintes. Une garde alternée allégerait beaucoup et apporterait beaucoup. (Mère, n° 24.)

La disponibilité pour les enfants

Lorsque les enfants arrivent, le parent qui assure alors la résidence a eu le temps, hors de la période qui précède, de régler le maximum de problèmes matériels, administratifs, professionnels, voire affectifs.

Mieux équilibré et plus détendu, il est aussi plus motivé et dynamique pour s'occuper de ses enfants.

> Quand les enfants arrivent à la maison, je suis plus disponible, je suis plus à l'écoute. Et je me sens plus à l'aise dans mon rôle de mère... (Mère, n° 1.)
>
> On est plus cool avec eux à cause de cette situation. (Père, n° 1.)
>
> Je suis beaucoup plus disponible pour mon enfant les soirs où je l'ai. (Mère, n° 12.)

Le gain au niveau éducatif semble manifeste chez beaucoup ; certains enfants font d'ailleurs preuve de résultats scolaires très brillants, par exemple ceux du couple 1 (ingénieur, journaliste) qui sont tous les trois aux premiers rangs de leurs classes depuis plusieurs années.

En revanche, d'autres notent des problèmes scolaires que la séparation semble avoir favorisés :

> Ni l'un ni l'autre n'ont voulu faire d'études longues ; est-ce que cela s'est manifesté dans le refus scolaire ? Je ne sais pas, c'est une hypothèse. Quand on s'est séparé, mes fils ont vu leur scolarité perturbée. (Père, n° 4.)

La disponibilité pour soi

En parallèle, l'absence périodique des enfants permet au parent seul de perpétuer une vie sociale, voire d'envisager une nouvelle vie sentimentale, avec une facilité bien plus grande.

> En étant seule la moitié du temps, c'est plus facile, c'est vrai, de pouvoir retrouver un homme, par exemple. (Mère, n° 15.)
>
> Cela fortifie les liens. D'autre part cela confère une part de liberté. C'est une contrainte qui n'est pas continue, c'est un avantage. Une possibilité de préserver sa vie personnelle même par rapport à ses enfants. (Père, n° 9.)

Certains le vivent comme une simple conséquence, non recherchée. Cet avantage n'apparaît d'ailleurs pas toujours de manière explicite bien que l'idée en soit diffuse au long des entretiens. D'autres, au contraire, le revendiquent comme instrument d'un meilleur équilibre pour tous :

> Le fait d'être séparé périodiquement permet de prendre du recul. (Père, n° 14.)

D'autres enfin reconnaissent *a posteriori* les avantages de la formule :

> Au début, ça me paraissait impossible d'être libre un soir sur deux. Finalement c'est pas mal. Je peux faire des activités pour m'épanouir. C'est agréable. Je ne me culpabilise pas, je sais que mon fils est chez son père. En plus, je suis beaucoup plus disponible pour mon enfant les soirs où je l'ai. (Mère, n° 12.)

Pourtant, certains apparaissent plus sceptiques sur l'avantage que représenterait l'alternance :

> En fait, on ne partage pas le temps en deux, on le dédouble. On perd l'économie d'échelle qu'on fait quand on vit à deux. Avant, il y avait une complémentarité, maintenant les difficultés sont multipliées. Tout ça, tu es prêt à le faire pour ce qu'on gagne de la qualité de ce temps partagé, de l'avoir, de discuter avec lui dès la sortie de l'école. (Père, n° 12.)

La préservation de la carrière professionnelle

Conséquence seconde du temps « libre » dégagé par l'alternance, c'est qu'elle permet que ne soit pas sacrifiée la carrière professionnelle. Sacrifice qu'impliquerait une résidence unique, notamment pour des femmes de ces milieux sociaux :

> Ça m'a aidée car j'ai des horaires contraignants. Si je les avais à charge je ne les verrais guère plus à cause de mon travail. Ça m'obligerait à habiter en ville. L'alternance m'a permis de continuer. (Mère, n° 2, animatrice sportive.)

Mais ça peut être aussi le cas d'hommes qui organisent leur emploi du temps au regard de la présence des enfants :

> Compte tenu des personnes en cause, ça m'a plutôt aidé dans mon travail. Je peux réfléchir, travailler sans avoir les enfants, de façon alternée. C'est la même chose pour leur mère. (Père, n° 14, responsable d'une compagnie théâtrale.)

Cet aspect est cependant relativement peu évoqué (le quart des situations), car il n'apparaît bien souvent pour les parents qu'une conséquence seconde d'une situation mise en place pour d'autres ordres de raisons, et qui, de plus, est souvent corrélée avec une stabilité certaine de la vie professionnelle.

Cet avantage procuré par l'alternance apparaît de fait peut-être plus quand on analyse certains discours de parents en résidence unique, qui voient leur situation professionnelle stagner ou se détériorer, du fait de la présence constante des enfants, ou d'autres qui, en situation précaire, ne peuvent envisager une alternance par ailleurs souhaitée.

Sans compter la charge matérielle que peut représenter alors le fait de devoir assumer une résidence unique :

> C'est énorme, la surcharge des tâches ménagères, le déséquilibre familial, les contraintes matérielles pour vivre dans la dignité. J'ai dû arrêter tous mes loisirs à cause du manque de temps et d'argent pour les faire garder. (Mère, n° 28, enseignante, trois enfants.)

Cela dit, si les parents qui pratiquent l'alternance de façon stable et régulière sont très généralement satisfaits de la situation, et pensent qu'il s'agit de la meilleure situation possible, cela n'implique pas qu'ils occultent les contraintes et inconvénients que peut représenter la résidence alternée. Cet aspect négatif n'est simplement pour eux pas commensurable avec l'intérêt présenté par l'alternance.

Les difficultés et contraintes de la résidence alternée

Les inconvénients évoqués apparaissent beaucoup plus variés dans le discours des parents que dans celui des enfants. Ils ont cependant ceci en commun d'être le plus souvent matériels.

Pour les parents, les inconvénients sont d'ordre matériel et parfois psychologique

En effet, alors que les avantages étaient beaucoup plus d'ordre psychologique, les inconvénients qui sont mentionnés le plus régulièrement sont essentiellement d'ordre matériel, qu'il s'agisse des problèmes administratifs, liés bien sûr à l'opposition de la justice qui conditionne beaucoup de choses, ou, surtout, des contraintes financières (le surcoût, maintes fois évoqué).

Ils sont de deux ordres : ceux qui président à la mise en place de la résidence alternée et ceux qui lui sont consécutifs, comme les inconvénients par rapport aux administrations où les parents se sentent désavantagés.

> La contrainte du logement. Avoir une chambre pour Benoît dans chaque maison. Il a fallu bien sûr racheter des meubles. (Père, n° 11.)
>
> Je ne vois pas d'inconvénients sinon le surcoût puisqu'on a beaucoup de choses en double. (Père, n° 14.)

De nombreux problèmes sont liés à la non-reconnaissance juridique de la résidence alternée qui provoque des difficultés par rapport aux administrations. Les exemples suivants mettent en cause la CAF :

> Il y a versement direct des prestations à la mère. Jusqu'à maintenant on faisait moitié/moitié. Depuis le jugement qui lui donne la résidence habituelle, je lui ai demandé, elle m'a dit qu'elle continuerait à faire comme avant. Mais c'est un moyen de chantage, c'est pas normal. Comme on s'est jamais arrangé pour rien... Les trois premières années, j'avais l'allocation. Je lui reversais la moitié des

allocations familiales et je gardais l'APL. Ma femme a eu une fille, du coup elle a pris les allocations familiales, elle m'en reverse un tiers, mais je ne touche plus l'APL. J'ai fait plusieurs fois appel, des lettres recommandées, on ne m'a jamais répondu. J'ai fait appel à une association de consommateurs, on n'a rien pu faire. (Père, n° 7.)

Sur le plan des allocations familiales, ce n'est pas juste quand on divorce, si on a deux enfants séparés, on ne touche plus rien. On pourrait diviser en deux les allocations pour deux enfants. (Mère, n° 22, partage des enfants.)

D'autres demeurent à un niveau plus général, et incriminent l'administration dans la difficulté de mettre en place une alternance :

> Le fait que l'administration soit favorable à celui qui garde les enfants peut être une source de problèmes, favoriser le désir de ne pas partager les enfants. (Père, n° 6.)

La difficulté relationnelle qui peut exister à devoir maintenir le contact avec l'autre parent peut aussi être ressentie comme un inconvénient plus ou moins important, et qui comme beaucoup d'autres concerne surtout les parents, ainsi que le résume cette réflexion d'un père :

> Le travail est plus difficile à réaliser pour les parents que pour les enfants. (Père, n° 15.)

En ce qui concerne leurs enfants, les parents évoquent aussi les deux niveaux matériel et psychologique. L'alternance apporte effectivement un surcroît de charges matérielles pour des enfants qui doivent régulièrement passer d'un lieu à un autre, mais cette charge est rarement notée indépendamment de la charge psychologique que la séparation suppose. Certains mentionnent la difficulté d'avoir une position éducative commune et homogène entre les deux parents, et le parti que peuvent essayer d'en tirer les enfants, ou la gêne qu'ils peuvent en éprouver :

> Cela rend plus difficile l'autorité, ils peuvent toujours s'appuyer sur l'un en rejetant l'autre. (Père, n° 9.)

Pour les enfants, les inconvénients sont avant tout matériels

Les enfants, en revanche, ressentent avant tout la charge matérielle que peut représenter l'alternance entre deux domiciles et ne mentionnent presque jamais des aspects d'ordre psychologique. Pour eux, l'alternance présente d'abord l'avantage de garantir un état psychologique satisfaisant, en maintenant le lien avec les deux parents ; les inconvénients mentionnés demeurent alors au niveau pratique, et apparaissent comme secondaires, en tout cas n'étant pas de nature à remettre en cause leur mode de vie.

> On est un peu bousculé, le fait de passer d'une maison à l'autre, et on n'a jamais quelque chose de vraiment fixe. On peut pas s'installer vraiment : les habits, les affaires de classe, les choses qu'il faut toujours emporter, par exemple ma voiture radiocommandée. (Fils, 13 ans, n° 1.)
>
> Le truc qui me gêne un peu, c'est de changer au bout de quinze jours, changer toutes les affaires, transporter tout, livres, etc. Sinon, c'est bien. (Fille, 16 ans, n° 1.)

Quelques rares enfants insistent plus sur un certain côté déstabilisant de la situation par les ruptures temporelles et spatiales qu'elle provoque, ou par les différences d'éducation :

> Ce qui me plaît pas c'est le déplacement, et puis ça change beaucoup chez l'un et chez l'autre. Chez ma mère, je suis libre, chez mon père, c'est tout le contraire. Et ça change tout d'un coup... Je ne m'habitue pas trop, ça change, je ne me couche pas aux mêmes heures, je ne me lève pas aux mêmes heures et ça depuis longtemps. (Fils, 9 ans, n° 3.)
>
> C'est embêtant, par exemple quand je me fais mal chez mon père, quand j'arrive chez ma mère, elle comprend pas, elle refait une enquête pour savoir et c'est fatigant. Pour les devoirs, j'ai du travail à faire chez papa, je les fais la veille, et quand j'arrive chez maman, elle me programme des devoirs alors que je n'en avais pas. Chez mon père, on fait la sieste, la télé... Chez maman on peut faire des choses que chez mon père on ne peut pas faire. Papa nous éduque à sa façon, maman nous éduque à sa façon et nous on ne sait pas trop. Papa crie que maman lui casse tout son travail et n'est pas trop content de la manière dont nous éduque maman. (Fils, 11 ans, n° 3.)

Notons le cas particulier de l'alternance de longue durée :

> Ce qui me gêne, c'est plutôt au niveau des copains, des changements d'école, d'atmosphère, de ville. Il faut que je me réhabitue à chaque fois. (Fille, 16 ans, n° 6, alternance tous les trois ans.)
>
> Le seul truc gênant, c'est qu'on vivait au rythme des vacances pour aller chez l'un ou l'autre. On ne pouvait pas décider quand on pouvait voir l'autre. Sinon y a pas vraiment eu d'inconvénients. (Fils, 21 ans, n° 6, alternance tous les trois ans.)

Certains enfants d'ailleurs n'ont pas vraiment ressenti de contraintes dans ce mode de vie, qui les faisait passer régulièrement d'un domicile à un autre :

> Ça a jamais été gênant. Ils ont toujours habité à côté, à deux rues, à deux cents mètres. (Fils, 19 ans, n° 4.)
>
> Le transport des affaires, c'était pas très gênant, y'avait que ça. (Fille, 19 ans, n° 8.)

La nécessité d'aménagements matériels et horaires

De fait, les difficultés rencontrées par les parents sont plus souvent à classer dans la catégorie des contraintes (tenir compte de l'âge des enfants, de la proximité spatiale, de la profession de chacun, de l'entente parentale et de la rigueur de gestion de l'emploi du temps) que dans la catégorie des inconvénients, qui se résument pour les adeptes de l'alternance aux inconvénients matériels.

Ainsi, la plupart des contraintes apparaissent dans le discours des parents comme des aménagements par rapport à la situation nouvellement instaurée plus que comme des inconvénients majeurs susceptibles de mettre en péril la pratique de la résidence alternée.

Manifestement, les parents ne sont pas du tout convaincus, dans leur grande majorité, que la pratique de la résidence alternée présente pour leurs enfants des inconvénients d'ordre psychologique ou relationnel. Les motifs d'arrêt de ce type d'expérience ne réfèrent d'ailleurs pas à des raisons de cet ordre, mais plutôt à l'état des relations entre les parents.

L'obligation de proximité

Évoquée par onze pères et treize mères. Le plus souvent, elle n'apparaît pas comme une contrainte explicite, mais plutôt comme une obligation.

> Cela a marché tant qu'elle existait. Le jour même où elle (la mère) est partie à quatre-vingts kilomètres, ça n'a plus été possible. (Père, n° 17.)

Les contraintes au niveau professionnel

Par rapport à la situation antérieure de vie en couple, ou par rapport à l'éventualité d'une résidence unique, l'alternance implique pour beaucoup des aménagements d'horaires liés à la présence des enfants :

> Les deux semaines où je les ai, je travaille beaucoup moins, je suis plus présent à la maison. Je regroupe tout sur les quinze autres jours. (Père, n° 1.)
>
> Je me suis arrangée pour avoir des semaines beaucoup moins chargées dans mon travail quand mes enfants étaient avec moi. (Mère, n° 3.)

Pour certains, même un changement professionnel va entraîner un abandon de fait de la résidence alternée :

> J'en avais assez de travailler où je travaillais, mais cela me laissait pas mal de liberté. Mon changement de travail n'a rien à voir avec mes enfants. Maintenant, je travaille de soixante à quatre-vingts heures par semaine, sans trop regarder où je vais. La garde alternée n'est pas compatible avec un boulot très prenant. Avant j'arrivais à concilier tout. (Père, n° 9.)

Pour d'autres, l'influence se manifeste aussi au niveau de l'emploi du temps et de la répartition des activités selon les semaines :

> Les contraintes ont été l'emploi du temps de l'un et de l'autre. Mon ex-époux est contrôleur aérien, donc il a beaucoup de temps libre. Moi, mon emploi du temps change chaque année. (Mère, n° 2, animatrice sportive.)
>
> Il y a pas mal de contraintes matérielles et d'organisation du temps. Quand on vivait ensemble, je me posais moins la question de mes déplacements ; maintenant, ça influe sur mes déplacements, il faut que je les concentre quand il n'est pas là. (Père, n° 12, chargé d'étude.)

Parallèlement à ces contraintes d'emploi du temps professionnel, quelques parents indiquent (ou la plupart du temps ne font que suggérer) la réorganisation nécessaire de leur temps libre qu'a entraînée la résidence alternée. Cela est cependant rarement évoqué en termes de contraintes dans la mesure où, justement, l'alternance permet de préserver la possibilité d'un temps de loisirs personnels suffisant, et, en période de résidence des enfants, d'en pratiquer avec ceux-ci.

L'obligation d'une entente minimale entre les parents

Pour beaucoup de parents, l'entente et le maintien de bons rapports entre les ex-conjoints semblent une condition nécessaire à la pratique de la résidence alternée. Cependant, cette entente ne doit pas concerner tous les domaines mais *a minima* la parentalité.

> La contrainte, c'est qu'il fallait conserver la communication. (Mère, n° 3.)
>
> J'avoue que si l'on ne s'était pas entendu avec mon ex-épouse cela aurait posé quand même de gros problèmes. (Père, n° 10.)
>
> Je pense que, pour organiser ce genre de garde, il faut bien s'entendre et être organisé. (Mère, n° 20.)
>
> J'aurais préféré rester en garde alternée. Cela nous obligeait à nous voir. Il le supportait mal. (Mère, n° 22.)

Pourtant un certain nombre de couples pratiquent l'alternance, alors qu'ils ont des rapports inexistants, voire conflictuels. Ainsi le couple 15 justifie-t-il sa position :

> Le minimum entre les parents, c'est d'imposer une relation d'information. (Mère.)
>
> Le fait d'être obligé de communiquer avec l'ex-conjoint c'est un mythe. Je ne crois pas à la continuité du couple parental mais la continuité existe *de facto* pour les enfants. (Père.)

Ainsi, une communication réduite et limitée à l'éducation des enfants peut suffire pour que fonctionne une résidence alternée. Elle suppose seulement que les parents soient en mesure de différencier ce qui est de l'ordre de leur conjugalité et leur conflit non résolu, et ce qui est de l'ordre de leur parentalité et l'éducation de leur enfant.

L'alternance comme allègement de contraintes

Pour certains parents, il n'y a aucune contrainte.

> Je n'ai pas ressenti de contraintes explicites. (Mère, n° 8.)

Plus encore, pour d'autres qui ont pratiqué un temps la garde unique, l'alternance est d'abord disparition de contraintes, rejoignant en cela les avantages évoqués plus haut :

> On a moins de contraintes qu'avant, puisqu'un soir sur deux on se retrouve libre de son temps. (Mère, n° 12.)

Le pourquoi de l'alternance interrompue

Si les parents qui ont pratiqué une résidence alternée puis ont changé de mode de résidence (quatre cas) peuvent émettre certaines réserves concernant l'alternance, très généralement elles n'auraient pas suffi à justifier l'arrêt de celle-ci. Ce sont le plus souvent des considérations relationnelles qui peuvent en fin de compte l'expliquer. C'est le cas par exemple de cette mère du couple 18 qui a brutalement arrêté l'expérience, après quelques mois d'alternance, lorsque son mari s'est remis en couple :

> Je pense que c'est déstabilisant de vivre huit jours chez chacun. Rien que la façon de vivre qui n'est pas la même [...]. Surtout je n'avais pas envie que quelqu'un d'autre prenne ma place de mère, alors, quand il s'est mis avec une autre femme, j'ai arrêté la résidence alternée.

Un éloignement trop important quand arrive l'âge de l'école

Pour le couple 16, la situation est différente, et assez complexe : en effet, la séparation de corps s'effectue alors que les parents vivent en communauté et que leur fille a 2 ans ; le père vit quelques mois dans la même maison dans une pièce isolée. Il part lorsque sa fille va avoir 3 ans pour résider à cent trente kilomètres. Durant trois ans, les parents pratiquent une résidence alternée, avec une durée de résidence de l'enfant plus longue chez la mère (dix jours) que chez le père (six jours). Lorsque l'enfant doit entrer à l'école primaire, l'alternance n'est plus possible, compte tenu de la distance. La mère garde l'enfant, le père exerce un droit de visite un peu supérieur à la norme habituelle. Dès la sixième est exprimée une demande de la fille (selon le père), du père (selon la mère), pour que la fille vienne habiter avec son père. Après de longues tractations, il est décidé qu'elle résidera chez son père à partir de la seconde et effectuera ainsi la fin de sa scolarité dans une autre ville, qui offre les enseignements nécessaires à la poursuite de ses études.

Un éloignement-alibi pour récupérer l'enfant

L'arrêt de la résidence alternée pour le couple 17 renvoie à un éloignement de la mère pour motif professionnel (changement d'emploi) ; cependant, il semblerait que celui-ci constitue (d'après le père) plus un prétexte pour que s'arrête l'alternance, compte tenu des conflits qui s'articulent autour de celle-ci :

> Je pense que le travail de ma femme était plus un prétexte pour s'éloigner. À la fin ça devenait de plus en plus difficile de partager les enfants, elle mettait de plus en plus de bâtons dans les roues.

Un arrêt de l'alternance pour l'enfant

Le couple 23 est un couple d'ex-concubins, qui ont vécu en communauté. L'enfant unique avait 1 an lors de la séparation. Les parents ont vécu en voisins pendant quatre ans, l'alternance comprenait une période de résidence plus longue chez la mère. Actuellement, l'enfant âgé de 8 ans réside chez le père, mais la mère bénéficie d'un très large droit de visite : elle voit son enfant chaque jour. Le père a refusé de perpétuer une résidence alternée dans un souci, semble-t-il, de stabilité pour son enfant. Notons que les parents sont en désaccord sur la définition de leur situation de garde.

Les parents s'accordent à reconnaître que leur fils ne supportait pas très bien de vivre de façon dominante chez sa mère, dont le mode de vie et le comportement affectif ne lui donnaient pas beaucoup de sécurité :

> Mon fils a influencé l'évolution de sa résidence par l'instabilité scolaire qu'il a manifestée et qui a poussé à cette nouvelle mise en place. J'avais passé une année difficile, très investie dans ma psychanalyse. À partir des difficultés de relations avec lui : un peu d'air serait bon et pour lui et pour moi. Son père avait une demande qui concordait. C'est quelqu'un qui a le sens du devoir, le rendement scolaire est très important pour lui. Il a une éducation traditionnelle par sa grand-mère bouddhiste qui implique qu'il sait éduquer son fils. Moi, en revanche, je suis beaucoup plus « moderne », mes parents connaissaient des contradictions, avec les aspirations de ma mère, qui avait des idées modernes, d'avant-garde. Cela m'a influencée. Pour son père il faut que ça marche bien. À 8 ans il doit travailler plus et jouer un peu moins. Son père a rétabli ça, c'est mieux. (Mère, n° 23.)
>
> Il a demandé à ne pas rester chez sa mère, il a demandé à venir chez son père. Il a toujours eu un conflit avec sa mère. Il la repousse. Maintenant, carrément quand vient sa mère, il lui dit : « Qu'est-ce que tu fais là ? » C'est donc lui qui est à l'origine du changement, et aussi l'observation de sa mère que nous constituons une cellule familiale avec ma nouvelle compagne, et notre bébé. C'est un élément stabilisateur. Sa mère a vu d'un bon œil cette chose-là. En plus l'enfant veut être ici. (Père, n° 23.)

On le voit, si l'alternance a été interrompue ce n'est, le plus souvent, pas pour des problèmes psychologiques qu'elle aurait posés aux enfants, et un refus de ceux-ci, mis à part sans doute le dernier exemple présenté, où la relation difficile mère-enfant a poussé celui-ci à demander la résidence chez son père. Dans les autres cas, ce sont d'abord des problèmes existant entre les parents qui ont abouti à l'arrêt de l'alternance, la distance mise entre les domiciles servant parfois d'alibi à cette interruption.

Du désir non partagé au refus catégorique de résidence alternée

L'analyse des discours des parents dont les enfants sont en résidence unique permet la mise en exergue de trois catégories de jugements sur ce type de garde. Soit existe un désir de résidence alternée non abouti au moins chez l'un des deux parents, soit, pour d'autres parents, la mise en place d'une résidence alternée n'apparaît pas comme une solution aux problèmes évoqués, soit, enfin, les parents sont satisfaits de la résidence unique.

Un désir non abouti de résidence alternée

La résidence unique apparaît pour l'un des membres au moins de ces cinq couples comme une solution imposée soit par des contraintes matérielles, soit par le refus de l'ex-conjoint.

Dans un seul cas (couple 20), les deux membres du couple étaient prêts à pratiquer l'alternance mais la situation très précaire du père, chômeur en fin de droits, a exclu cette solution. Très favorable à la garde alternée, il aurait accepté aussi une solution de garde unique chez lui. La mère, tout en indiquant que « c'est impossible juridiquement », aurait pu passer outre, car « la garde alternée nécessite une bonne entente des parents qui donc peuvent se passer du juge ».

Dans les quatre autres cas, la garde unique a prévalu, car l'un des deux parents s'est opposé à la mise en place d'une résidence alternée. Parmi ceux-ci, deux couples sont en garde partagée.

Pour le couple 21, la mère aurait souhaité une résidence alternée pour les trois enfants. Mais le père met en avant la distance entre les domiciles (Aix-Paris), et le fait qu'il veut bien assumer un ou deux enfants mais pas les trois. La garde partagée lui permet ainsi de ne pas se sentir complètement démuni de son autorité parentale. La mère trouve plusieurs autres avantages à cette situation. Elle donne aux enfants plus de stabilité qu'une garde alternée. Elle leur procure une ouverture d'esprit par les différents modes de vie des deux ex-conjoints. En revanche, elle regrette l'absence du masculin, notamment maintenant que ses garçons sont adolescents.

Pour le couple 22, c'est le père qui refuse la garde alternée alors qu'elle était prévue dans la convention de divorce et qu'elle avait fonctionné quelque temps. Le père prend prétexte de sa nouvelle vie conjugale pour cesser la résidence alternée, la garde est dès lors partagée au grand regret de la mère. « J'aurais préféré rester en garde alternée. Il n'y avait pas trop de conflits. » La garde partagée apparaît donc ici aussi comme un compromis. « On aurait aimé avoir tous les deux les enfants. » Elle permet d'apaiser les conflits entre les parents et surtout leurs retombées sur les enfants. « Leur père l'aurait très mal pris si j'avais voulu la garde unique. »

Les deux derniers couples (n° 19 et 24) mettent en avant des situations différentes et plus complexes :

La mère impose une résidence unique que le père aurait aimé partager

> Ce sont ses conditions à elle qui ont été prises. Moi je désirais la garde alternée. Je craignais qu'elle ne parte un jour ou l'autre avec sa fille. Elle souhaitait que Julie ait un père et compte rester dans la région. Au départ, je voulais même que ce soit moi qui ait la résidence et partager le temps. Elle était presque prête à accepter. C'est plus des raisons sociales, d'opinion, qui l'ont amenée à avoir un droit de garde en quelque sorte sur sa fille. Elle ne voulait pas être perçue comme une mère indigne. Cela n'a pas pu se faire, elle devait sans doute être partagée entre deux sentiments. Elle a choisi de garder sa fille aux conditions qu'elle m'a imposées et que j'ai fini par accepter parce que je ne voulais pas rentrer dans un conflit. Je l'ai un week-end sur deux, mais je la prends à l'école le vendredi soir et la ramène à l'école le lundi matin. Chaque semaine je la prends le mardi soir et la garde jusqu'au mercredi 14 heures.

Le discours de la mère est assez différent, et indique des points de clivage conflictuels, qui, non résolus, bloquent le couple dans un désaccord irrémédiable :

> Avant la demande de divorce, Michel voulait la garde alternée qu'il a demandée à son avocat. Moi je ne voulais pas du tout. Notre divorce était parti pour être un divorce conflictuel puis finalement on est arrivé à un divorce par consentement mutuel, parce qu'on pensait à notre enfant. Je trouve que Julie voit suffisamment son père et par rapport à un enfant jeune je trouve que sa mère est mieux à même de

subvenir aux besoins d'un enfant. Moi, par exemple, si j'avais un sacrifice à faire entre ma fille et ma profession, je sacrifierais tout de suite mon boulot. Si je prends l'exemple de Michel, sa demande persistante de garde alternée n'est pas toujours justifiée. Je trouve qu'il pourrait faire un effort pour voir sa fille entre midi et deux quand elle est à la cantine alors qu'il peut matériellement le faire et il ne le fait pas. Là je pense que c'est de l'égoïsme. La seule chose qui me ferait changer d'avis, c'est ma fille, si elle le demandait alors je n'aurais pas d'autre choix que d'inverser la situation actuelle.

Le rejet de la résidence alternée par la mère est justifié à la fois sur un plan théorique (repères psychologiques de l'enfant) et sur un plan pratique (mauvaise expérience d'un ami) :

Moi, je trouve que c'est plus sécurisant pour l'enfant d'avoir sa résidence habituelle, donc c'est normal que l'enfant ait une seule résidence, pour les repères je trouve que c'est important. J'ai un copain psychiatre qui pratique la résidence alternée et il le regrette amèrement. Je crois que, plus l'enfant est jeune, plus il est important qu'il ait un lieu de repère. Quand Julie va chez son père, dans son sac il y a ses affaires jusqu'à mercredi. Je trouve que c'est quand même différent pour un enfant de devoir transporter un sac ou une valise.

Le père détrôné par l'arrivée de jumeaux

Il s'est senti détrôné de sa place par l'arrivée des enfants. Il avait déjà lâché avant quand j'étais enceinte. Il n'était pas prêt à être père. Je l'ai mis en demeure de choisir. Je voulais qu'on soit en famille, lui il voulait qu'on soit tous les deux ; alors qu'il avait accepté qu'on fasse des enfants ensemble.

Le père refuse pendant très longtemps de voir ses enfants, il refuse aussi la résidence alternée que la mère lui demande. La mère a du mal à assumer toutes les charges liées à sa situation de mère seule avec deux enfants en bas âge. Elle présente la résidence alternée comme une solution idéale :

Partage de la responsabilité, l'allégement des charges qui m'aurait permis, moi, de vivre parce que je n'ai pas vécu. J'aurais à la fois plus profité de mes enfants et de ma vie personnelle [...]. Une garde alternée allégerait beaucoup et apporterait beaucoup. Quand je vois la situation des parents qui la pratiquent, elle me paraît un rêve.

Difficultés de la résidence unique et inadéquation de l'alternance

Pour les parents qui pratiquent la résidence unique, les difficultés apparaissent parfois nombreuses, sans pour autant, comme dans le cas précédent, que la résidence alternée apparaisse comme la solution à ces difficultés du fait que l'un des parents (ou les deux) ne peut l'envisager.

La carence de l'autre parent

Dans le couple 30, les parents, séparés depuis quatre ans, n'ont pas divorcé, sur refus du père d'envisager le divorce. Celui-ci s'est peu occupé de son fils après la séparation voulue par la mère, il l'a vu très irrégulièrement et a laissé toute sa charge à la mère. Sacrifiant sa vie professionnelle, celle-ci aurait souhaité une plus grande implication du père dans la garde de l'enfant, sans aller jusqu'à évoquer l'idée d'une résidence alternée.

La mère du couple 32 a eu beaucoup de difficultés à gérer sa garde unique, d'autant que le père est quasiment absent, surtout les premiers mois :

> Les six premiers mois ça a été l'enfer. Je ne faisais que travailler et m'occuper de mes enfants. Plus de sorties, aucune vie personnelle.

L'idée d'une résidence alternée paraît exclue d'emblée étant donné que le père fuit pendant longtemps ses responsabilités. La mère émet de surcroît un jugement mitigé sur cette pratique :

> J'ai des amis qui vivaient en résidence alternée. Cela me semblait un peu drôle, une semaine d'un côté, une semaine de l'autre. Je ne sais pas si c'est plus déstabilisant que de vivre toujours chez la même personne et voir régulièrement l'autre, le week-end et le mercredi, enfin, je ne sais pas.

De toute façon, le père demeure absent, et ne voit ses enfants que très épisodiquement, une heure de temps en temps. L'éventualité d'une alternance reste donc très abstraite pour la mère, même si elle pense que :

> Un homme est autant capable qu'une femme d'éduquer ses enfants, mais il faut qu'il soit complètement responsable déjà de lui-même. Maintenant, de plus en plus, des hommes peuvent s'occuper de leurs enfants. Ils rentrent plus dans la paternité que leurs pères.

Enfin dans le couple 34, la garde passe au père deux ans après la séparation. Cela lui impose de nombreuses contraintes : travail à temps partiel, plus de loisirs : « Assumer seul cette responsabilité auprès des enfants, ça peut devenir pesant », nous dit-il. Il a caressé l'idée de la résidence alternée à plusieurs reprises, mais ne s'y est pas arrêté, car cela lui paraissait impossible à mettre en pratique avec son ex-compagne, et aurait posé des problèmes aux enfants.

> Au début, j'avais entamé des négociations pour qu'on partage la présence des enfants avec mon ex-compagne mais comme la situation a été conflictuelle, ça n'a pas tenu [...]. Mais, au fond, je crois que pour les enfants c'est mieux, ça préserve les liens avec leurs copains. Ils ont tout un réseau de relations dans le quartier, qu'il serait difficile de garder si j'avais l'alternance.

Dans deux cas, l'idée même d'alternance est rejetée par les parents qui assument la responsabilité des enfants malgré le poids très important qu'ils représentent et les difficultés, notamment matérielles, qui caractérisent la situation.

Un conflit généralisé avec la mère et les enfants

Le couple 28 présente une séparation avec situation de garde classique (le divorce n'est pas encore prononcé). La mère reste au domicile avec les enfants et le père est parti. La situation est très conflictuelle, la mère déplore la surcharge énorme de travail. Elle souhaiterait une amélioration d'un point de vue financier, et se débat dans cette situation difficile, sacrifiant ses loisirs et sa vie personnelle à la prise en charge de ses enfants. L'alternance, pourtant, ne l'aurait pas tentée, d'abord parce que le conflit avec l'ex-mari demeure trop vivace pour elle-même et pour ses enfants.

> Les conflits sont là en permanence, mais il n'y a pas de dialogue, alors on les met pas sur la table. De son côté, il veut faire accepter sa nouvelle compagne à ses enfants, mais ils ne sont pas prêts, ils se sentent trahis. Il y a des conflits énormes avec les enfants dans lesquels je ne rentre pas. Il utilise les enfants comme s'ils n'y comprenaient rien, ils sont très sur leurs gardes et sur la défensive.

Autre aspect du refus de l'alternance, l'intérêt présumé des enfants :

> Pour un enfant, c'est stabilisant d'avoir un seul domicile, de ne pas être entre deux domiciles. La garde conjointe est pour moi quelque chose de trop déstabilisant.

Être mère sans le père

Le cas du couple 33 nous présente une mère célibataire volontaire, en rupture épisodique avec le père de son enfant. Celui-ci ne voulait pas de cet enfant.

> Il n'y avait rien de prévu. Il n'était pas question qu'il assiste à l'accouchement, qu'il s'en occupe, ni même qu'on continue à avoir une relation. J'ai pris ma décision seule et étais prête à l'assumer à 100 % seule. S'il y avait eu une solution avec un père à la maison, cela aurait été mieux. C'est par défaut que j'ai fait ça.

Le père, de plus, doute de sa filiation, ce qui ne l'incite pas à s'investir :

> En plus, cet homme, je pense, est incapable d'assumer sa paternité. Ses autres enfants le voient très peu. Il ne cherche pas à se faire aimer. C'est à cause de problèmes psychologiques personnels qu'il n'a pas trouvé la passerelle entre lui et son fils. En plus, il doute toujours que ce soit son fils. Ce serait bien que la recherche en paternité soit possible anonymement. J'aimerais le faire pour lui prouver que ce qu'il dit ne tient pas debout. C'est idiot que cela n'existe pas. Ce ne serait pas à titre social, mais pour lui prouver que c'est bien son fils. Cela serait bien que ça passe dans les mœurs, j'y aurais recours.

Bien que la situation de garde unique lui ait imposé beaucoup de sacrifices et que la mère souhaite que le père voie plus son enfant, la garde alternée lui paraît une solution négative :

> Il faut qu'un parent soit responsable en continu du mode de vie de l'enfant. Je ne pense pas que ce soit une bonne solution. Avoir un enfant, c'est pas le traiter comme un objet qu'on a une semaine sur deux. L'enfant aussi il partagera ses parents comme un objet ? J'ai du mal à comprendre que les gens puissent fonctionner comme ça. La garde alternée je vois trop ça comme un troc. L'enfant, il ne sait plus où il est. C'est tellement triste. Moi je ne peux pas avoir le mode de vie de mère seule qu'une semaine sur deux, ou alors je vivrais tout le temps en célibataire. Cela ne pourrait pas aller. Je trouve cela bizarre comme attitude. Mais les enfants s'adaptent à tout. Il faudrait les interviewer.

La résidence unique : une solution qui convient à tous

Dans un certain nombre de cas, la résidence unique est voulue par les deux parents, et de ce fait est acceptée sans qu'elle pose question. Chacun trouvant dans la situation son propre intérêt : en général, pour la mère de pouvoir s'occuper de l'enfant en continu (et de bénéficier ainsi de ce qu'on peut considérer comme un « pouvoir maternel » gratifiant malgré la surcharge éducative), pour le père de ne s'investir dans la relation à son enfant qu'épisodiquement et d'avoir ainsi plus de temps à consacrer à ses diverses activités. Cette solution, classique, correspond à un modèle assez traditionnel, qui reste très répandu.

Un père qui reste très présent auprès de sa fille

Pour la mère du couple 25, la difficulté a été l'obligation de trouver un emploi et en même temps de retrouver sa liberté.

> Cela a été très dur parce que j'ai dû travailler, je me suis un peu détachée d'Hélène à ce moment-là. J'ai voulu un peu « vivre ma vie », en retrouvant ma liberté. Elle était souvent avec son papa et ses grands-parents. Alain m'avait demandé si je voulais qu'il prenne Hélène, parce que c'était assez déséquilibrant pour ma fille. Je n'étais pas déboussolée au point de lâcher ma fille. Du moment où j'ai eu un appartement, ça a été différent. J'ai eu une vie plus régulière et plus organisée. Je me suis alors plus intéressée à ma fille.

L'objectif pour elle a cependant été de toujours laisser sa fille voir son père autant qu'elle le désirait, et de favoriser les contacts de celui-ci avec elle.

> Il prenait sa fille tous les week-ends jusqu'à ce que je vive avec quelqu'un qui a une fille. On les garde un week-end sur deux. Sinon le moment où il la prenait ou la ramenait dépendait de la demande d'Hélène. C'est elle qui décide en fait.

Ainsi, les parents se sont toujours entendus entre eux ; le père reste très présent auprès de sa fille, qu'il voit souvent, et dont il suit la scolarité de près. Les contacts que maintient ce couple dans l'intérêt de leur fille ressemblent assez à ce que peuvent faire des parents qui pratiquent formellement une résidence alternée.

> Elle peut continuer à voir son père sans problème. Ne pas la sentir malheureuse et perturbée, c'est ce que je voulais. Éviter tout déchirement. Mon grand bonheur c'est de la voir épanouie, heureuse. La semaine dernière on est allé avec mon ex-mari à une réunion de parents. Cela s'est très bien passé. On a peut-être échoué dans notre mariage mais on pense avoir réussi notre divorce. On a toujours essayé de concilier le mieux pour elle. On se voit très souvent pour elle, elle voit ses deux parents. Par exemple, pour sa communion. Quand il y a des choses importantes, on est là tous les deux et on en discute avec elle.

Mais l'obligation de résidence habituelle lui paraît nécessaire à l'équilibre de l'enfant.

> Les avantages de la résidence habituelle, c'est l'équilibre pour l'enfant, il sait où il est, il a ses affaires, son territoire. Je ne vois pas d'inconvénient, cela ne peut être qu'un avantage. La voir trimballée à droite, à gauche, les affaires chez mamie, chez papa, ça la perturbe. Je l'ai vécu au début. Il faut qu'ils aient leur territoire, leur truc à eux. On peut avoir deux ou trois résidences mais à jours fixes, comme un emploi du temps, ça leur donne des repères, nécessaires à leur équilibre. Ils ne sont pas des balles de ping-pong.

Un père qui ne se désintéresse pas de sa fille malgré un travail prenant

Le père du couple 26 pense que la situation de résidence unique chez son ex-femme est la meilleure, compte tenu de la situation :

> La résidence est chez la mère, avec un droit de visite un week-end sur deux, plus le mardi et la moitié des vacances. Je n'ai pas demandé autre chose parce que je ne pensais pas pouvoir m'en occuper faute de temps. C'est plus lié à ma situation professionnelle qu'au fait d'être père. Je me suis toujours occupé de l'entretien de mes filles à la maison. J'aurais pas pu m'en occuper plus que ça. On a fait comme je pensais que c'était le mieux. J'ai organisé mon travail en fonction de ça. Je ne travaille pas le mardi après-midi et le mercredi matin.

Il manifeste cependant un intérêt certain pour ses enfants :

> Je souhaite les voir régulièrement, en plus je leur téléphone tous les midis et tous les soirs, parfois je passe les voir dans la semaine à leur demande. Elles ne se sentent pas délaissées, et me rendent compte tous les jours de ce qui se passe.

Il déclare même souhaiter bénéficier un jour de la résidence habituelle.

> J'aimerais un jour les avoir complètement avec moi, mais maintenant c'est trop tôt. Je ne désespère pas. Il faut qu'elles soient plus grandes. Connaissant les conflits qu'elles ont avec leur mère, je pense qu'en grandissant elles voudront s'en détacher un peu parce qu'elles ont plus de liberté et de complicité avec moi et plus d'autorité avec leur mère.

En parallèle, l'alternance ne lui paraît pas une bonne chose pour l'équilibre des enfants.

> L'avantage de fixer une résidence habituelle, c'est que ça donne une obligation. On ne peut pas revenir sur ça dans l'intérêt des enfants. Je pense que c'est ce qu'il faut.

Laisser l'enfant avec la mère dans son intérêt

Pour le couple 27, la résidence unique correspond à leur désir. Le père déclare :

> Pour notre propre divorce la chose était claire : les enfants devaient rester auprès de leur mère, tout au moins pendant les premières années. [...] On est arrivé à la moins mauvaise des solutions, c'est-à-dire les enfants qui vivent la semaine chez leur mère et que je vois le week-end.

La mère est du même avis même si elle regrette de partager plus les temps de contraintes que les temps de détente. Elle ajoute :

> C'est bien qu'ils aient un domicile fixe [...], c'est déjà difficile de préparer un sac tous les week-ends.

La résidence des enfants chez celui qui garde la maison

Dans le couple 29, la résidence allait à celui qui restait au domicile, en l'occurrence le père. Ni conflit, ni allusion à la résidence alternée, qui n'était pas à l'ordre du jour, la mère allant travailler à l'autre bout de la France. Il faut dire que la situation était assez particulière : les quatre enfants avaient entre 13 et 17 ans, et possédaient déjà une certaine autonomie.

> On avait eu une discussion avec les enfants, ils nous ont soufflé qu'ils resteraient avec celui qui habiterait dans la maison. C'est notre situation professionnelle qui a déterminé lequel restait. Ils étaient suffisamment grands et évolués pour pouvoir se permettre ça, et qu'ils donnent leur avis. Cela a été prédominant.

Il faut dire que la séparation s'effectuait par consensus et sans conflit :

> À un moment donné, on a été d'accord l'un et l'autre pour une séparation. On s'est marié assez jeunes. À peu près au même moment on a voulu l'un et l'autre une autre vie. On a décidé d'un commun accord de se séparer. Cela n'a pas été conflictuel parce que ça a correspondu à un état.

La remise en couple quelques années plus tard et le remariage se sont effectués avec le même détachement apparent :

> On a vécu. Moi avec une autre femme, ma femme avec un autre homme. Elle de façon régulière, moi de façon aléatoire. Elle est revenue travailler dans la région, on s'est rencontré de plus en plus et on a décidé un beau jour de reprendre la vie commune. À croire que la récréation était suffisante. J'ai trouvé un nouvel équilibre. Les choses ont un peu changé dans les mentalités, cette expérience a apporté beaucoup, le regard est complètement différent maintenant.

Une mère qui assume seule son enfant

Dernier exemple, la mère du couple 31 a toujours assumé seule l'enfant, comme c'était prévu au départ. La question d'un autre mode de résidence que chez la mère ne s'est jamais posée.

> Avant même la séparation, on était d'accord pour que, quoi qu'il se passe, c'était moi qui la gardais. Je l'ai reconnue la première pour qu'elle porte mon nom, d'un commun accord. Elle sait aussi que, si elle en a envie, elle peut prendre le nom de son père à sa majorité. Cela ne me paraissait pas possible autrement. On vivait à mi-temps ensemble, chacun avait son logement. Je ne pouvais pas imaginer d'en être séparée un jour. Je la lui laissais de temps en temps un week-end, mais je ne le vivais pas très bien. Même si je lui ai toujours parlé de son père, et en bien. Au niveau du désir d'enfant, c'est parti de moi. Je crois qu'il a cédé à mon désir, il avait déjà quatre enfants. Pour moi, c'était vraiment vital d'avoir cet enfant, et de l'avoir avec lui. C'est ma fille, je vis avec elle, point. Finalement c'est très bien comme ça.

Position que ne fait que corroborer le père :

> C'était exclu que sa fille vienne vivre avec moi, même en alternance. Je n'ai jamais contesté ce droit-là qu'elle garde sa fille. C'est d'abord elle qui l'avait voulue. Je n'ai jamais eu l'intention d'avoir une vie commune avec elle. C'était clair. Pourtant ça ne l'était pas trop pour elle, elle a encaissé le coup. Elle pensait qu'avec l'enfant je finirais par me décider. En fait, la solution a été imposée par mon attitude.

On le voit, au sein du groupe des parents dont les enfants connaissent une résidence habituelle (huit fois sur dix chez la mère), les situations sont beaucoup moins homogènes que dans le groupe de ceux qui connaissent une résidence alternée. En effet, nous pouvons dénombrer, au sein de ces dix-neuf couples, pas moins de six situations différentes relativement à la résidence des enfants.

Un premier niveau de distinction se situe dans l'expérience de cette situation : quatre couples ont connu une alternance qui a été interrompue, quinze ne l'ont jamais pratiquée.

Un second niveau de distinction se situe dans l'attitude par rapport à la résidence alternée ; soit qu'un parent au moins ait souhaité une alternance ; soit que la carence de l'autre parent n'ait pas permis qu'émerge véritablement une idée d'alternance malgré les lourdes charges supportées par le parent seul ; soit enfin que la résidence unique ait été la solution recherchée.

En définitive, sur ces dix-neuf couples qui, rappelons-le, font partie de milieux aisés et cultivés, seuls sept ont manifesté conjointement un rejet de principe de la résidence alternée. Le principal grief évoqué par les couples qui ont refusé toute idée d'alternance est son caractère déstabilisant et perturbateur pour les enfants.

Les douze autres couples n'ont pas persévéré dans la voie de la résidence alternée, du fait du désaccord sur ce point entre les parents, ou du fait des circonstances qui ne la permettaient pas.

La justice sévèrement jugée

Appelés à se prononcer sur l'attitude de la justice lors des séparations, l'obligation de résidence habituelle ou les différences éventuelles de traitement de la demande selon le sexe du parent, la grande majorité des interviewés se sont montrés critiques vis-à-vis des positions prises par la justice sur ces sujets. Cette mauvaise opinion de la justice concerne non seulement les parents qui pratiquent la résidence alternée, en marge de la législation, mais aussi bon nombre de ceux dont les enfants sont en résidence unique.

On ne trouve que deux femmes sans opinion (résidence alternée) et deux qui se déclarent satisfaites (mariées, l'une ayant stoppé une tentative de résidence alternée, l'autre en résidence unique, toutes les deux avec la garde des enfants), les autres femmes sont quant à elles critiques, à l'égal des hommes, même si on peut penser que ce sont elles qui bénéficient d'un préjugé favorable. Certes les hommes sont un peu plus souvent virulents, mais les différences sont beaucoup moins importantes qu'aurait pu le laisser prévoir la différence de positionnement institutionnel de chaque sexe. En fait, les femmes de ces milieux portent un regard lucide sur la situation et estiment, pour la plupart, qu'en droit il n'y a pas de raison de privilégier *a priori* un sexe plutôt que l'autre, même si elles-mêmes peuvent bénéficier d'un tel privilège. Privilège tout relatif d'ailleurs compte tenu des charges qu'il entraîne et qui le font vivre à certaines d'abord comme une contrainte. À la différence des hommes, le fait de pratiquer la résidence alternée de leur enfant ne les rend pas plus souvent critiques.

Mais quel est le contenu de ces critiques ? Il a bien sûr à voir avec le statut des pères, et plus généralement avec l'inadaptation du contexte juridique à l'évolution des mœurs.

Une justice normalisatrice et défavorable aux pères selon de nombreux parents

L'aspect normalisateur de la justice est quelque chose qui est très fréquemment évoqué. Celle-ci est accusée de renforcer les différences sociales de traitement des individus, en l'occurrence, et notamment, le peu de pouvoir des pères sur leurs enfants. La justice apparaît ainsi comme un instrument de renforcement des inégalités sociales liées au genre sexuel :

> Je sais que beaucoup d'hommes souffrent de ne pas voir et avoir leurs enfants. (Mère n° 2.)
>
> C'est pas normal que la justice redouble les différences sociales. (Mère, n° 21.)
>
> Même la « gaucherie » des pères (parce qu'on ne leur a pas appris à s'occuper de leurs enfants) n'empêche pas l'amour qu'ils ont pour leurs enfants. (Mère n° 11.)
>
> Si beaucoup de pères ne se sont pas sentis concernés par leurs enfants, ça a été aussi à cause de ça. (Mère, n° 5.)

> Je suis très en colère contre les juges. Ils ne sont pas trop sur le terrain et ne connaissent pas grand-chose. (Mère, n° 31.)

Plus spécifiquement, l'idée selon laquelle la justice est défavorable aux pères est très répandue. Elle apparaît chez dix-sept hommes (sur vingt-deux interviewés), mais aussi chez seize femmes (sur vingt-cinq interviewées), signe que cette inégalité n'est pas seulement ressentie par ceux qui sont susceptibles d'en pâtir.

> Pas mal de juges pensent qu'il vaut mieux donner la garde à la mère qu'au père et mettent systématiquement de côté le père. On en a des exemples avec les enfants qu'on reçoit, qui sont placés par les juges. Cela va même jusqu'à un oubli de convocation du père lors d'une décision de justice, je trouve que c'est grave pour un juge, même si ce n'est pas un juge aux affaires matrimoniales mais un juge des enfants. (Père, n° 17, éducateur.)

Cette idée prend des formes différentes selon les situations concrètes vécues par les parents.

Critiques des adeptes de l'alternance

> Je ne vois pas pourquoi systématiquement c'est la mère qui aurait la garde des enfants. (Mère, n° 8.)
>
> Je pense que c'est tout à fait injuste puisqu'elle peut détruire des personnes et en l'occurrence le père. (Père, n° 10.)

Pour certains, l'attitude orientée de la justice ne traduit pas une volonté consciente des juges, elle ne fait qu'énoncer une donnée sociale implicite, qui va de soi. La décision du juge, comme l'attitude de beaucoup de parents, exprime alors moins l'influence abusive d'une opinion personnelle que la reformulation d'un état de fait, l'effet d'une pesanteur sociologique, diront certains.

D'autres élargissent le débat, et replacent le privilège apparent accordé à la mère dans le contexte de la situation réciproque des sexes et de la tradition patriarcale qui confère aux enfants le nom de leur père. L'octroi de la résidence à la mère sert alors de contrepoids symbolique à cette assignation des enfants à la lignée paternelle. Cependant, l'effet concret reconnu à cette pratique est de renvoyer les pères, pourtant représentants du sexe socialement dominant, à la sphère publique en les éloignant du cercle de la parenté.

> Comme il faut choisir, je pense que, pour le statut de la mère, c'est important d'avoir la résidence. [...] Pourquoi là, tout à coup, la femme est avantagée, alors que la loi est faite pour les hommes ? [Il y a] rejet du père vers l'extérieur de la parenté. (Père, n° 14.)

Critiques des parents à la résidence alternée interrompue

Pour les pères dont la résidence alternée de leurs enfants a été interrompue, les difficultés rencontrées exacerbent ce sentiment de subir une injustice et d'être victimes de préjugés sociaux dont ils ne se sentent pas redevables.

> Il faudrait que les juges reconnaissent la capacité des pères à éduquer leurs enfants. Il y a quand même une déformation de la justice pour donner les enfants à la femme et le reste à l'homme [...]. Les différentes attitudes des juges selon le sexe du parent me semblent anormales. (Père, n° 17.)
>
> Je comprends que des pères puissent enlever leurs gosses même si c'est paroxystique. En quoi la mère doit-elle avoir plus de droits que le père ? Dans mon cas, ça aurait pu aller mieux si j'avais eu un peu plus de droits. (Père, n° 23.)

Critiques des parents au désir de résidence alternée

De la même façon, ceux qui auraient aimé pratiquer l'alternance dénoncent cette inégalité de fait entre les sexes, au prétexte d'un privilège éducatif naturel dévolu à la mère :

> Ce n'est pas systématiquement la mère la mieux placée. Les différences sociales ne devraient pas être les modèles dont s'inspire la justice. (Père, n° 20.)
>
> C'est injuste que les pères n'aient pas leurs gosses, mais aussi injuste que les mères aient tous les emmerdements. (Mère, n° 21.)
>
> À partir du moment où ils en font autant, c'est normal qu'ils aient autant de poids. (Mère, n° 24.)

Opinions des pratiquants de la résidence unique

Les pères, adeptes (plus ou moins forcés) de la résidence unique de l'enfant, considèrent bien souvent de la même façon ce privilège accordé *a priori* à la mère comme abusif :

> Je trouve anormal qu'il y ait un privilège à la mère quand il y a demandes identiques. (Père, n° 26.)

De façon générale, la mère est mieux positionnée affectivement pour le contact quotidien avec ses enfants, mais cette règle ne doit pas être systématique. (Père, n° 27.)

Pour une fois, je trouve qu'on n'a pas défavorisé le père mais cela aurait pu être ; par exemple, dans mon deuxième jugement, l'argument qui était évoqué c'était : « Il est dramatique d'enlever les enfants à leur mère », et je trouve ça scandaleux. (Père, n° 34.)

Une minorité justifie la différence de traitement au nom du biologique

La grande majorité dénonce ce déséquilibre, certains cependant n'abondent pas en ce sens et cautionnent une telle différence de traitement, au nom de la nature biologique de l'homme :

> Je pense que c'est justifié, puisque le rapport avec la mère est différent, puisqu'il est naturel, biologique. (Mère, n° 28.)
>
> Si la loi est faite par et pour les hommes, c'est qu'ils y ont trouvé quelque part leur compte. Donner les enfants à un père pour les élever, ça se fait, mais, bon, je pense que les enfants, jusqu'à un certain âge, ont plus besoin d'un rôle féminin autour d'eux. Peut-être qu'à l'adolescence ce sera plus dur, mais à 6-9 ans, ils ont plus besoin de la mère que du père. (Mère, n° 18.)
>
> Dans mon esprit il était important que Lucie ait été chez sa mère avant tout. (Père, n° 16.)

Ou au nom de l'intérêt de l'enfant :

> Moi, je trouve que c'est plus sécurisant pour l'enfant d'avoir sa résidence habituelle, donc c'est normal que l'enfant ait une seule résidence. (Mère, n° 19.)

Ou des parents :

> On a besoin de cette loi s'il y a un problème [...]. On a réussi à apaiser un peu la hargne, ça a été grâce à la loi. (Mère, n° 15.)
>
> Je crois que c'est un avantage pour moi le fait que le magistrat fixe la résidence habituelle chez un des parents. (Père, n° 34.)

À côté de ceux-là, qui mettent en valeur les aspects positifs de la loi, tout autant qu'ils en bénéficient, nombre d'autres dénoncent cette prévalence dévolue à la mère.

Des hésitations significatives de l'évolution des mœurs et des références

Le père du couple 31 (résidence habituelle à la mère par consensus avec visite libre), par ses hésitations, résume assez bien dans quel espace contradictoire se trouve prise la question de la garde des enfants et de la parenté, biologique et sociale :

> La plus ou moins bonne façon d'être père ou mère ne doit pas influer sur la justice, sauf si on touche à une certaine qualité de vie de l'enfant [...]. Mais, je sais pas, moi je suis d'une éducation judéo-chrétienne, spontanément, je pense qu'un enfant quand il est petit est mieux chez sa mère que chez son père. Mais je ne pense pas du tout avoir raison. Je trouve là un consensus social de tradition judéo-chrétienne. Je comprends très bien que les pères ne soient pas d'accord. Je ne suis pas à l'aise avec cette question, finalement j'en sais rien. Il y a le fait que c'est elle qui l'a porté pendant neuf mois, qui l'a nourri. C'est pas neutre, c'est pas seulement judéo-chrétien... Mais moi, je voulais pas la garde de l'enfant, alors j'ai pas vraiment été confronté à la question.

Est résumé ainsi l'essentiel du débat : d'un côté, la tradition qui s'appuie sur ce qu'elle considère comme une évidence biologique, la prévalence de la mère dans l'éducation, de l'autre, l'évolution sociale, qui renvoie cette prévalence à une norme idéologique, judéo-chrétienne en l'occurrence, et réclame une position de principe égalitaire entre les parents. Au milieu, l'évidence maternelle de la grossesse, qui sert de pierre d'achoppement, et peut fonctionner dans un système interprétatif qui légitime soit l'une, soit l'autre position, selon l'interprétation qui en est faite. C'est en ce lieu qu'est alors fait appel à la science, comme si celle-ci pouvait être neutre et objective, *a fortiori* lorsqu'il s'agit de traiter de phénomènes humains...

Retard de la loi et rigidité de la justice selon les parents

La trop grande rigidité de la justice et son retard par rapport à l'évolution des mœurs sont un thème qui revient fréquemment dans les discours des parents (une dizaine de fois pour les représentants de chacun des sexes). Bien sûr, ce thème-là est très présent chez les adeptes de la résidence alternée, qui se sont tous plus ou moins trouvés confrontés aux problèmes qu'ils évoquent. Cependant, certains pratiquants de la résidence unique abondent dans le même sens et ne retiennent pas leurs critiques.

Le retard par rapport à l'évolution sociale est ainsi maintes fois évoqué :

> Les lois sont en retard sur la réalité de ce que vivent les gens. (Mère, n° 1.)
>
> C'est là que le droit change. Je trouve qu'il est à la traîne des réalités sociales. Il est toujours en retard. (Père, n° 4.)
>
> Il faut absolument qu'il y ait des lois qui permettent la résidence alternée. En fait, c'est plus facile pour ceux qui se disputent que pour ceux qui ne se disputent pas. (Mère, n° 5.)
>
> La résidence habituelle a un effet négatif sur la bonne entente des parents [...]. On a l'impression qu'on pousse à ce qu'un seul parent soit reconnu au niveau officiel. (Père, n° 12.)
>
> Je pense que c'est dépassé (le privilège des mères). Les pères actuels sont aussi bien capables de s'en occuper que la mère. (Père, n° 25.)

De même, la rigidité de l'attitude juridique est-elle vilipendée :

> Si chaque fois qu'il y a un problème dans un couple, il se déplace devant la justice, ce n'est pas pour qu'il soit renvoyé aux normes dominantes. La justice devrait prendre en compte tous les paramètres spécifiques, individuels. Un mot anéantit tout cela, c'est celui de jurisprudence, qui standardise, caricature, stéréotype. C'est ce qui est vicié dans le rôle de la justice, qui calibre selon les normes sociales. (Père, n° 12.)

À propos du refus de la résidence alternée

> Cela ne devrait pas être systématique. Je crois que c'est au cas par cas que ça doit se faire. (Mère, n° 19.)
>
> Le juge a refusé la garde alternée sans autre argumentation. (Père, n° 9.)
>
> Qu'on puisse s'adresser à des instances plus tolérantes et moins juridiques que maintenant. (Père, n° 23.)
>
> Il faudrait une législation extrêmement souple [...]. Je pense que c'est bien qu'il y en ait une pour les conflits aigus, mais elle doit pouvoir prendre en compte toutes les situations de façon très souple. (Mère, n° 30.)
>
> Il faudrait que ce soit traité au cas par cas [...]. La justice ne doit pas avoir une attitude univoque, orientée. (Mère, n° 27.)

> Le fait de dire qu'ils habitent avec l'un ne donne à l'autre que le droit de visite. Elle [la justice] est aveugle, bête, elle ne se donne pas les moyens. (Père, n° 20.)

Pour les juges, la loi doit suivre l'évolution des mœurs sans précipitation

On le voit, les parents adressent à la justice des critiques que beaucoup de juges trouveraient exagérées, parfois même inadéquates ; pour eux, la justice suit globalement l'évolution des mœurs, mais ne doit pas se précipiter.

Certains juges, cependant, ont tenu des propos qui n'étaient pas loin de ceux tenus par les parents, ou qui esquissaient des solutions aux problèmes posés :

> Donc le droit suit l'évolution de la famille avec retard, mais il le suit. C'est l'essence même du droit d'être conservateur et d'intégrer les choses petit à petit et à sa manière. On a l'exemple de la résidence alternée où on voit quand même une dichotomie entre la réalité et ce que permet la loi. (Juge 20.)
>
> La loi de 1975 a introduit le divorce par consentement mutuel, ce qui aujourd'hui empêche les avocats d'échanger ces affreuses lettres privées préjudiciables aux parties en cause. Le divorce par la demande acceptée a révolutionné le droit de la famille en facilitant les procédures de divorce. Le divorce sur demande acceptée est une forme de divorce par consentement mutuel dans lequel le magistrat peut prendre une décision intéressante. Même dans le cas de divorce pour faute, on peut aboutir à un divorce par consentement mutuel. C'est donc une loi qui n'a fait que concrétiser l'évolution des mœurs et qui a pris en considération les diverses situations des gens. Aujourd'hui un divorce c'est tout aussi honorable que le mariage. L'opprobre du divorce disparaît totalement. Moi, je pense qu'on devrait arriver au divorce administratif compte tenu du nombre important de dossiers que l'on a à traiter. Il est à noter que nous avons environ 3 600 dossiers en stock, c'est-à-dire qu'on devrait traiter les dossiers qui ne posent pas de problèmes de la même façon qu'on marie des personnes à la mairie. Les dossiers simples, les consentements mutuels ou les requêtes conjointes, les divorces sur demande acceptée et les dispenses de motifs seront des dossiers qu'on peut gérer de cette façon administrative. Les gens à travers les enfants cherchent à se « raisonner » car, derrière, il y a l'accélération de la procédure, c'est-à-dire que lorsqu'il y a présence d'enfants, le

couple qui divorce va tâcher de rendre son divorce le plus simple qui soit afin d'éviter des allongements de procédure et faire en sorte de rester sur un divorce propre. Et, du point de vue des enfants, ça permet bien sûr de dédramatiser une situation. (Juge 19.)

L'alternance, une situation qui manque de sécurité du fait de sa non-légitimité

Il est clair que pour beaucoup de parents l'alternance n'est pas une situation facile à vivre, ou à mettre en place, du fait même de son exclusion de principe de la légalité. Sa non-reconnaissance pose problème à deux niveaux différents :

– à un niveau pratique, elle n'autorise pas la mise en place d'un fonctionnement simple mais renvoie à des voies détournées, jugées trop longues et déplacées ;

– à un niveau psychologique, elle constitue une entrave supplémentaire à la mise en place individualisée, couple par couple, d'une solution concertée et adéquate à la nouvelle situation que vivent les enfants.

> Je trouve que la résidence alternée c'est bien, mais qu'il faudrait que la loi puisse établir quelque chose pour dire ce qu'est la règle, comment ça peut fonctionner. (Mère, n° 13.)

L'éventualité d'un conflit est notamment un facteur dissuasif pour les parents qui souhaitent une telle pratique, dans la mesure où rien alors ne pourra assurer la stabilité de la pratique en question, et tout sera remis en cause, nécessitera de nouvelles procédures, perturbera non seulement les parents mais aussi les enfants, à nouveau déstabilisés.

> Je trouve qu'il faudrait que la résidence alternée puisse être déclarée sur des papiers parce que, s'il y avait eu des conflits, ça se serait passé différemment pour nous. (Père, n° 10.)
>
> Si la situation était tendue, qu'est-ce que je pourrais faire ? (Père, n° 23.)
>
> Ce qui est dommageable, c'est d'avoir été obligé de déclarer des choses au magistrat dans la convention contraires à ce que l'on aurait souhaité Michel et moi. Aujourd'hui, s'il devait y avoir conflit on ne peut prendre appui sur rien et j'aurais tout de même souhaité que ce soit écrit noir sur blanc. Savoir que la pratique d'une garde alternée est reconnue par la loi, c'est rassurant et c'est surtout plus clair. Le texte de loi qui définit mon divorce aurait dû être en adéquation avec ce que je voulais. Demain, s'il y a conflit, on sera

> obligé de repartir sur un texte, une ordonnance qui n'a rien à voir avec la réalité. Si un problème survient, comment le résoudre ? (Mère, n° 3.)

Vers un refus de l'intervention judiciaire dans le domaine privé

En parallèle aux critiques développées, émerge souvent dans le discours des parents un « refus » de la justice qui consiste à nier à la justice son droit d'intervenir en cette matière, qui ressort du domaine privé. Ce refus est plus ou moins catégorique, plus ou moins entier. On note, notamment, cette idée que la justice ne devrait intervenir qu'en cas de conflits majeurs (point qui n'est pas fondamentalement en désaccord avec l'attitude de nombre de juges).

> On n'a pas le droit, au nom d'une rationalité par rapport à l'enfant, de choisir le mode de vie d'un parent par rapport à ses enfants [...]. La justice actuelle sauve les meubles comme elle peut. (Père, n° 14.)
>
> Le juge, pour moi, n'a rien à y faire [...]. J'ai du mal à intégrer le fait que la justice intervienne dans ces thèmes-là. Elle ne devrait pas avoir à intervenir. (Mère, n° 33.)
>
> En cas de conflit, cela peut être une bonne chose ; mais, en l'absence, on ne voit pas trop son rôle. Les parents font comme ils l'entendent [...]. On ne peut pas légiférer sur la matière humaine. (Père, n° 29.)
>
> Je ne comprends pas qu'il n'y ait pas de formule légale de résidence alternée pour les gens qui n'ont pas de conflits. Il y a un vide juridique à ce niveau. Il faut absolument qu'il y ait des lois qui permettent la résidence alternée, au niveau des allocations familiales, des impôts, etc. Il y a de plus en plus de gens qui se sépareront et de mieux en mieux. Dans mon esprit, personne n'a à se mêler de ma façon de voir les choses. C'est pas au juge de décider qui, quoi et comment. (Mère, n° 5.)

La tendance ambivalente de la justice à la non-ingérence

On verra que cette idée de non-ingérence de la justice dans la gestion du domaine privé, de préservation de celui-ci par les parents susceptibles d'organiser comme ils l'entendent leurs rapports et les relations avec les enfants est développée par de nombreux juges et avocats, prenant en la matière le contre-pied d'une position « civiliste », où l'homme de loi est enjoint de faire respecter celle-ci. Si la tendance au retrait de la justice de la gestion de la vie privée est patente pour les adultes, c'est la détermination de l'intérêt de l'enfant qui va redonner au juge mission d'intervenir dans la gestion de l'après-séparation.

> Il y a deux écoles pour répondre au problème de la garde alternée, l'une dit c'est un divorce par contrat, les parties sont libres de choisir leur contrat, elles sont les mieux placées pour ça, donc on homologue, c'est leur décision. La seconde dit qu'il s'agit d'un jugement et que le juge doit être d'accord avec ce qu'il dit. (Juge 1.)

La position « civiliste », ou « légaliste », pourrions-nous dire, est clairement explicitée par un juge à propos de la demande de résidence alternée :

> Si on me demande de réglementer un système une semaine chez l'un, une semaine chez l'autre, par exemple, je dis non. Si vous vous estimez assez responsables pour monter ce système, montez-le, mais, pour moi, ce sera le droit de visite libre. Si vous êtes responsables et cohérents, ce qui est la seule façon d'avoir une résidence alternée viable et conforme à l'intérêt de l'enfant, vous n'avez pas besoin de réglementation. Si vous vous en remettez au juge pour qu'il réglemente, n'attendez pas du juge qu'il réglemente d'une manière qui n'est pas conforme à la loi. (Juge 18.)

Ce sera, logiquement, derrière cette position civiliste que se réfugieront la plupart des juges, comme des avocats, lorsqu'ils se retrouvent en présence d'une situation conflictuelle où ce sera à la justice de trancher.

Une évolution sensible des attitudes parentales

Critiques, les parents le sont, certes, mais ils sont tout aussi conscients de la difficulté qu'il peut y avoir à rendre la justice dans un domaine aussi sensible que la gestion des conséquences du divorce, notamment lorsqu'il y a présence d'enfants.

Rappelons ce cri du cœur d'une mère à ce sujet :

> Je n'aimerais pas être à la place du juge !

Alors les parents s'essayent à proposer des solutions, dont certaines sont évoquées par les juges eux-mêmes ou par les avocats.

Certains mettent l'accent sur l'évolution des attitudes parentales, même si « la justice ne suit pas » :

> Le divorce, ça concerne deux individus et leur descendance. Donc, il faut que cela se passe à l'amiable. Ce qui est formidable, même si la loi ne suit pas, c'est l'incroyable évolution des parents. Ce qui se fait en conciliant le couple parental avec l'ex-couple conjugal. Tout le monde arrive à retrouver son compte. J'ai conscience qu'il y a vingt ans, par exemple, je n'aurais pas pu voir mes enfants aussi souvent qu'aujourd'hui. L'enfant objet du chantage entre le père et la mère existe moins. (Père, n° 3.)

D'autres demandent à la justice d'être plus ouverte à la diversité des pratiques et de ne pas chercher à édicter ou conforter une norme, mais plutôt à encadrer des solutions spécifiques à chaque cas :

> Ce que j'aimerais, c'est que la législation change un peu, de façon à faire des contrats avec des parents, sans que l'on cherche à canaliser une norme. Je suis pour qu'il y ait des contrats qui servent de garde-fous. Le problème est que la justice a des modèles et qu'elle ne vous parle qu'en termes de conflits. (Mère, n° 14.)

D'autres enfin proposent de ne pas freiner une évolution sociale qu'ils jugent positive (l'investissement des pères dans l'éducation) et de favoriser une garde alternée contrôlée, qui éviterait l'exclusion de fait des pères :

> Je pense que la justice est tout à fait injuste puisqu'elle peut détruire le père. En conclusion, moi, je verrais bien un système qui responsabilise les deux parents avec la possibilité d'une garde alternée au départ. On pourrait opter pour un système de garde alternée à l'essai, plus une enquête sociale, et, si ça marche bien, l'officialiser de façon définitive. Ce serait un pas important aussi si on arrivait à satisfaire des demandes de pères pour une résidence alternée, pour éviter qu'ils soient exclus du rôle de parent. On pense souvent que les pères sont moins aptes que les mères à s'organiser dans la tâche éducative de leur enfant, mais il suffit de mettre les pères devant le fait accompli pour se rendre compte finalement que s'occuper des enfants c'est pas si compliqué que ça. (Père, n° 10.)

L'importance d'un médiateur et de la prévention

Un père, conscient du rôle limité de la justice et de son caractère de dernière instance, met l'accent sur l'aspect préventif et éducatif, au niveau des parents en conflit, mais aussi à celui, plus général, du citoyen, du conjoint et du parent en devenir.

> Ce qui manque, c'est une instance intermédiaire dans la mesure où les parents n'arrivent pas à avoir un comportement responsable et à s'aider. Une espèce de médiateur qu'on puisse solliciter dans des cas comme ça. Et qu'il y ait obligation. En cas de conflits relativement secondaires, choix d'école, d'une langue, de l'orientation, qu'on puisse solliciter l'intervention d'un médiateur sans passer par le juge. Ce n'est pas son rôle.
>
> En amont de tout ça il y aurait à faire de la prévention. Trop de gens se lancent dans la création d'une famille trop à la légère, sans avoir approfondi ce qu'ils cherchent. Il y a trop d'illusion passionnelle. C'est trop sérieux d'établir un couple, c'est un problème général, vaste, de la société. Avant il y avait des règles sociales et des contraintes matérielles qui incitaient les femmes à rester.
>
> Il faudrait agir plus au niveau du citoyen, de la personne. Le système éducatif devrait donner une sensibilisation, une ouverture. Une vulgarisation d'approche type analytique devrait permettre et faciliter l'accès à des opérateurs dans cette mouvance. Approfondir, chercher à se comprendre un peu mieux, évacuer un certain nombre de choses qui font qu'on est très peu acteur, trop victime de ce qui nous précède. On répète, tombe dans le même piège. Il y a beaucoup à faire à ce moment-là, de la prévention.

Ce père évoque alors la possibilité d'une prévention précoce des dysfonctionnements familiaux passant par une consultation thérapeutique du couple à propos du jeune enfant :

> J'ai vu dans *La Vie mutualiste* un article sur le service de pédopsychiatrie du professeur Rufo, il était là même pour un bébé, on pouvait mener l'enfant à ce service pour un entretien, une discussion. Quand Ludine était petite, si on l'avait fait, ça aurait pu permettre d'engager quelque chose entre nous plus tôt par le biais de l'enfant. Il faut porter l'action sur la prévention et sur une instance intermédiaire. Que la justice ne soit qu'en dernier ressort, et qu'elle ait aussi les moyens d'être appliquée. (Père, n° 19.)

IV

Position du droit et pratiques judiciaires

LES LOGIQUES SOCIOJURIDIQUES SOUS-JACENTES À LA LOI

L'extraordinaire mutation de notre système symbolique de références en matière de mœurs, portée par une volonté féministe de plus grande autonomie des femmes et d'égalité entre les sexes, parallèle à la montée des valeurs de plaisir, de bien-être et de réalisation individuelle, n'a pas manqué de se faire sentir au niveau du droit, même si ce n'est qu'incomplètement et avec un temps de retard. Ne serait-ce que parce que la croissance continue des divorces a posé avec de plus en plus d'insistance la question d'une véritable gestion moderne de ceux-ci, remettant en cause l'hégémonie du « divorce pour faute » et mettant sur le devant de la scène le statut de l'enfant après la séparation.

Cette évolution va manifester son importance en produisant un véritable renversement – dont les étapes s'enchaînent inexorablement – de l'ordre patriarcal jusqu'alors établi. Après la disparition des derniers signes de la suprématie du père en 1970, avec le remplacement de la « puissance paternelle » par l'« autorité parentale » désormais partagée dans la famille conjugale ; la loi Malhuret va aller plus loin en 1987 et faciliter le recours à l'autorité parentale conjointe après le divorce. L'abandon de l'ancienne notion de garde de l'enfant au profit d'une distinction entre l'autorité parentale, pour laquelle est favorisée l'autorité conjointe, et la résidence habituelle de l'enfant, si elle répond au souci de conserver à l'enfant ses deux parents, va introduire une inégalité fondamentale entre eux dans la relation à l'enfant. Et l'on peut se demander de quelle logique cette position participe.

En l'occurrence, le droit se réfère à deux logiques contradictoires, la logique *individualiste* et la logique *familialiste*, qui participent de deux conceptions différentes des relations familiales à l'œuvre dans le social : l'une privilégie l'individualité et le droit de chacun à disposer de lui-même selon un principe d'égalité, renvoyant aux principes de la démocratie ; dans cette logique les rôles parentaux sont peu différenciés ; l'autre met en avant l'intérêt de l'enfant et la préservation d'un cadre relationnel optimal, elle distingue des fonctions parentales spécifiques et répond à l'existence d'une pratique sociale dominante érigée en norme : la prépondérance de la femme dans l'éducation.

Schématiquement, on peut dire que la conjonction de ces deux logiques au sein du système juridique amène celui-ci, au travers des évolutions de la loi, à la reformulation d'une norme générale de fonctionnement familial où les deux membres du couple sont considérés sur une base égalitaire, et où les rôles parentaux ne demeurent égalitaires que dans le cas de la famille conjugale (avec l'identité de statut des deux parents). En cas de rupture, la spécialisation féminine à l'égard de l'enfance est réaffirmée, en référence aussi bien à l'état dominant des pratiques sociales qu'au processus de psychologisation du familial, correspondant à l'importance nouvelle accordée à l'individu ainsi qu'à ce que disent la plupart des experts de la vie psychique.

La loi de 1987 désigne explicitement la contradiction entre les deux logiques juridiques en prenant position pour l'autorité parentale conjointe (logique d'égalité) et contre la résidence alternée de l'enfant (logique de différenciation). Elle donne à voir le nouveau modèle dominant en matière de famille [1], qui effectue une synthèse entre éléments traditionnels : la spécialisation des femmes dans les soins aux enfants et la gestion familiale, et éléments novateurs : l'individualisme et l'égalité entre les conjoints. Selon les cas c'est l'aspect égalitariste (avec la famille conjugale) ou l'aspect dissymétrique (avec la famille désunie) qui est privilégié pour motiver la décision.

On comprend mieux dès lors l'opposition de principe de la justice à l'alternance et les difficultés que les hommes de loi peuvent avoir à se positionner. Face à cette opposition de principe de la justice, quelles vont être les légitimations apportées au nom de l'intérêt de l'enfant par avocats et juges à ce rejet, et comment vont-ils malgré tout devoir prendre en compte l'existence de la résidence alternée ? C'est le sujet de la partie suivante.

1. Voir François de Singly, « Le modèle singulier de la famille contemporaine », *Panoramiques*, « *La famille malgré tout* », n° 25, 1996.

9

OPINIONS ET ATTITUDES DES JUGES

Présentation de l'enquête et des juges

Pas plus que l'on ne peut considérer les parents comme formant un ensemble homogène, on ne peut tabler sur une homogénéité de position des juges aux affaires matrimoniales. Les traditions des différentes chambres, les propres conceptions que les juges se font de leur rôle et leurs positions personnelles peuvent amener ceux-ci à développer des attitudes contrastées, bien que la référence au droit demeure pour eux un facteur fondamental de régulation des pratiques. Pour ces raisons, différentes chambres matrimoniales ont été retenues : celle d'Aix et celle de Marseille (considérées comme plus « traditionalistes »), où huit juges ont été interviewés, celle de Paris et de la petite couronne, où douze juges ont été interviewés. Cela fait donc vingt interviews de juges aux affaires matrimoniales réalisées entre juillet 1991 et janvier 1992. Il est clair que, depuis, l'attitude d'un certain nombre de juges a quelque peu évolué. Bien que restant minoritaires, on rencontre plus souvent des cas où l'attitude du juge n'a pas été hostile à la résidence alternée. Ceci dit, l'éventail des positionnements reste le même, allant de l'hostilité ouverte à l'acceptation conditionnelle, et l'analyse des positions développées à l'époque permet d'évaluer à quel point et pour quelles raisons l'hostilité à la résidence alternée a été si forte et perdure aujourd'hui. Mes multiples contacts ultérieurs avec des professionnels m'ont permis aussi bien de ressentir l'évolution en cours que les fortes résistances qui demeurent, qui font que les positions des chambres s'avèrent à l'heure actuelle très diversifiées sur le sujet.

Ces apports nouveaux sont repris dans cette analyse, ils permettent d'insister sur la diversité des expériences et l'importance des contextes dans les positionnements individuels et les prises de décision. La fréquence plus importante des décisions ménageant la possibilité d'une résidence alternée en l'an 2000 indique seulement une plus grande acceptation de celle-ci chez un plus grand nombre d'entre eux. Cela ne modifie cependant pas l'éventail des possibilités ici analysées. En fait, la répartition dans les différentes positions semble s'être assez peu modifiée, parce que, fondamentalement, le juge reste légaliste et se positionne au regard de la loi, qui reste encore opposée à une telle pratique.

Les entretiens ont porté, d'une part, sur l'appréciation des grands axes de l'évolution du droit de la famille, d'autre part, sur la pratique des juges : les critères de décision d'attribution de la résidence et de l'autorité parentale, leur importance relative et leur évolution, notamment au regard de l'évolution de la loi. La place accordée à l'enfant dans le processus de décision et l'idée que se fait le juge de la psychologie de celui-ci constituent un des axes primordiaux d'interrogation.

Le tableau ci-contre présente les principales caractéristiques des juges [1] interviewés.

La vision de l'évolution sociale

Si certains juges ne font que noter une tendance à l'amélioration des conditions de séparation, voire minimiser celle-ci, d'autres produisent un discours abondant sur l'évolution des mœurs et, en parallèle,

1. Il est important de noter que la désignation au poste de juge aux affaires matrimoniales résulte d'une décision du ministère de la Justice, à laquelle les juges doivent se soumettre. Cela peut ainsi coïncider, ou non, avec leur motivation pour le poste qu'ils sont appelés à occuper. Cette motivation peut résulter des caractéristiques de la fonction occupée, mais aussi des conditions de travail dans lesquelles elle est exercée. Ainsi, la motivation des juges parisiens est manifeste pour quasiment tous les interviewés (une seule exception), alors qu'à Aix-Marseille cela ne concerne que la moitié d'entre eux. Ce fait est sans doute à mettre en rapport avec des conditions de travail bien meilleures à Paris qu'en province : à Paris, le temps d'audition pour chaque divorce peut être beaucoup plus long qu'en province (jusqu'à une heure contre un quart d'heure), une équipe de psychologues est attachée au Palais et peut entendre enfants ou parents, la fonction de juge aux affaires matrimoniales est beaucoup moins concurrencée par d'autres fonctions parallèles...

N°	TGI	Tranche d'âge	Ancienneté	Motivation	Fonction
1	Paris	40-49	1	motivé	
2	Paris	40-49	7	motivé	
3	Paris	40-49	9	motivé	
4	Paris	40-49	9	motivé	
5	Paris	50-59	7	motivé	
6	Paris	40-49	2	motivé	
7	Paris	50-59	6	neutre	Vice-président
8	Bobigny	30-39	3	motivé	
9	Bobigny	40-49	2	motivé	Vice-président
10	Créteil	50-59	10	motivé	Vice-président
11	Créteil	50-59	11	motivé	Vice-président
12	Créteil	30-39	1	motivé	
13	Marseille	50-59	2	motivé	
14	Marseille	40-49	2	neutre	
15	Marseille	30-39	5	neutre	
16	Marseille	30-39	1	neutre	Président
17	Marseille	40-49	2	motivé	
18	Aix	40-49	6	motivé	
19	Aix	40-49	2	motivé	Présidente
20	Aix	30-39	3	neutre	

• L'ancienneté concerne le nombre d'années effectuées sur un poste de juge aux affaires matrimoniales.

• La motivation pour la fonction ressort des propos tenus par les juges.

de la pratique judiciaire. Les analyses très souvent se complètent et s'enrichissent ; on peut en faire le condensé suivant :

> Autrefois, on divorçait peu, les femmes travaillaient moins souvent et s'occupaient plus des enfants. Dans les années soixante, certaines situations, comme la violence du mari par exemple, n'aboutissaient pas au divorce du fait de la dépendance économique des femmes. Depuis, la situation a radicalement changé. Un des éléments moteurs de cette évolution a été une prise d'indépendance économique des femmes, parallèle à l'évolution des mœurs et des conceptions des rôles parentaux, et des rôles sexuels. Si cette évolution est jugée globalement assez positive, elle n'en apparaît pas moins ambivalente. L'augmentation importante des divorces est l'expression d'un ensemble de changements qui se situent à des niveaux différents :

1. L'évolution de l'attitude des femmes, qui, dans des conditions matérielles et psychologiques plus favorables, hésitent beaucoup moins à demander le divorce face à des situations qu'elles auraient autrefois subies sans pouvoir réagir. La part des demandes féminines dans les demandes de divorce semble encore s'accroître, jusqu'à représenter pour certains juges huit à neuf sur dix de celles-ci. De la même façon est notée dans les milieux populaires de la petite couronne de Paris une majorité de divorces pour faute (six sur dix), où, selon un juge, 90 % des femmes demandant le divorce pour faute ont subi des violences de la part de leur mari...

2. En parallèle, est dénoncée par quelques juges une société qui rend ses membres de plus en plus agressifs, exaspérés, égocentriques, exprimant dans le divorce des problèmes psychologiques non traités qui resurgissent à cette occasion.

3. La conséquence en est une déresponsabilisation à plusieurs niveaux :

• d'une part, est promue une « idéologie », ou un système de valeurs, où priment la réalisation de soi, l'individu et son plaisir, son bien-être, qui passent soit par un « laxisme sexuel » déséquilibrant, soit par une valorisation d'un amour idéalisé, une entente parfaite du couple sur tous les points, aussi déstabilisante qu'irréaliste. Cela se rencontre essentiellement chez les jeunes, qui semblent être capables de s'engager à la légère autant que de se désengager. On trouve ainsi des couples mariés, avec enfants, qui voudraient « vivre comme des célibataires ». Cet individualisme hédoniste a pour pendant, selon certains juges, un manque de communication dramatique, dans le couple et hors du couple, un cercle de relations très restreint et peu impliqué, et des gens qui sont en réalité très seuls ;

• d'autre part, il favoriserait un comportement de « mimétisme social », où les gens ont tendance à suivre « ce qui se fait » sans prendre le recul nécessaire. Une juge parle ainsi de la « mode des enfants naturels », et plusieurs d'une « promotion du divorce » par la loi de 1975, expression de la réciprocité d'influence des mœurs et des lois ;

• enfin, il favoriserait l'assistanat, les gens ayant de plus en plus tendance à se faire prendre en charge ; les allocations, comme l'allocation de parent isolé par exemple, aideraient les familles illégitimes en favorisant, selon l'expression d'un juge, une « industrie de l'enfant ».

4. Certains juges vont même jusqu'à nier tout aspect positif de l'évolution sociale. L'égalité entre les sexes n'est qu'un leurre. Les divorces sont toujours aussi âpres, les gens veulent un coupable, et même le consentement mutuel se termine presque toujours par un conflit. La haine réciproque prend finalement le dessus.

5. La grande majorité des juges cependant opposent des comportements qui traduisent une évolution positive, comme les procédures à l'amiable, à une minorité de cas qui demeurent conflictuels, et qui sont d'autant plus critiques et difficiles à résoudre qu'ils sont plus rares et traduisent de ce fait leur irréductibilité. Pour eux, c'est dans ces cas minoritaires que l'on rencontre des parents immatures, bloqués sur leurs problèmes psychologiques, et des enfants encore plus traumatisés par la situation.

6. En fait, la tendance dominante est à la reconnaissance malgré tout d'une évolution positive, d'une meilleure résolution des situations de crise. Le divorce a été socialement dédramatisé, la notion de faute s'estompe au profit d'un simple constat d'échec. Les gens se déculpabilisent, l'opprobre social a tendance à disparaître, notamment en milieu urbain. Il est dès lors plus aisé de « refaire sa vie ». Le divorce par consentement mutuel, l'autorité parentale partagée traduisent un consensus où les divorçants font preuve de plus de tolérance, de compréhension mutuelle, de dignité, d'accord, de reconnaissance du rôle parental de l'autre. Ils apparaissent plus aptes à préserver leur rôle de parent des problèmes interpersonnels à l'origine de la rupture. Dès lors, les enfants « s'en sortent mieux », ils sont plus matures, dans un contexte moins dramatique.

En définitive, les analyses des juges et des sociologues se rejoignent pour reconnaître que certains aspects de l'évolution sociale posent des problèmes cruciaux que la justice a du mal à gérer. Si les pères prennent plus « conscience de leur rôle », s'investissent plus dans le rapport à l'enfant, ils demeurent perdants sur le plan affectif et restent fatalistes face à une situation où la mère se trouve en position de force. Les mères, en effet, s'accrochent bien souvent à leur indépendance et à leurs enfants, même si c'est au détriment de leur niveau économique et de leur confort. Elles demeurent les responsables de l'enfant. D'ailleurs, les résidences habituelles laissées au père sont souvent désignées comme étant le fait de « mauvaises mères ». Ce qui traduit toute l'ambiguïté de l'évolution, et justifie certaines dénonciations d'un progrès des mœurs comme « illusion » ou « leurre ».

La situation des familles naturelles sert ici de révélateur. Les pères, souvent partie prenante de l'éducation des enfants, se trouvent confrontés lors de la séparation à l'appropriation très forte de l'enfant par beaucoup de mères, aidées en cela par la loi. Il leur est beaucoup plus facile dans ce cadre d'évincer le père, alors que celui-ci est bien souvent plus « nouveau père » que son homologue marié. On trouve là l'un des nœuds de la contradiction droit/système social.

On retrouve dans l'analyse du thème suivant cet aspect du hiatus société/justice.

Évolution du droit et pratique des juges

Les interviewés désignent deux dates comme importantes dans les efforts qu'entreprend la loi pour s'ajuster aux nouvelles réalités sociales. Au-delà de la satisfaction globale à l'endroit de la loi de 1975, qu'ils accueillent comme une tentative grandement aboutie dans la « dédramatisation de la dimension judiciaire du divorce » et la « résolution de nombreux problèmes concrets », ils se sont surtout exprimés sur la loi du 22 juillet 1987.

Les quatre thèmes suivants ont été largement évoqués.

Les nouveaux pères, moteur de l'évolution législative

• L'évolution du couple dans le sens d'un partage croissant des responsabilités vis-à-vis des enfants se caractérise notamment par l'émergence de ce que l'on appelle les « nouveaux pères ». Ce partage apparaît plus ou moins équilibré selon le milieu et la situation vécue. Cette évolution, encore plus nette dans l'union libre que dans le mariage, ne manque pas d'influencer les comportements au moment du divorce ou de la séparation.

• La loi de 1987 est globalement vécue par les magistrats comme une tentative d'intégration de ces nouvelles données. Certains magistrats suggèrent qu'elle est la concrétisation des pressions exercées par les associations masculines actives.

• Pourtant, certains juges aux affaires matrimoniales considèrent que l'essentiel de l'éducation revient à la mère, notamment pour les jeunes enfants. Cette position a pour base différents niveaux d'analyse :

– les pratiques sociales, celle des « nouveaux pères » par exemple, se diffusent très lentement, comme en témoigne la faible proportion des pères qui demandent la résidence habituelle de l'enfant ;

– les aptitudes spécifiques de la mère à l'éducation des enfants, aptitudes explicitées par des facteurs biologiques, psychologiques, etc.

Dans cette optique, la loi de 1987 apparaît comme « en avance » sur l'évolution générale des mœurs, notamment celle des pères souvent peu prêts à assumer la garde des enfants au-delà du désir qu'ils peuvent en avoir. D'où la persistance dans la pratique des magistrats de la tendance à fixer la résidence habituelle de l'enfant le plus souvent chez la mère.

Le maintien du couple parental, un objectif de la loi

• La loi de 1987 parvient dans une grande mesure à sauvegarder le couple parental au-delà du couple conjugal. Pour la majorité des magistrats interrogés, la loi de 1987 constitue une nouvelle étape dans la dédramatisation du divorce, comme en témoigne l'augmentation des modes non conflictuels de divorce. Ces derniers ont une incidence certaine sur l'organisation de l'après-divorce pour les enfants.

• L'octroi de l'autorité parentale conjointe aux parents séparés doit tendre à faire survivre le couple parental au-delà du naufrage du couple conjugal ; pour la plupart des juges, il y contribue largement. En outre, comme le souligne l'ensemble des magistrats interviewés, il responsabilise les parents dans l'exercice de leurs devoirs.

• La plupart des magistrats s'accordent à dire que, si l'octroi de l'autorité parentale conjointe est une reconnaissance légale de nature à ne pas déposséder de son statut de parent l'un des parents, il n'en existe pas moins, dans les faits, une frustration pour celui chez qui la résidence habituelle de l'enfant n'est pas fixée, en l'occurrence et le plus souvent le père.

• En tentant de rééquilibrer les pouvoirs parentaux en faveur du père, la nouvelle loi n'aura néanmoins pas réussi à clarifier le problème de la « garde » qui apparaît de façon permanente dans le discours des praticiens de la loi comme dans celui des parents, malgré la disparition légale du terme. Elle n'aura pas réglé non plus celui du droit de visite et d'hébergement, les parents vivant comme indissociable le lien entre présence physique de l'enfant et pouvoir sur lui (autorité, affectivité...).

La fixation de la résidence habituelle de l'enfant, garde-fou contre l'alternance

• L'obligation faite aux magistrats de désigner la résidence habituelle de l'enfant est censée verrouiller tout accès à l'octroi de la résidence alternée. Les praticiens sont unanimement sensibles à l'esprit de la loi et à ses objectifs (préserver l'intérêt de l'enfant...).

• Ainsi, pour les magistrats, le remplacement de l'octroi de la « garde » par la fixation de la résidence habituelle de l'enfant chez l'un des parents est une bonne chose dans la mesure où elle peut s'accompagner de l'autorité parentale conjointe qui rééquilibre les pouvoirs des deux parents.

• Le pouvoir du juge s'y trouve alors accru du fait qu'une plus grande latitude lui est laissée dans l'organisation des droits de visite et d'hébergement. Dans la pratique, les droits de visite et d'hébergement sont ainsi formulés qu'on aboutit fréquemment (dans le cas des divorces ou séparations non conflictuels) à une situation où est entretenue plus ou moins volontairement une confusion entre visite et hébergement élargis et résidence alternée. Ainsi, l'option de « visite libre » laissée aux parents séparés à l'amiable contourne l'interdiction de prononcer des résidences alternées pour les enfants. De même, une deuxième possibilité existe dans la fixation d'un droit de visite et d'hébergement pour une période aussi longue que celle que l'enfant passe à sa « résidence habituelle ».

Les attitudes sur l'autorité parentale et la résidence de l'enfant

Les positions des juges sur l'autorité parentale conjointe, la résidence alternée et l'intérêt de l'enfant ont fait l'objet d'un traitement plus systématisé.

L'autorité parentale conjointe très bien jugée

La loi du 22 juillet 1987 portant réforme de l'autorité parentale semble avoir été accueillie très favorablement par les juges aux affaires matrimoniales. Le seul exprimant une position négative considère en fait que celle-ci est très insuffisante, dans la mesure où, pour les parents, ce qui compte ce serait le lieu de résidence de l'enfant et non l'exercice de l'autorité parentale qui, de fait, découle de la résidence habituelle. En ce sens, l'autorité parentale conjointe serait une illusion de progrès et masquerait la réalité des choses.

Pour les autres, les aspects favorables de l'autorité parentale conjointe tiennent à plusieurs facteurs, que l'on peut regrouper selon trois axes :

Requalifier le père

L'autorité parentale conjointe permet de réaffirmer le rôle du père, c'est-à-dire le rôle de celui qui, avant 1987, n'avait généralement pas l'autorité parentale. Cette réaffirmation prend deux aspects, plus ou moins mis en avant par les onze juges qui ont insisté sur cet aspect bénéfique de l'autorité parentale conjointe. Trois d'entre eux privilégient l'importance symbolique de la loi et les effets sociaux qu'une telle prise de position de la justice peut favoriser au travers de la reconnaissance affermie des droits des pères. Cinq se positionnent plutôt sur l'importance des effets psychologiques de la loi sur les pères. Ceux-ci peuvent éprouver aussi bien un certain apaisement dans le fait que leur est reconnu un statut parental équivalent à celui de la mère qu'une satisfaction morale. Trois juges évoquent conjointement les deux aspects.

Maintenir le couple parental

En liaison avec la dimension précédente, quatorze juges insistent sur le fait que l'autorité parentale conjointe permet le maintien du couple parental au moment où le couple conjugal disparaît. Le bénéfice le plus fréquemment cité est que l'autorité parentale conjointe incite chaque parent à réfléchir à la place de l'autre par rapport aux enfants et à mieux tenir compte de la bipolarité de la relation parentale. Trois juges citent explicitement l'implication conjointe des deux parents dans l'éducation des enfants comme un bénéfice majeur de l'autorité parentale conjointe. Quatre se positionnent dans la même problématique mais du côté de l'enfant. Pour eux, l'autorité parentale conjointe a une grande importance pour l'enfant, dans la mesure où elle maintient son contact avec ses deux parents et tout ce que cela peut signifier au niveau affectif et imaginaire, au niveau du respect du parent avec lequel on ne vit plus et du maintien du lien symbolique avec celui-ci. Sans compter l'effet de facilitation de l'utilisation du droit de visite et d'hébergement pour le parent qui bénéficie d'une autorité parentale conjointe.

Faire contrepoids à la résidence habituelle

Dernier élément évoqué comme positif par sept juges, l'effet de rééquilibrage, même s'il est avant tout symbolique, que l'autorité parentale conjointe procure par rapport à l'octroi de la résidence habituelle.

La scission de la notion de garde en deux aspects complémentaires, résidence et autorité, permet ainsi de donner une sorte de contre-pouvoir à celui qui ne bénéficie pas de la résidence habituelle en lui conférant la possibilité de participer conjointement aux prises de décision importantes concernant la vie de son enfant, et en rendant plus aisé, lorsqu'il est pratiqué, le droit de visite et d'hébergement.

Écoutons deux juges, parmi les plus favorables à l'autorité parentale conjointe, qui évoquent dans leur discours la majorité des aspects positifs de cette disposition.

> *– La loi sur l'autorité parentale conjointe a-t-elle apporté de grands changements ? Si oui, sur quoi reposent-ils ?*
>
> – Le plus important dans cette loi, c'est l'effet psychologique parce que c'est un domaine d'affectivité qu'on gère. Ainsi, le père et la mère sont au même niveau pour un enfant. À juste titre la résidence peut être admise parfois pour l'un, même avec rancœur, si demeurent l'autorité parentale et le sentiment qu'on est aussi important que la mère. L'autorité parentale conjointe est aussi un moyen pour le juge aux affaires matrimoniales de refuser que l'autre soit écarté de l'enfant, même si c'est contre la volonté de l'autre conjoint. L'intérêt de l'enfant, n'est-ce pas le confier à celui des deux qui est le plus à même de faire respecter les droits de l'autre ? (Juge 4.)
>
> *– En introduisant l'idée de fixation de la « résidence de l'enfant », distincte de celle d'« autorité parentale », la loi de 1987 a-t-elle clarifié le problème de la garde ?*
>
> – Je pense que oui, les choses sont claires. L'autorité est partagée, la garde est un élément concret qui n'exclut pas l'implication de l'autre parent, avant cela l'excluait.
>
> – L'esprit de la loi, c'est que le père soit entendu. En cela c'est une bonne chose. Il y a tout l'aspect enfant naturel. C'est une très grosse amélioration. La procédure pour obtenir l'autorité parentale conjointe pour un père est très simplifiée par rapport à autrefois. Il y a un contact plus proche entre le juge et les gens. L'aspect négatif, c'est par exemple les révisions des pensions alimentaires. Il n'y a plus d'avocat et ils peuvent mal comprendre ce qu'ils doivent faire, ne pas apporter les pièces nécessaires et cela complique le travail du juge. (Juge 11.)

Des réserves sur l'autorité conjointe

Cependant, la loi de 1987 est soumise à de nombreuses critiques. Si elle a résolu une partie des problèmes liés au divorce, les juges aux affaires matrimoniales considèrent que de nombreux aspects demeurent non réglés.

- Quatre juges aux affaires matrimoniales seulement n'ont pas exprimé d'opinion négative sur l'autorité parentale conjointe.
- Les seize autres ont émis des réserves plus ou moins importantes. Ces réserves sont le pendant des aspects positifs de l'autorité parentale conjointe, essentiellement en ce qui concerne le maintien du couple parental. Ce maintien suppose des conditions très difficiles à réunir pour deux ex-conjoints dont la séparation marque une mésentente, voire des conflits. Ainsi le prolongement de la relation père/mère impliqué par l'autorité parentale conjointe pose, ou peut poser, des problèmes.

Ces problèmes sont de trois ordres :

Une source potentielle de conflit

L'inverse de l'aspect positif précédent (le rééquilibrage du pouvoir donné par l'octroi de la résidence habituelle), c'est que, lorsque les choses ne se passent pas au mieux entre les deux parents, l'autorité parentale conjointe entre en contradiction avec le fait que l'un des deux a la résidence habituelle des enfants. Cela est alors une source supplémentaire de conflits, un moyen de raviver en permanence ceux-ci par le biais d'une « mauvaise volonté » à pratiquer effectivement l'autorité parentale conjointe pour celui qui bénéficie de la résidence habituelle. Huit juges mentionnent cet aspect comme très perturbateur. Il est lié aux aspects suivants évoqués.

Les réticences maternelles

Dix juges mettent en effet en avant la nécessité d'une bonne entente entre les parents pour que puisse être pratiquée véritablement l'autorité parentale conjointe. Certains s'en tiennent au niveau général d'une entente nécessaire entre parents ; d'autres, prenant acte des conditions effectives d'attribution de la résidence habituelle (généralement à la mère, à l'issue le plus souvent d'un accord entre les parents), mentionnent la nécessité d'une attitude coopérative de la mère, toujours susceptible d'être remise en question. L'autorité parentale conjointe semble être vécue, de fait, par beaucoup de mères comme une dépossession symbolique d'un droit quasi naturel sur leurs enfants. Le risque alors se trouve dans une attitude restrictive de la mère, qui ne fera qu'alimenter la frustration du père...

Un maintien artificiel de relations conflictuelles

Le troisième aspect est lui aussi lié au précédent, mais énoncé dans un cadre plus large. L'autorité parentale conjointe, dans la mesure où elle oblige les parents à rester en relation, demeure une source de conflits potentiels. Elle est susceptible ainsi de maintenir artificiellement en vie une situation conflictuelle qui sans elle aurait pu s'éteindre, dans la mesure où les parents n'auraient plus été en contact. Un juge note de surcroît que ce style de vie imposé par l'autorité parentale conjointe est très dur pour les parents. Il induit un contrôle, parfois pernicieux, sur la vie de l'autre, alors que la relation conjugale a pris fin.

En définitive, nombre de juges se rangent à l'opinion selon laquelle, dans un couple où la séparation se passe « à l'amiable », l'autorité parentale conjointe est une bonne chose. Elle vient raffermir certains parents sur leurs positions et dans leur désir de partage de l'autorité. Est « légalisée », en quelque sorte, une pratique sociale qui sort ainsi d'une certaine « clandestinité ».

Pour d'autres parents, l'attribution de l'autorité parentale conjointe a servi à créer des situations nouvelles où les pères découvraient qu'ils étaient eux aussi capables de s'occuper de leurs enfants.

Cependant, dès qu'un problème survient, les aspects négatifs ressortent et peuvent remettre en cause le bien-fondé d'un partage de l'autorité parentale, dans la mesure où elle contribue à raviver les conflits.

La résidence alternée assez mal accueillie

Si l'évocation de l'autorité parentale conjointe entraîne chez les juges aux affaires matrimoniales des attitudes assez nuancées, et globalement assez favorables, il n'en est pas de même en ce qui concerne la résidence alternée, prohibée, comme chacun sait, par la Cour de cassation. Beaucoup de juges reconnaissent d'ailleurs que la formulation de la loi de 1987 obligeant à fixer la résidence habituelle de l'enfant vise à proscrire toute tentative d'alternance de la résidence. Certains se déclarent indignés par l'idée même de son existence, et nient l'avoir jamais rencontrée.

> – *Ne pensez-vous pas que cette obligation qui est faite au juge de fixer cette résidence habituelle était censée verrouiller l'accès à toute possibilité de résidence alternée ?*
>
> – Quelle horreur ! la garde alternée : un mois chez l'un, un mois chez l'autre, vous croyez que c'est raisonnable ça ? Un enfant, ça tient à ses affaires, à son assiette, à son nounours, à son lit. La garde alternée, y a rien de plus sadique : c'est l'horreur. À mon sens les problèmes sont demeurés les mêmes. (Juge 14.)
>
> – *Pourtant, on constate qu'à l'heure actuelle certains couples séparés pratiquent la résidence alternée pour leurs enfants. Qu'en pensez-vous ?*
>
> – Ah bon ? Et où ils sont ces couples ? Moi, j'en connais pas beaucoup. Non, je crois que c'est le jugement de Salomon ça. De toute façon, quelle que soit la maturité sur la question, je crois que personne n'est gagnant dans l'affaire.
>
> – *Dans votre pratique, que représente la demande en faveur de la résidence alternée ? Notamment, pouvez-vous identifier des demandes explicites en ce sens, et des demandes formulées sous des formes déguisées ?*
>
> – Très peu de cas dans ma carrière, je pense même que c'est très rare, je peux évaluer à cinq cas pour mille.

D'autres, tout en reconnaissant du bout des lèvres l'existence d'une telle pratique, rendent sur elle un jugement sans appel.

> – La garde alternée c'est une saloperie, c'est complètement impraticable. C'est affectivement pour l'enfant une horreur. On n'a pas à saucissonner sa vie, c'est une catastrophe ! Avec l'autorité parentale conjointe, on a finalement résolu ce problème de garde. Il ne faut pas réglementer la vie des enfants en la saucissonnant, c'est tout à fait contraire à leur intérêt. (Juge 16.)
>
> – *Dans votre pratique, que représente la demande en faveur de la résidence alternée ? Notamment, pouvez-vous identifier des demandes explicites en ce sens, et des demandes formulées sous des formes déguisées ?*
>
> – Dans les requêtes conjointes surtout, on peut deviner les demandes implicites ou explicites, dans les séparations de fait où on

> nous demande d'entériner. On vérifie donc qu'un des deux n'a pas de situation anormale par rapport à ce qu'il propose. Pour moi l'objectif c'est d'apaiser le conflit, impliquer le moins de monde possible, c'est-à-dire l'assistante sociale, le pédopsychiatre, le policier, le parquet, les mineurs, etc. Dans ma pratique, cette demande représente très, très peu de cas, mais ça touche en général les jeunes cadres, ceux qui sont un peu mal dans leur peau. Je ne réponds pas favorablement à ce type de demande.

On le voit, la condamnation peut être forte et véhémente. De fait, pour dix-huit des vingt juges (seize femmes et quatre hommes), la résidence alternée est une solution négative qui met l'enfant en péril au travers notamment de la perte de stabilité nécessaire à son équilibre psychologique. Même si, à l'entrée du XXIe siècle, une opposition aussi violente semble un peu moins fréquente, il ne faudrait pas avoir l'illusion qu'elle ait disparu, comme le montrent à longueur d'années les exemples fournis par les associations de pères.

En fait, la référence à l'intérêt de l'enfant est ici omniprésente, et s'appuie avec la plus grande fréquence sur les risques psychologiques négatifs pour l'enfant. L'ombre de Françoise Dolto plane ici, jusqu'à parfois se poser au beau milieu d'une interview de juge :

> – La résidence alternée, c'est pas bien du tout. Partager un enfant comme on partage un bien, c'est complètement déstabilisant. Françoise Dolto a d'ailleurs démontré que les enfants qui ont été confrontés à cette résidence alternée forgeaient une personnalité moins solide que les autres enfants. C'est contraire à l'intérêt de l'enfant. (Juge 19.)

Ces jugements extrêmes concernent un nombre non négligeable de juges, presque la moitié d'entre eux (neuf sur vingt) est tout à fait contre l'idée de résidence alternée (les trois quarts des Provençaux et le quart des Parisiens !). Un nombre équivalent adopte une position mitigée plutôt négative. Pour eux, la résidence alternée ne serait envisageable que dans des cas bien particuliers, sous certaines conditions précises, notamment : conditions matérielles, de maturité du couple parental, de maturité des enfants... Les mêmes conditions d'ailleurs que pour les deux juges qui expriment une position favorable ou plutôt favorable à la possibilité d'une résidence alternée.

Une minorité plutôt favorable à l'alternance

Il semble nécessaire ici de citer les deux tenants de cette position, afin de bien montrer en quoi celle-ci apparaît très nuancée. En effet, ils ne présentent pas du tout la résidence alternée comme la panacée, mais bien comme une possibilité envisageable et opportune dans certains cas bien précis et lorsque les circonstances le permettent. En cela ils ne se différencient pas beaucoup de ceux qui sont plutôt contre mais la tolèrent, si ce n'est qu'eux ne préjugent pas de l'intérêt d'une telle pratique lorsqu'elle correspond à une situation favorable.

> – *Dans le nouveau texte, désigner la résidence de l'enfant comme « habituelle » ne limite-t-il pas considérablement les marges de manœuvre du juge ? Et en quoi ?*
>
> – Pour la loi, un enfant doit avoir une résidence principale. Mais il y a des cas où les parents pratiquent la garde alternée. Je pense que dans certains cas cela peut marcher. À ce moment-là, la loi peut me gêner parce qu'il n'est pas possible de faire un maquillage juridique. Je suis alors obligée de tricher et de mettre la résidence chez l'un. J'aimerais que la loi générale soit la résidence chez l'un des parents avec possibilité que la loi permette d'accepter la résidence alternée. (Juge 6.)
>
> – *Le fait d'avoir à déterminer la résidence habituelle de l'enfant n'a-t-il pas été une gêne pour vous dans certains cas, et lesquels ?*
>
> – Oui, dans des cas de blocage total, parce que chacun des deux voulait l'enfant et que la situation de la résidence principale était un signe de victoire. On en a beaucoup discuté car cela peut correspondre à la non-acceptation de la séparation. C'est à nuancer. Il y a des cas où l'on était sûr de la séparation et où l'enfant allait chez les deux, à ce moment-là, ils acceptent la situation d'une résidence habituelle et peuvent pratiquer la garde alternée s'ils en ont envie.
>
> – *Dans votre pratique, que représente la demande en faveur de la résidence alternée ? Notamment, pouvez-vous identifier des demandes explicites en ce sens, et des demandes formulées sous des formes déguisées ?*
>
> – En général, ils ne le disent pas. C'est en discutant que je me rends compte. Cela reste exceptionnel bien que ça se banalise un peu. Enfin, c'est pas si rare. Dans ces cas-là, je discute beaucoup plus avec les gens. Je veux voir s'il ne s'agit pas d'un blocage comme

dans le deuxième cas de figure dont je parlais tout à l'heure. Ce sont essentiellement des personnes qui ont un certain niveau culturel, des enseignants, des psys, des intellectuels, quelquefois des artistes, mais alors, dans ce cas-là le rythme n'est pas régulier.

– Quels intérêts de l'enfant pourraient justifier (théoriquement) votre choix pour une résidence alternée ?

– Je ne sais pas. Les parents qui s'entendent bien, avec le domicile proche, lorsque ce n'est pas trop compliqué sur le plan scolaire, il y a plein de détails qui permettent de voir que ça fonctionne bien. Et puis, on peut toujours revenir sur une décision s'ils veulent changer. Je pense qu'il y a des cas où ça marche.

– À l'énoncé « fixation de la résidence habituelle de l'enfant », certains auteurs au cours des débats parlementaires avaient opposé « détermination des modalités de résidence de l'enfant ». À laquelle des deux formules va votre préférence ?

– Je préfère la seconde pour l'autorité parentale conjointe. Parce qu'elle permet de ne plus parler de droit de visite et d'hébergement, mais de fixer la résidence pendant la semaine chez l'un, pendant le week-end chez l'autre. Cela a un effet symbolique pour les parents.

J'aurais aimé pouvoir fixer des résidences en week-end chez l'un. Pour des partages de temps par exemple, trois jours chez l'un, quatre jours chez l'autre, parce que les enfants sont très demandeurs de partage de temps. C'est l'expérience que j'en ai. Beaucoup d'enfants veulent passer la semaine chez l'un et le week-end chez l'autre (ou trois jours sur quatre). Ils préfèrent ça à la coupure de milieu de semaine. (Juge 8.)

– Auparavant, le flou de la notion de garde rendait encore possible l'éventualité d'une résidence alternée, même si c'était très marginal. La nouvelle loi, en fixant la résidence habituelle, ne se montre-t-elle pas plus sévère que par le passé, puisqu'elle évacue toute référence possible à une résidence alternée ?

– On est très gêné quand on veut le faire. Moi, j'ai essayé de le faire mais, vis-à-vis des problèmes administratifs, ce n'est pas possible. La résidence doit être chez l'un ou chez l'autre. Même si la résidence alternée n'est pas la panacée, ça peut marcher dans certains cas, sous certaines conditions. Pourquoi l'écarter systématiquement ?

– Dans votre pratique, que représente la demande en faveur de la résidence alternée ? Notamment, pouvez-vous identifier des demandes explicites en ce sens, et des demandes formulées sous des formes déguisées ?

– Oui, en consentement mutuel. On met la résidence fictive chez l'un et entre eux ils font ce qu'ils veulent. Quand on arrive à le déceler, ce n'est pas toujours explicite mais ça arrive assez souvent.

– Vous arrive-t-il de répondre positivement à une telle demande ? Si oui, comment alors procédez-vous ?

– Oui, je suis bien embêtée. Exemple d'un cas où c'était le mieux adapté à la situation donnée. Ils voulaient le marquer dans l'ordonnance, on a mis une formule bateau « droit de visite libre ». La pension a été moindre en fonction de ça : une semaine chez l'un, une semaine chez l'autre.

– Quels intérêts de l'enfant pourraient justifier (théoriquement) votre choix pour une résidence alternée ?

– C'est pouvoir profiter autant de l'un que de l'autre. Qu'il ne se sente pas figé dans un lieu précis, et puisse avoir cette notion de souplesse au niveau de ses relations avec ses parents. Souvent, dans le modèle classique, il y a un sentiment de culpabilité de l'enfant vis-à-vis du parent qu'il ne voit pas assez, ou pour celui qui a la résidence habituelle parce qu'il ne voit pas beaucoup l'autre. Il faut pour ça que les parents aient une écoute énorme en tant que parents.

C'est souvent dans les milieux cadres moyens, cadres supérieurs, souvent pour des raisons matérielles évidentes qu'il peut y avoir résidence alternée.

Dans « garde alternée », c'est le mot « alternée » que je n'aime pas. Peut-être que le système début de semaine/week-end est aussi une garde alternée. C'est cette notion de partage du temps entre les deux foyers qui importe. Mais il faut que les parents arrivent à dépasser leurs problèmes personnels.

– Au cours de votre pratique, vous est-il arrivé d'entendre un enfant s'exprimer sur la résidence alternée ?

– Oui. Des enfants me l'ont demandé, d'autres d'arrêter ça, pour des questions matérielles en général (livres, école...). Par exemple, une fille de 17 ans qui a toujours été en garde alternée, elle en était ravie.

Quelques effets positifs parfois reconnus

On voit bien dans ces propos quels aspects positifs peut représenter la résidence alternée aussi bien pour les parents que pour les enfants. Mais, si la majorité des juges reconnaît, parfois du bout des lèvres, que la résidence alternée peut être valable sous certaines conditions, seule une minorité évoque en quoi la résidence alternée peut avoir dans ces cas-là des effets positifs.

On peut distinguer ce type d'effets pour les parents et pour les enfants :

• Ce sont les deux juges les plus favorables à la résidence alternée qui évoquent ces aspects. Ils identifient la possibilité d'un plus grand équilibre pour les parents, aucun d'entre eux ne doit tout sacrifier à l'éducation de ses enfants, alors qu'en parallèle est reconnu à l'autre parent un droit ou un devoir identique à s'occuper de ses enfants. Partage du temps et des responsabilités quotidiennes qui donne plus de disponibilité au parent lorsque vient son tour de s'occuper de son enfant.

• Trois juges évoquent les aspects favorables à l'enfant. Une plus grande souplesse, adaptabilité aux situations articulée à un meilleur équilibre des relations avec les deux parents. Le maintien du lien avec chacun d'entre eux déculpabilise l'enfant, en même temps qu'il le responsabilise, lui permet de comprendre ses deux parents sans être incité à prendre partie pour l'un deux.

Beaucoup de critiques énoncées

Peu loquaces sur les aspects positifs, les juges le sont en revanche beaucoup plus en ce qui concerne les aspects jugés négatifs de la résidence alternée. Fait significatif, les deux juges plutôt favorables à une alternance expriment néanmoins des réserves sur celle-ci lorsqu'elle est effectuée dans un contexte perturbateur.

Écoutons la distinction qu'opère ce juge parisien :

> Pour moi, il y a deux cas bien différents. Premier cas, les séparations ont été bien intégrées, la garde alternée se passe bien parce que les parents s'entendent bien, discutent, habitent près, ont réglé leurs problèmes de couple. Il y a parfois une petite tension au moment de l'adolescence, parce que les enfants ne sont pas bien dans cette période, mais cela tient surtout à l'adolescence.
>
> Deuxième cas, les parents qui n'acceptent pas leur séparation. Ils veulent un partage 50/50 de tout. Là, la garde alternée est un

moyen de ne pas régler les conséquences de leur divorce. Cela peut être catastrophique. De surcroît, il y a des discussions ou des conflits sur la vie quotidienne. En plus, l'enfant n'a pas compris que ses parents se séparaient et en plus cela multiplie les moments où on se voit. Souvent ce sont des parents qui disent que c'est l'enfant qui choisira quand il sera en âge de le faire. C'est une fiction complète qui fait peser sur l'enfant une responsabilité démesurée. C'est étonnant parce que ce sont des gens intelligents qui connaissent la psychologie, mais qui ne réalisent pas le poids qu'ils font porter à leur enfant.

Le système de la garde alternée est très répandu chez les enseignants et tous les psys. Chez ces enseignants, c'est assez significatif cette idée que chacun a les mêmes droits. En plus, les pères sont très disponibles. Mais on retrouve chez eux les deux cas de figure. (Juge 6.)

La plupart des juges sont loin d'être aussi nuancés. Les aspects négatifs sont rarement contrebalancés par des aspects positifs éventuels, si ce n'est qu'est reconnu que, dans certains cas, cela pourrait peut-être marcher.

Une pratique déstabilisatrice pour l'enfant

Le premier argument évoqué pour rejeter cette pratique est, bien sûr sommes-nous tenté de dire, ce qui constitue à l'heure actuelle la référence obligatoire : l'intérêt de l'enfant. Cet intérêt est évoqué de multiples façons, nous avons vu que le référent dominant est le caractère déstabilisant d'une telle pratique, ses effets psychologiques jugés négatifs sur l'enfant. Conjointement sont évoqués les risques de fatigue physique de l'enfant, ballotté entre deux domiciles et obligé de suivre un rythme qui risque de l'épuiser.

S'y ajoute pour certains le fait que l'alternance est imposée à l'enfant sans qu'il ait son mot à dire, et que, pour les petits enfants, l'alternance est mauvaise dans la mesure où la présence continue de la mère apparaît indispensable.

Des parents immatures

Les aspects négatifs relatifs aux parents sont relevés par dix juges. Le premier reproche formulé est que cette pratique recouvre d'abord l'immaturité des parents, leur égoïsme, qu'ils ne pensent alors qu'à leur bien-être personnel au détriment de celui de leur enfant.

> À part des cas probablement peu nombreux, c'est très dur pour les enfants. Cela répond à un égoïsme des parents et rarement à l'intérêt de l'enfant, dit un juge.

Certains associent cette attitude au fait que la résidence alternée est bien souvent l'expression d'un conflit mal réglé, qui se traduit par une volonté de tout partager « égalitairement », y compris les enfants. Position qui pervertit complètement la pratique en question.

La nécessité d'un domicile administratif

Dernier élément négatif, mais qui intervient là plus comme un butoir, un argument complémentaire à invoquer, l'aspect institutionnel. Il est nécessaire que l'enfant ait un ancrage institutionnel, une adresse personnelle, un parent à qui l'on verse les allocations, qui le déclare sur sa feuille d'impôts... Argument pratique, qui semble cependant secondaire pour la plupart des juges, comparativement aux aspects psychologiques et relationnels.

Des conditions assez draconiennes de mise en place

Alors que même les juges qui estiment que la résidence alternée peut être envisageable sous certaines conditions évoquent rarement ses effets positifs possibles, la plupart précisent toutefois les conditions qui leur semblent nécessaires à la viabilité d'une telle pratique.

• Les conditions nécessaires sont relatives le plus souvent aux parents. La première condition est, pour dix juges, qu'existe entre eux une bonne entente, un climat serein, qui permette une communication aisée sur les problèmes relatifs aux enfants et les modalités de la résidence. Il faut ainsi que le conflit soit réglé, et les parents apaisés. En corollaire, est évoquée l'ouverture d'esprit nécessaire à une telle pratique, l'esprit de responsabilité, voire la capacité d'organisation, qui doit présider à sa mise en place.

• Quatre juges évoquent comme conditions nécessaires la maturité des enfants, qu'ils soient suffisamment grands, et aussi qu'ils soient demandeurs, argument souvent plus sous-entendu qu'explicitement énoncé.

• Enfin, principe de réalité prévaut, dix juges mentionnent des conditions matérielles favorables, notamment une proximité des résidences suffisante pour que le cadre de vie sociale de l'enfant ne soit pas remis en cause à chaque alternance.

Si certains juges assez hostiles à une alternance n'en envisagent pas moins celle-ci, c'est qu'il peut leur arriver parfois de rencontrer des parents qui formulent une telle demande, malgré les mises en garde des avocats et le peu d'écoute de la justice.

Une sous-estimation logique de la demande

Les estimations de l'apparition d'une telle demande sont très variables, et généralement assez faibles. Presque tous reconnaissent cependant que la faiblesse de cette apparition est liée à sa proscription par la justice. Depuis 1987, les avocats manquent encore moins de le signaler à leurs clients, qui, dès lors, n'évoqueront celle-ci que si l'attitude du juge les y convie. Certains, en revanche, estiment que, si la demande n'apparaît pas, c'est que la pratique est devenue quasiment inexistante. La fourchette apparaît alors assez large, de celui qui estime qu'elle « est de l'ordre de 0 % » à celui qui dirait «10 %, y compris les demandes implicites». La plupart se refusent à donner toute estimation dans la mesure où, pour eux, la majorité des demandes ne sont plus exprimées par des parents qui, ensuite, « s'arrangent comme ils veulent entre eux».

Peu reconnue, parfois déniée, la résidence alternée apparaît pour les juges qui l'évoquent spécifique à certains milieux : intellectuels, cadres, enseignants, artistes... et ce pour des raisons à la fois matérielles (cela suppose une certaine aisance) et culturelles (cela renvoie à une certaine conception du monde et des relations familiales et parentales).

Comment réagissent alors les juges face à une demande pour une pratique qu'ils estiment néfaste pour la grande majorité d'entre eux ? Si certains expriment un non catégorique et refusent de l'envisager, d'autres acceptent de l'envisager dans des cas très exceptionnels, par exemple entériner une situation de fait qui dure depuis des années et a l'air de satisfaire tout le monde.

Une minorité l'envisage sans problèmes s'il y a demande et conditions favorables pour la réaliser. Les deux juges les plus ouverts sur la question peuvent éventuellement faire surgir la demande au cours de la discussion avec les parents, du fait de leur attitude ouverte sur le sujet.

On voit ainsi que la proscription de la résidence alternée par la loi et l'accord sur ce point manifesté par la plupart des juges ne suffisent pas pour beaucoup d'entre eux à justifier un refus catégorique de l'envisager. La majorité préfère pactiser avec la réalité et se résoudre à mettre en place les conditions de sa réalisation dans des cas plus ou moins exceptionnels. Ils expriment alors, dans leurs hésitations et leurs scrupules, la contradiction entre un fonctionnement social et un cadre juridique qui se heurtent, aux endroits où les attitudes les plus novatrices mettent en péril l'équilibre mouvant des normes juridiques de la vie familiale.

L'intérêt de l'enfant comme critère de jugement

On l'a vu, l'intérêt de l'enfant est le critère majeur sur lequel s'appuient les juges aux affaires matrimoniales pour repousser la résidence alternée. Plus généralement, pour l'ensemble d'entre eux, il s'agit du critère qui dicte leur position face aux divorçants et préside aux attendus de leur jugement.

Cet intérêt, ils le mesurent de différentes façons, par rapport au vécu de l'enfant et à son équilibre personnel, et par rapport aux conditions susceptibles de favoriser cet équilibre, c'est-à-dire les « capacités éducatives » comparées des parents et des environnements où l'enfant est susceptible d'être attaché. Car la principale décision concernant l'enfant semble bien être la détermination de la résidence habituelle, l'autorité parentale apparaissant plus comme un complément, voire une correction, face à cet aspect prépondérant.

Les indicateurs psychologiques et sociaux d'évaluation de cet intérêt

• Pour l'enfant : d'abord préserver sa stabilité psychologique, ensuite tenir compte de son vécu affectif par rapport à chacun des parents. Les deux bien sûr étant liés, la stabilité psychologique semble pour beaucoup dépendre de la préservation d'un bon vécu affectif avec le parent qui devra abriter habituellement l'enfant. Les résultats scolaires sont nettement moins évoqués, par trois juges seulement, peut-être parce que ceux-ci apparaissent plus comme l'effet d'une situation postérieure à la prise de décision du juge.

• Pour les parents : d'abord préserver les conditions d'une bonne éducation, ensuite, et parallèlement, tenir compte de l'âge de l'enfant. Ce qui apparaît important c'est la disponibilité nécessaire au parent qui aura la résidence habituelle (disponibilité qui constitue sans doute une des raisons de la réticence, y compris pour les parents, à octroyer la résidence au père), parallèlement, sa capacité affective vis-à-vis de l'enfant est de même évoquée, un peu en miroir du vécu affectif de l'enfant par rapport à lui.

D'autres critères sont peu évoqués (autorité, ouverture envers l'autre parent), si ce n'est que, pour un certain nombre de juges, le jeune enfant (*grosso modo* de moins de 6 ans) doit rester, dans la mesure du possible, avec la mère, ceci pour des raisons psychologiques qui leur semblent évidentes.

> Jusqu'à 3-4 ans, et c'est un fait scientifique, il n'y a qu'à voir ce que disent les psychologues, il est important que l'enfant soit avec sa mère jusqu'à ce qu'il ait atteint un discernement suffisant. (Juge 19.)

Un juge note d'ailleurs que, pour sa part, la mère a toujours le préjugé favorable. Ce qui n'est pas sans entrer en contradiction avec la position dominante, beaucoup plus teintée de modernité et d'ouverture vers les « nouveaux pères ».

Des aspects matériels secondaires

Pour la plupart des juges, les aspects matériels viennent en seconde position derrière les aspects humains ; ils sont néanmoins évoqués par une dizaine d'entre eux. Le plus important semble être le maintien dans le cadre de vie habituel, garant pour beaucoup d'une certaine stabilité psychologique de l'enfant. De bonnes conditions matérielles sont de même évoquées comme des éléments à prendre en compte lors de la décision d'attribution de la résidence habituelle.

La faible audition de l'enfant, une attitude contraire à la loi

Les attitudes adoptées par les juges quant à l'*audition* sont assez diversifiées, elles vont du refus exprimé par un juge d'entendre l'enfant à une fréquence assez importante d'écoute pour quatre d'entre eux. L'attitude dominante est cependant une audition rare, voire très rare, ce qui n'est pas sans être en contradiction avec la loi. Si de nombreux juges évoquent pour justifier cette attitude des conditions matérielles insuffisantes, ils sont tout aussi nombreux à la justifier par une opposition de principe à l'audition obligatoire du mineur de plus de 13 ans.

On aperçoit ici un élément intéressant de discorde entre le texte de la loi et la pratique effective des juges, qui estiment ce texte mal adapté à la réalité... Un certain nombre d'entre eux légitiment ce refus par un manque de formation à l'entretien, notamment dans ses aspects psychologiques par rapport à l'enfant. Ce qui amène la plupart des juges, lorsque l'écoute de l'enfant semble souhaitable, à recourir à des professionnels, soit de l'enquête sociale, soit de l'entretien psychologique (c'est le cas de tous les juges parisiens qui peuvent faire appel à des psychologues attachés au Palais).

Lorsque l'audition est effective, la plupart du temps sur demande des parents ou de l'enfant, ou dans des cas exceptionnels, un certain nombre d'éléments sont énoncés comme caractérisant la spécificité de l'entretien avec l'enfant. Tout d'abord, celui-ci peut être « manipulé » plus ou moins volontairement par un parent, voire les deux, et exprimer un discours qui n'est pas le sien. Mais, s'il parle en son nom, cela ne veut pas dire qu'il connaît son intérêt, tout au plus parle-t-il de son désir. Ainsi, si des juges reconnaissent qu'il a quelque chose à communiquer, cela s'exprime de façon indirecte, au détour d'une phrase, par une attitude, une réaction ; ce que la tradition freudienne nous ferait peut-être désigner comme « actes manqués », exprimant en leur innocence la part de l'inconscient.

Dès lors, l'accent est mis pour la moitié d'entre eux sur le fait qu'il ne faut pas impliquer l'enfant dans le choix du parent qui sera amené à vivre habituellement avec lui. L'enfant et les parents ne doivent pas penser qu'il a pu déterminer ce choix.

Quelques juges notent que, s'ils auditionnent parfois l'enfant, c'est pour lui expliquer la décision qu'ils ont prise, afin que celui-ci l'intègre et l'accepte mieux.

On comprend, compte tenu de ces remarques, que les juges répugnent à entendre systématiquement des enfants dont ils pensent qu'il est préférable qu'ils soient tenus à l'écart de la procédure de divorce. Ce sont plutôt des indices externes, les plus objectifs possible (situation des parents, stabilité, environnement, scolarité...), qui seront retenus comme critères d'intérêt de l'enfant et de décision finale du juge.

La spécificité régionale des juges aux affaires matrimoniales

Plus jeunes, et possédant une expérience du poste de juge aux affaires matrimoniales bien plus courte, les juges provençaux n'ont pratiquement pas officié avant la loi de juillet 1987. Ils n'ont donc connu qu'une référence à un système qui proscrit explicitement la résidence alternée, et beaucoup ne sont pas au courant des débats antérieurs à ce sujet. Cela ne peut que renforcer une attitude considérée généralement comme plus traditionaliste que celle exprimée par les juges parisiens. L'analyse des interviews vient confirmer ce présupposé. Ce n'est pas au niveau de l'autorité parentale conjointe que cette différence va le plus s'exprimer, en effet, si celle-ci bénéficie d'un jugement globalement plus positif à Paris, la tendance demeure à une majorité d'opinions plutôt positives à Aix-Marseille. En revanche, les jugements sur la résidence alternée sont beaucoup plus négatifs et catégoriques à Aix-Marseille que dans la région parisienne. Ainsi les deux seuls juges émettant à ce sujet un jugement plutôt favorable sont parisiens, la tendance dominante en région parisienne étant une réticence exceptionnellement surmontée (sept sur douze), avec un refus catégorique pour trois juges ; alors qu'à Aix-Marseille six juges sont catégoriquement contre et deux réticents.

10

LA PAROLE AUX AVOCATS

Dix avocats ont été interviewés à la suite des juges. Le choix de ceux-ci s'est effectué sur la base d'une localisation sur les mêmes sites de référence que pour les juges aux affaires matrimoniales (cinq sur Paris, trois sur la région parisienne, deux sur Aix-Marseille).

Deux critères ont orienté les contacts : l'importance du nombre de divorces traités, une implication particulière dans les problèmes touchant au droit de la famille. De ce fait, six des dix avocats occupent une fonction particulière en ce domaine, en général en milieu associatif.

Les entretiens ont permis de dégager notamment :

– la place et le rôle de l'avocat dans le processus qui conduit les parents à formuler (ou ne pas formuler) une demande de résidence alternée dans le cadre d'une procédure de divorce ou de séparation ;

– le jugement qu'il porte sur ce type de pratique ;

– et la représentation qu'il se fait sur la possibilité d'octroi ou de refus du magistrat avec qui il devra négocier.

Contrairement aux magistrats, les avocats, de par leur statut, choisissent les dossiers qu'ils ont à défendre au civil comme au pénal. Ils ne sont pas rattachés comme eux à une thématique majoritaire, les « affaires matrimoniales », puisqu'ils naviguent souvent entre des affaires aux contenus très différents (le fiscal, le pénal...). Leur motivation pour la profession d'avocat fait donc référence à un contenu large. L'entretien s'est toutefois attaché à rapprocher cette motivation du

N°	TGI	Tranche d'âge	Ancienneté*	Motivation	Autre expérience professionnelle
1	Aix	30-39	7	motivé	
2	Marseille	30-39	6	neutre	
3	Versailles	50-59	15	motivé	
4	Bobigny	40-49	21	motivé	
5	Nanterre	40-49	16	neutre	Avocat Association de pères divorcés.
6	Paris	30-39	12	motivé	Membre d'une commission Droit de la famille, travaille avec des associations sur la séparation.
7	Paris	40-49	25	motivé	Membre des associations École des parents, et Droits de l'homme.
8	Paris	40-49	20	motivé	Membre Conseil économique et social Présidente association Promotion de la médiation familiale.
9	Paris	40-49	18	motivé	Présidente de l'association Média-Enfance.
10	Paris	30-39	16	neutre	Membre assoc. « SOS enfants enlevés ».

* L'ancienneté concerne le nombre d'années travaillées dans la profession d'avocat (très souvent elle part de l'année d'obtention du diplôme du CAPA).

contenu particulier du divorce, notamment par le repérage d'une fonction spécifique en rapport avec les affaires matrimoniales dans le cursus de ces avocats.

Tous les avocats interviewés ont débuté dans cette profession avant la loi de 1987 sur l'autorité parentale conjointe. Ils ont donc été à l'aise pour se pencher sur l'avant et l'après-réforme. Le plus jeune avocat dans l'exercice de la profession est une femme de la région marseillaise (six ans d'ancienneté) ; le plus ancien, un homme de la région parisienne avec vingt-cinq ans d'expérience. Ils sont assez motivés pour leur profession : sept d'entre eux déclarent leur intérêt pour les affaires de divorce. La plupart ont rapproché cette motivation du contenu particulier du droit de la famille.

Six avocats sont impliqués dans des associations ou des commissions en rapport avec la thématique : Association de pères divorcés, Droits de l'homme, Média-Enfance, SOS enfants enlevés, etc.

Regard sur l'évolution sociale

C'est unanimement que les avocats reconnaissent qu'on assiste à une transformation radicale de la condition du couple, du parent séparé, du regard porté sur les enfants de parents séparés. Cette avancée s'est accompagnée conjointement, ou parallèlement, de meilleures conditions de la séparation, avec des lois plus réceptives à ces transformations, plus ouvertes, et des parents prêts à franchir le pas sans préjuger d'un préjudice éventuel. En filigrane de ces constats, deux avocats pointent une certaine banalisation du divorce aujourd'hui, à tel point qu'on assisterait à une destruction totale des valeurs de la cellule familiale. La présentation qui suit retrace cette évolution.

> De nos jours, on assiste à un renversement de la tendance autrefois constatée, le divorce à l'initiative de l'homme. Demeurées longtemps sous la tutelle de leurs époux, les femmes osaient à peine contester leur condition de femme, d'épouse ou de mère. Le divorce était présenté comme une arme que seuls les hommes avaient le droit d'utiliser, étant donné les conséquences que celui-ci entraînait tant du point de vue de la position sociale que du point de vue économique ou affectif. C'est pourquoi les femmes qui ont pu aujourd'hui se défaire du lien matrimonial sont issues de familles déjà riches d'autonomie, ont acquis une indépendance matérielle et morale, qui leur a permis de s'opposer à l'ordre ancien. Parallèlement, les mœurs se sont assouplies, les brides se sont desserrées, les représentations sont devenues moins étriquées. Les enfants n'ont pas échappé à ces conceptions nouvelles : le modèle éducatif s'est transformé jusqu'à aboutir, dans des cas extrêmes, à la confusion des rôles parentaux. C'est l'abolition d'une situation de monopole d'un parent au détriment de l'autre.

Comme le dit d'une façon imagée une avocate :

> Ce sont des femmes qui travaillent, donc qui subissent moins physiquement et psychologiquement les « exigences du mâle ». De ce fait, la femme actuelle hésite moins souvent à entamer une procédure de divorce parce qu'elle a été bafouée ou battue.

Par ailleurs, quelques avocats insistent sur une certaine libéralisation des mœurs, qui aurait ouvert la porte à une multitude de divorces, ce qui les amène à présenter le divorce comme un « phénomène tellement banal » que le mariage en est devenu « marginal », ou à dénoncer la loi « car, chaque fois qu'on la change, c'est pour aller dans le sens du changement des mœurs ». La cellule familiale se verrait détruite, entraînant des risques profonds pour les enfants. En même temps que les individus acquièrent une certaine autonomie, l'évolution de la société aurait entraîné une certaine déresponsabilisation parentale vis-à-vis des enfants.

De nouvelles conceptions de la relation parentale

Il faut cependant noter que peu d'avocats sont allés jusque-là, et ont évoqué cette vision « sismique » de l'évolution de la cellule familiale. Ils ont plutôt tendance à dire que cette évolution apparaît dans une conception nouvelle de la responsabilité parentale, rendant ainsi positive la démarche des parents.

L'un d'eux résume assez bien cette position :

> C'est d'abord une autre manière d'envisager le divorce en évitant l'insulte. Les justiciables sont devenus plus autonomes par rapport à leur divorce. Ils ont des solutions multiples et reconnaissent en cela les possibilités du divorce amiable. « Rater sa vie conjugale » n'est plus mis à l'index, puisque l'accord permet de « réussir le couple parental ».
>
> Ensuite, on assiste à une demande de plus en plus pressante de responsabilité partagée vis-à-vis des enfants, confortée par la loi de 1987. Les pères ne restent plus en marge de cette responsabilité après un divorce, en témoignent leurs revendications aujourd'hui pour obtenir une résidence habituelle pour leurs enfants.

L'évolution sociale, dont le développement des familles naturelles est partie prenante, manifeste ainsi une progression beaucoup plus rapide que les lois. En ce sens, les avocats sont unanimes pour dénoncer leur caractère obsolète, lorsqu'il s'agit par exemple de plaider dans des cas d'enfants naturels, où le père, même s'il a apporté la preuve de sa capacité éducative et affective, demeure toujours lésé.

Ce qui fait débat et problème

Bien que certains avocats considèrent que le consentement mutuel n'a pas vraiment endigué les flots des divorces contentieux, l'unanimité se réalise sur le fait que l'autorité parentale conjointe d'une part allège le sentiment de culpabilité et d'injustice qui naissait au moment de la désignation de la garde par le juge, et d'autre part « conscientise » les pères démissionnaires.

Une incitation à l'entente parentale

Le consentement mutuel et le maintien légal des responsabilités des deux parents divorcés à l'égard des enfants apparaissent comme une porte ouverte sur des solutions multiples. Quand celles-ci sont connues des candidats au divorce, ils abordent la procédure dans un esprit différent, moins conflictuel et davantage orienté vers la question des enfants dont la vie postdivorce doit être gérée de la manière la plus satisfaisante du point de vue psychologique, scolaire et affectif.

En encourageant la responsabilité des parents à travers l'octroi de l'autorité parentale conjointe, le droit incite les justiciables à rechercher l'entente sur le sort des enfants. Une tendance se dessine à ce qu'un nombre croissant de divorçants viennent devant le juge avec un accord qu'ils ont élaboré de façon autonome avec l'aide de leurs conseils.

Le refus des pères d'être mis au second plan

La « pugnacité » des pères (une autre tendance indiquée fréquemment par les avocats interviewés) est due au déplacement des conflits de la question patrimoniale, devenue secondaire, ou même insignifiante, à cause de l'amoindrissement de la fortune des divorçants, à la question des enfants, devenue plus aiguë du fait d'une fratrie moins nombreuse. Elle est également expliquée par les modifications des rôles parentaux, caractérisés par la part plus active que les pères prennent à l'éducation des enfants, et aussi par l'accession des femmes à leur indépendance matérielle, qui les éloigne un peu de leur rôle traditionnel de mère de famille. Ce dernier phénomène éclaire également l'initiative, de plus en plus fréquente, des femmes dans la procédure de divorce.

Selon les avocats interrogés, consécutivement aux dispositions légales qui s'efforcent de tenir compte des évolutions sociales, les énergies des divorçants sont de plus en plus drainées vers la résolution des problèmes qui résultent du divorce, et principalement vers ceux ayant trait à la meilleure organisation de la vie des enfants.

Un droit au service de la famille ?

Pour la plupart des interviewés, la France dispose d'un instrument législatif assez approprié, qui tient compte de l'évolution sociale de la famille, allant jusqu'à offrir aux justiciables des « divorces à la carte ». Cependant la question demeure de l'utilisation que font les juges, les justiciables et leurs conseils de cet outil.

Une minorité déplore cette relative correspondance entre la justice et la société, au motif qu'elle favoriserait la déresponsabilisation des parents au détriment des valeurs de la cellule familiale traditionnelle et au grand dam des enfants.

La relation entre l'évolution du droit de la famille et l'évolution sociale de la famille est conçue comme un jeu d'ajustements mutuels. En l'état, le droit est considéré comme trop en avance à l'égard des familles traditionnelles, et en retard au regard des structures familiales nouvelles.

Pour les avocats, le droit ne peut faire l'économie d'une réflexion et d'une action dans le domaine de l'explicitation du contenu de l'autorité parentale et de celui de la responsabilité parentale, sur le plan doctrinal et au niveau de la pratique, s'il veut rester ancré dans la réalité sociale.

L'aide à l'exercice de la parentalité : une nouvelle fonction des avocats

L'état d'esprit des avocats engagés dans une procédure de divorce a nettement évolué dans un sens qui favorise les enfants, en s'éloignant des questions jusqu'alors prédominantes des griefs et des torts réciproques des divorçants. Les avocats ne sont plus autant considérés comme adversaires et deviennent des interlocuteurs œuvrant pour la recherche d'une entente entre divorcés au sujet des enfants.

Le développement de solutions amiables est vécu différemment selon les avocats : pour l'un d'entre eux, il entraînerait une baisse de motivation, au sens où l'avocat n'a plus à s'investir intensément pour défendre une personne contre une autre ; pour un autre, au contraire, la position de recherche d'accords, de construction de solutions positives entre ex-conjoints (position qui gagne du terrain parmi les avocats) nécessite un plus grand investissement en termes d'efforts d'explication, de persuasion et d'écoute mutuelle que celui exigé pour la préparation d'un divorce pour torts.

La part importante de procédures conventionnelles accentue le rôle de conciliateur des avocats. En outre, ce rôle tend à s'identifier à celui d'« assistante sociale », notamment à travers les informations sur différentes aides familiales existantes que l'avocat fournit aux femmes.

L'évolution du droit de la famille demande de plus en plus aux avocats à la fois des compétences particulières et des approches nouvelles. Certains parlent déjà d'une éventuelle spécialisation de la profession.

Un déplacement des dissensions parentales sur la résidence habituelle

Les effets de la loi sur les pratiques des divorçants provoquent des réactions mitigées des avocats. Certains valorisent les effets positifs, d'autres relativisent grandement ceux-ci.

Une minorité d'entre eux avance que la loi clarifie les problèmes de garde, ils s'appuient sur le rééquilibrage de l'autorité parentale, qui donne au père un statut identique à celui de la mère. Ce rééquilibrage ne remet cependant pas en question le principal motif d'insatisfaction et de conflit : l'attribution de la résidence. De fait, pour la majorité des avocats, on assiste à un déplacement des dissensions au niveau de l'attribution de la résidence, avec parfois des conflits ravivés du fait que le partage de l'autorité parentale peut maintenir en relation les parents d'une façon artificielle.

Pourtant, la désignation de la résidence habituelle est considérée majoritairement comme une chose positive, dans la mesure où des limites sont fixées, un cadre est défini, une référence établie. Cela apparaît de manière très importante lorsque la situation est conflictuelle, incontournable même dans le cas de divorces contentieux. Les avocats qui préféreraient une formulation plus souple reconnaissent que cela serait valable avant tout pour les couples qui conservent un minimum d'entente. L'intérêt étant de laisser la discrétion au juge d'un choix adapté à la situation rencontrée, ce qui, dans la formulation actuelle, n'apparaît pas, à leurs yeux, suffisant.

En définitive, cette loi a-t-elle favorisé la gestion judiciaire du droit de visite et d'hébergement ? La réforme introduite par la loi de 1987 semble avoir peu d'impact sur certains conflits importants, tout aussi bien qu'elle ne ferait que déplacer le terrain du conflit de la « garde » vers la « résidence ». Cette loi présente cependant des aspects positifs, liés pour la plupart à la mise en place de l'autorité parentale conjointe ; tous ces aspects réfèrent à l'obligation faite à chaque parent de tenir compte de l'autre et de s'y référer. Ce qui a pour effet, en définitive, de faciliter la gestion du droit de visite. Ce qui s'affirme de 1987 à 1993.

Pour l'avocate Claire Hocquet, s'exprimant en 1998 dans le cadre de la commission de réflexion sociale et juridique Typhaon :

> S'il y a autorité parentale conjointe, les deux parents sont investis de la garde et il n'est nul besoin de droit de visite et d'hébergement. Les professionnels doivent faire l'effort d'utiliser d'autres

mots, d'autres concepts, qui respectent mieux l'égalité des parents. L'enjeu est de réorganiser la circulation de l'enfant entre ses deux parents, ce n'est pas d'attribuer des droits à l'un et des droits différents à l'autre [1].

Que pensent les avocats des apports de la loi ?

La spécificité de la position des avocats ne se dégage pas à partir de l'autorité parentale conjointe, comme pour les juges, ils posent sur elle un jugement favorable unanime.

Mais les camps se séparent nettement quand il s'agit de se prononcer sur la résidence alternée : six la trouvent plutôt positive et quatre plutôt négative. Dans leur pratique, aucun ne la suggère comme solution possible à ses clients, mais la moitié d'entre eux n'hésite pas à l'envisager sous certaines conditions et « labellisée » différemment, c'est-à-dire sous des formes déguisées.

Quelques réserves sur une autorité parentale conjointe valorisée

Bien que tous aient émis un avis favorable sur la loi instituant l'autorité parentale conjointe, elle n'est pas exempte de réserves. Pour certains, elle n'aurait visiblement pas réglé les problèmes fondamentaux de droits de visite, d'hébergement, et/ou de résidence, ce qui les conduit à ne pas proposer l'autorité parentale conjointe à des parents dont le divorce est trop conflictuel.

Les remarques et restrictions sur l'autorité parentale conjointe sont diverses :

– beaucoup pensent que le bon déroulement de l'exercice conjoint de l'autorité parentale dépend au préalable d'un accord et/ou d'une bonne entente entre les deux parents. Certains posent cette condition comme idéale, mais n'hésitent pas à se prononcer sur l'impact positif que pourrait avoir sur les parents l'injonction qui leur est faite d'exercer conjointement l'autorité parentale ; bien que cela puisse prolonger artificiellement la relation entre les parents et raviver le conflit ;

1. Claire Hocquet, « Quelques propositions élaborées par la commission Typhaon », *Dialogue*, n° 141, 1998, p. 22.

– une minorité dénonce l'autorité parentale conjointe comme en contradiction avec la résidence habituelle, qui avantage toujours un des parents au détriment de l'autre.

L'incitation à la coparentalité par le partage de l'autorité parentale

Que ce soit sur le mode de l'imposition déguisée ou de la proposition, l'autorité parentale conjointe invite les parents à s'impliquer plus souvent dans l'éducation de leurs enfants, alors que le divorce antérieur à 1987 ne le permettait pas toujours. Le parent, alors détenteur de cette autorité, la mère le plus souvent, retrouve le partage de l'éducation, éducation dont le divorce ou la séparation l'avait rendu dépositaire exclusif, parfois abusivement.

Or, il n'apparaît plus pensable aujourd'hui d'imaginer qu'un enfant n'ait pas droit à ses deux parents. Un avocat exprime ainsi l'importance de la loi Malhuret :

> Il est dit que le juge peut imposer une autorité parentale conjointe en recueillant simplement l'avis des parents. C'est-à-dire que, si la mère refuse l'autorité parentale conjointe parce que son mari a une maîtresse et qu'il n'est pas bon pour l'enfant de voir cette maîtresse, etc., le juge a cette possibilité d'imposer celle-ci. Je dirai que c'est un premier pas vers la coparentalité. Étant entendu que vous avez des magistrats qui, de plus en plus, lorsqu'ils estiment qu'il y a un conflit latent, n'imposent pas cette autorité parentale conjointe. Moi, je dis que l'autorité parentale conjointe est justement intéressante lorsqu'il y a conflit...

Dès lors, la loi de 1987 est une avancée même si elle n'a pas clarifié les problèmes liés à la garde des enfants :

> « Ça les a au contraire rendus plus complexes mais, par conséquent, plus vrais. On a par ce biais-là reconnu que les deux parents, même s'ils étaient séparés, conservaient ce même rôle vis-à-vis de leurs enfants ; ce contenu de la loi Malhuret est un progrès et ça nous aide à faire admettre cette dimension aux parents... Ce qui compte c'est l'état d'esprit qu'on arrive à introduire d'une part dans la procédure, et d'autre part dans l'esprit des relations à venir entre les parents. Par conséquent, à partir du moment où on précise à nos clients qu'il faut fixer une résidence (et je pense que, même vis-à-vis de l'enfant, il faut déterminer quelque chose de précis), l'important pour un enfant, c'est de ne pas se trouver dans une situation d'insécurité. Mais le plus

important, c'est que, quelles que soient les modalités de résidence, il y ait la reconnaissance de l'autre dans la vie de l'enfant… Pour moi, les mots ont de l'importance au niveau de l'autorité parentale et de la responsabilité parentale, c'est un point sur lequel je suis assez sensible. Je crois qu'il faudrait aller jusqu'au bout de notre pensée : remplacer ce mot d'autorité par celui de responsabilité. Cela me semble plus important que ces termes de fixation, etc., qui sont des modalités pratiques auxquelles il faut bien penser. »

Une reconnaissance de la place du père

À côté du maintien du couple parental, cette loi aurait permis aux pères un regard différent sur les conséquences du divorce, celles de la gestion de la vie de leurs enfants. Pour certains, elle réaffirme de façon symbolique, mais pas uniquement, la reconnaissance des droits du père, apportant un apaisement, une certaine satisfaction morale.

> La loi restitue, dans l'esprit de la mère, la place du père. Le père qui est parfois un peu bafoué, ignoré… symboliquement, ça lui redonne sa place de père.

Ou bien :

> Ça n'est qu'une question de symbolique pure, ça n'a pas changé la vie concrète puisque, encore majoritairement, c'est la mère qui les élève. Mais ça fait taire des revendications extrémistes… Ça a permis de rassurer les pères sur leur place au sein des familles dissociées.

Par ailleurs, les pères qui se seraient sous l'ancienne loi accommodés, au fil du temps, de l'exclusivité de l'autorité parentale à la mère se trouvent aujourd'hui rappelés à leurs responsabilités et leurs devoirs. En évoquant les débats, toujours d'actualité – faut-il ou non imposer l'autorité parentale conjointe à des parents qui ne s'entendent pas ? –, un avocat indique que, dans la pratique, les magistrats ont bien été obligés d'admettre qu'accorder l'autorité parentale conjointe n'était pas toujours dépendant des conditions d'entente du couple après une séparation.

> Les magistrats ne sont pas stupides, ils ont compris qu'il suffisait pour un des parents de créer des incidents pour qu'elle (l'autorité parentale conjointe) n'existe pas, alors que, dans le principe, c'est l'intérêt des enfants… Au fil des années, on a pu obtenir, avec des difficultés ou en se bagarrant, au moins un principe de l'autorité parentale conjointe au-delà d'un certain nombre de conflits créés de

toutes pièces par l'un des parents. Il est très mauvais de décider qu'il y a un parent qui serait moins bon que l'autre, donc il y aurait une inégalité dans la fonction parentale ; c'est créer forcément dans la tête des pères une forme d'exclusion et donc de revendication ou bien susciter des pères démissionnaires dont on se plaint tellement.

Un contre-pouvoir stabilisateur

Enfin, de manière générale, la loi sur l'autorité parentale conjointe a assoupli les conflits sur la « garde » d'enfants même si la résidence habituelle est encore majoritairement fixée chez la mère. Elle n'impose plus aux pères, comme par le passé, une gestion calculée du temps de présence avec leurs enfants ; à tout moment l'exercice de l'autorité parentale leur confère le droit d'intervenir dans leur vie quotidienne. De ce fait, la résidence n'est plus vécue, comme c'était le cas sous le régime de la garde unique, comme une dépossession totale des droits, mais comme une modalité pratique, un contre-pouvoir : « Un peu moins lésé au niveau de son autorité parentale, le père accepte moins difficilement de ne pas avoir la "garde" des enfants. »

En définitive, si la loi sur l'autorité parentale conjointe a permis globalement que certains parents trouvent une plus grande satisfaction dans les situations engendrées par les conséquences du divorce ou de la séparation, elle n'a pas élucidé pour autant les problèmes persistant autour de la résidence de l'enfant, et les effets psychologiques que revêt la résidence habituelle pour celui des parents qui ne dispose que d'un droit de visite et d'hébergement.

La résidence alternée : une expression de la responsabilité parentale

Les avocats ont plutôt bien accueilli l'idée que des parents pratiquent la résidence alternée pour leurs enfants.

Pour les avocats qui expriment un avis favorable, cette pratique de la résidence alternée, malgré sa prohibition par la loi, est le reflet d'une conception parentale faisant fi des décisions judiciaires : les parents conservent leur liberté dans l'organisation pratique de l'éducation de leurs enfants puisqu'ils ont réussi à mettre sur pied un protocole d'accord, l'intervention du magistrat venant coïncider ou non avec leur proposition.

Comme le montre Jacques Commaille [2], la tendance dominante de l'évolution des lois de la famille est bien à un retrait de la justice de la gestion de la vie privée et à son respect en tant qu'espace autonome...

> À partir du moment où les gens ont compris qu'effectivement une décision judiciaire ça n'était qu'un garde-fou, et qu'ils parviennent en bonne intelligence à régler l'organisation de la vie de leurs enfants qui sont les leurs et pas ceux des autres, là ils atteignent l'excellence, et c'est ce qu'on peut conseiller aux autres.

Dès lors, la pratique de l'alternance, par-delà les injonctions à la résidence habituelle, fait partie des possibles :

> Les parents qui réussissent à mettre au point un accord entre eux, je crois que c'est ça qui est fondamental. Et à partir du moment où les enfants de couples se séparant sont confrontés à un projet commun de leurs parents, d'abord c'est très rassurant pour eux, et si ce projet commun passe par une garde alternée, pourquoi pas ? Il vaut mieux avoir un projet commun de garde alternée que pas de projet commun. La garde alternée peut être très négative s'il s'agit pour chacun des parents de ne pas perdre du terrain, mais, si c'est une solution librement consentie et adaptée au besoin de l'enfant et renégociable et discutable, pourquoi pas ?

Ainsi, la résidence alternée apparaît pour les avocats comme l'expression du maintien de la responsabilité parentale dans l'éducation de leurs enfants, et c'est la mise en place et le maintien de ce projet commun qu'elle exprime qui importent.

Les enfants en bénéficient directement, dans le maintien de l'équilibre éducatif entre les deux parents, la responsabilisation qu'ils en retirent et le climat généralement apaisé qui l'accompagne. À côté de cela, le principal reproche adressé à cette pratique demeure les éventuels effets psychologiques négatifs (manque de stabilité...) mis en relief par des psychologues. La fatigue physique est elle aussi invoquée comme inconvénient d'une telle pratique. Mais, à l'inverse des juges, les avocats stigmatisent très peu les parents souhaitant l'alternance, leur immaturité ou leur égoïsme ne sont pas évoqués, comme si, pour beaucoup, un désir d'alternance qui perdure malgré les obstacles est le signe d'une maturité suffisante des parents.

---

2. Jacques Commaille, *L'esprit sociologique des lois*, Paris, PUF, 1994.

Un gain de disponibilité

Elle présente en outre, pour les parents, l'avantage d'une meilleure gestion du temps, et en conséquence d'une plus grande disponibilité quand l'enfant est là.

> C'est aussi bien pour les pères que pour les mères dans la mesure où pendant une semaine vous soufflez. Pour les mères, cela leur permet de ne pas être seulement mère mais aussi femme. Je pense que c'est une bonne chose mais c'est très difficile à réaliser.

Pour les avocats, la résidence alternée est donc une pratique existante et qui fonctionne, mais, comme pour les juges, elle suppose des conditions bien particulières : des résidences proches, une maturité de l'enfant et son accord, une entente « parfaite » entre parents.

L'ambivalence de l'attitude des avocats face aux parents

Face à une telle demande de résidence alternée émanant des parents, la démarche des avocats est très souvent la même. Ils les informent sur la position de la Cour de cassation et n'hésitent pas à expliquer tous les méfaits de la résidence alternée sur les enfants, ce qui ne va pas sans influer sur la poursuite des parents pour une telle demande. Notons cette ambivalence des attitudes des avocats à travers le décalage entre le fait d'accepter d'envisager une résidence alternée et celui de tout mettre en œuvre pour en dissuader les parties, au prétexte d'une adéquation à la loi. Elle reflète la contradiction entre leur propre opinion ou leur désir de satisfaire leur client et le principe de réalité que représente le cadre juridique.

Concrètement, pour certains avocats, soit le problème de la résidence alternée ne se pose quasiment jamais dans leur pratique du fait de l'autocensure des parents, soit ils refusent catégoriquement de l'envisager car étant contraire aux dispositions légales. Ce refus, qui s'appuie sur l'état du droit en la matière, n'est pas du tout virulent comme chez certains juges, il s'agit plutôt d'une attitude légaliste qui, en définitive, leur simplifie le travail et leur évite d'avoir à se poser plus avant la question.

Une minorité l'envisage dans des cas très exceptionnels, ceux qui fonctionnent déjà de façon satisfaisante, pour lesquels ils cherchent alors un « maquillage juridique ». Les autres l'envisagent si les conditions sont favorables à sa mise en place et si les parents la demandent. Là aussi le contournement de la loi est alors recherché. Aucun, bien sûr, ne la pose d'emblée comme solution possible.

Positions sur l'alternance et stratégies de mise en œuvre

Ainsi, s'ils sont nombreux à l'envisager, sur l'insistance des parents, tous disent ne pas la mentionner telle quelle dans leur dossier pour ne pas heurter le magistrat et la loi. La résidence alternée est alors proposée sous des vocables différents : droits de visite très élargis, le plus souvent, organisation libre du droit de visite, etc.

Quelles sont alors les façons de procéder des avocats et les conseils qu'ils prodiguent à leurs clients ? Écoutons leurs réponses :

Refus légaliste d'envisager la résidence alternée

> D'abord, je leur indique quelle est la position du tribunal en la matière, et ensuite je leur indique ce que moi j'en pense, mais ce n'est pas forcément l'avocat qui parle parce qu'on s'est aperçu, d'après les études, que ça déstabilisait les enfants. Et, de toute manière, je ne présenterai pas la garde alternée au tribunal parce que ça sera refusé.
>
> Je leur dis non, parce que légalement on ne peut pas.

Acceptation exceptionnelle de passe-droits

> Je leur dis déjà que, juridiquement, on ne pourra pas la proposer parce que la Cour de cassation nous l'interdit et je leur dis en plus ce que je pense sur le plan de la réalité (pour moi, c'est négatif dans 95 % des cas). J'ai eu, c'est vrai, 5 % de cas où ça fonctionne bien, parce que ça a été bien rodé, à cause du caractère des enfants. Donc, ma première tendance, c'est ne pas être casse-cou et être négatif par rapport à cette pratique. Mais je dois témoigner que j'ai vu un petit nombre de cas où ça fonctionne très bien. Dans ces cas-là, on fait un maquillage juridique alors qu'on sait très bien que ce qui se fait c'est la résidence alternée.

Recherche d'une solution adaptée

> S'ils le veulent vraiment, j'essaie de leur montrer tous les écueils qu'il peut y avoir. Si ça réussit, c'est merveilleux, mais il n'y a pas uniquement votre volonté, voyez un peu ce que veut l'enfant et comment cela peut être appliqué.

> Je leur explique que, de toute façon, la loi leur impose de fixer la résidence habituelle, donc d'introduire une différence dans leur statut de parent, que, si c'est cette solution qui a été adoptée par la loi, c'est que tout le monde s'accorde à penser que l'alternance présente des facteurs déstabilisants pour les enfants et qu'ils doivent avoir un domicile (des adultes ne supporteraient pas d'avoir deux maisons...). On peut en même temps trouver des solutions qui maintiennent une égalité, un équilibre entre les parents sans avoir une alternance une semaine/une semaine. L'alternance annuelle, je l'écarte tout à fait, je leur dis, ça c'est exclu... De toute façon je dis aux gens qu'ils font ce qu'ils veulent quand ils sont chez eux, mais qu'on leur impose quand même de dire lequel des deux...

Comme nous l'avons constaté pour les magistrats, les avocats, eux aussi, envisagent beaucoup plus facilement la résidence alternée dans des cas de divorce non conflictuels, l'élargissement à d'autres types de divorces demeurant l'exception.

Une demande des parents aux avocats beaucoup plus explicite

Pourtant, la demande des parents n'est pas négligeable : aucun avocat n'affirme que cette demande est inexistante. La moitié déclare qu'elle est restreinte car exclue par la justice, l'autre moitié la trouve relativement fréquente, malgré son exclusion.

On le voit, la reconnaissance d'une demande d'alternance émanant des parents est beaucoup plus forte chez les avocats que chez les juges, du fait même de leur position intermédiaire.

Pour quelques avocats, la réponse judiciaire n'est donc pas adaptée à la demande des parents :

> Je n'aime pas beaucoup qu'il y ait une limite posée comme ça, un peu impérativement, à l'organisation qui peut être mise en place par les parents. Je ne dis pas du tout que je milite pour une solution ou pour une autre. Je milite surtout pour que les parents soient dans une situation qui leur permette de prendre eux-mêmes une décision. Autant que possible, il faut que le magistrat n'ait pas à trancher. Mais je ne milite pas plus pour la résidence alternée que pour la résidence unique.

Comme le précédent, celui-ci verrait :

> une modification de la loi dans le sens d'une plus grande autonomie laissée aux parents pour organiser la garde...

Pour d'autres avocats, ce n'est pas tant la loi qu'il faudrait modifier. C'est l'interprétation ou l'application qui en est faite qui pose quelques problèmes. Pour résumer leurs propos, il semblerait que l'évolution de la loi ne mettrait pas un terme à la pratique judiciaire, puisque la loi sera toujours interprétée avec des souplesses plus ou moins grandes. « Les lois sont une indication, elles permettent d'adapter les choses, de réguler. »

L'absence de formation de certains magistrats expliquerait une interprétation erronée des situations parentales :

> Il y a encore trop de tribunaux où le juge à qui on confie la mission des affaires matrimoniales n'est pas spécialement formé pour ça... Trop souvent il y a là quelque chose qui est mal ressenti par les parents ou alors par l'avocat, c'est qu'un juge se croit systématiquement lié par les conclusions d'un rapport d'enquête sociale. Je dirai la même chose pour les avocats, il y a trop d'avocats qui traitent les problèmes de divorce entre deux problèmes commerciaux, ou de droit littéraire, ou de droit fiscal, et là je crois que c'est une erreur.

La recherche d'une parole commune aux parents et hommes de loi

> Les lois nous demandent aujourd'hui d'être au service de ces parents qui cherchent un accord, et là, c'est toute une autre approche du métier d'avocat. La notion de défense reste vraie, mais elle n'est plus la défense contre une autre, mais la défense qui permet d'exprimer la parole de chacun pour aboutir à une parole commune. C'est très différent.

Cette plaidoirie pour la recherche d'une parole commune laisserait la place à une demande de résidence alternée par des parents, si celle-ci a été travaillée dans le sens d'un projet consensuel pour leurs enfants. La pratique judiciaire devrait donc s'ajuster mais « c'est aussi aux parents d'avoir des types de demandes qui forcent une certaine pratique judiciaire et c'est donc aussi aux avocats de faire un travail dans la cohérence ».

La plupart des avocats concluent leur propos sur une résidence alternée possible mais non systématique. Écoutons l'un d'entre eux, qui résume assez bien l'intérêt que peut présenter la mise en place de ce type de résidence :

> Le gage de réussite, ce n'est pas la résidence alternée en tant que telle, c'est que si les parents ont réussi à mettre au point ce système, c'est qu'ils ont réussi à conserver un dialogue éducatif, c'est ça qui est une réussite.

L'intérêt de l'enfant mesuré à l'aune de sa « stabilité psychologique »

Contrairement aux magistrats, les avocats se sont exprimés de façon plus indirecte sur l'intérêt de l'enfant. Néanmoins, leurs prises de position et leurs remarques sur l'évolution du droit et l'évolution sociale indiquent qu'aujourd'hui, même si les divorces demeurent nombreux, les conflits ne s'expriment plus de la même manière. La pratique des avocats aurait également évolué dans le sens d'une approche différente de ces conflits, mettant davantage en avant l'intérêt de l'enfant, autrefois occulté par le règlement, plus pressant, du problème du couple conjugal.

Tel qu'il est évoqué et défendu par les avocats, l'intérêt de l'enfant se définit à l'aune des critères posés par les magistrats dans le but de faciliter et d'accélérer une procédure de divorce. C'est la stabilité psychologique de l'enfant qui a été le maître mot pour apprécier si son intérêt est préservé ou non. En effet, nombreux ont été ceux qui se sont prononcés sur les aspects négatifs qu'entraîne la résidence alternée, tant psychologiques que physiques. Pour ces derniers, la proximité des domiciles des parents séparés serait la condition nécessaire pour que cette stabilité soit maintenue.

Quand il s'agit de pressentir quel parent sera détenteur de l'autorité parentale ou comment cette dernière peut être partagée par les deux parents, ces avocats n'ont pas d'*a priori* quant au sexe du parent. Ils n'adoptent ainsi pas une attitude différente selon qu'ils ont affaire à un homme ou une femme mais, au contraire, présentent les choses de façon identique.

L'entente des parents au-delà de la séparation du couple conjugal demeure en revanche, pour quelques avocats, le critère qui permet d'octroyer ou non l'autorité parentale conjointe. Pour les autres avocats, l'intérêt de l'enfant serait garanti par le seul fait que ses deux parents partagent leur autorité sur lui, peu importe si eux-mêmes s'entendent ou pas au moment du divorce.

Les enfants non entendus

Remarquons ce fait important que, comme les juges, dans leur pratique la plupart des avocats ne recueillent pas, ou que très rarement, l'avis des enfants dans des affaires de divorce, ils invoquent soit un manque de spécialisation dans le domaine, soit qu'ils ne sont pas habilités pour ce type d'audition. Ils renvoient alors aux avocats pour enfants.

Divergence des positions des juges aux affaires matrimoniales et des avocats

En conclusion de cette partie concernant l'attitude des juges, puis des avocats à l'égard de ces trois dimensions, sur lesquelles ils sont amenés à se positionner, que sont l'intérêt de l'enfant, la résidence alternée et l'autorité parentale conjointe, on peut dégager six groupes de positions divergentes. En fait, la position sur l'intérêt de l'enfant n'est pas différenciatrice, tous le reconnaissent comme principe de référence ; ce sont l'autorité parentale conjointe et surtout la résidence alternée qui s'avèrent différenciatrices.

Les six groupes de positions renvoient donc à ces deux thèmes, mais les avocats ne sont présents que dans trois de ces groupes, car aucun d'entre eux n'est véritablement hostile à la résidence alternée, alors que près de la moitié des juges ont exprimé leur opposition ferme à celle-ci. Ils sont présentés des plus favorables à la résidence alternée aux plus hostiles.

Les avocats plus favorables à la résidence alternée et à l'autorité parentale conjointe que les juges

Deux juges seulement sont favorables à ces deux dimensions, alors qu'il s'agit de la position dominante chez les avocats (dont quatre siègent dans des commissions de travail ou associations liées au droit de la famille et militent pour la médiation familiale, ou la défense des enfants). Ils reconnaissent l'évolution des rôles sexuels et parentaux, avec l'autonomie des mères et une évolution de l'attitude des pères vers un investissement plus marqué auprès des enfants, et des situations oscillant entre une augmentation des consensus d'accord entre les parents et des cas plus conflictuels. Dans ces cas, les pères sont perdants au niveau affectif, et les mères utilisent un certain état de fait sociolégal pour s'attribuer l'enfant, serait-ce au détriment de leurs conditions de vie. De manière complémentaire, la façon dont la loi traite le cas des enfants naturels est dénoncée comme dépassée et inadaptée à la réalité de vie de beaucoup de couples.

On est ici en présence d'une position moderne, progressiste, atypique par rapport à l'attitude dominante chez les juges, mais qui a gagné du terrain.

C'est parmi les avocats que l'on trouve les défenseurs d'une ouverture du droit à une plus grande autonomie des parents dans l'organisation de la résidence de leurs enfants après le divorce ou la séparation, et que l'on incite les parents à influencer la pratique judiciaire jugée trop traditionaliste. Ce groupe d'avocats est très engagé dans la rénovation du droit familial, et penche en faveur d'une évolution où soit accordée une plus grande marge d'autonomie aux parents, ainsi que la possibilité d'une aide institutionnelle et psychologique pour mieux assumer la séparation, dans l'intérêt des enfants comme des parents. La résidence alternée est dans cette optique une solution qui peut s'avérer positive.

Vers une prise de responsabilité réciproque

Deux juges et deux avocats, favorables à l'autorité conjointe, sont réticents sur la résidence alternée. Expérimentés, ils analysent l'évolution sociale et l'évolution parallèle du contexte juridique avec une certaine profondeur, dressant un bilan très positif de cette dernière de 1975 à 1987, hormis l'article 374 donnant l'autorité à la mère pour les couples de concubins, source permanente de contentieux. Ils font preuve à la fois d'expérience et de maturité, et d'une certaine lucidité sur le fonctionnement juridique, sur l'impact perturbateur du cadre social sur les comportements, et suggèrent des solutions techniques envisageables : médiation, traitement psychothérapeutique pour certains... La centration progressive sur l'idée d'accord entre les parents depuis 1975 amène à ce que les gens ne voient plus la personne qui divorce comme victime d'une décision qui va être prise par l'autre conjoint ou imposée par un juge, mais à travers une prise de responsabilité réciproque pour organiser les conséquences de la décision.

Leur position apparaît ainsi ouverte et constructive. La porte est laissée ouverte à la possibilité d'une résidence alternée. Cette position semble, elle aussi, avoir gagné du terrain.

L'autorité parentale conjointe n'est pas la panacée

Cette position est tenue par six juges et deux avocats engagés dans des associations.

Si l'évolution des mœurs est globalement jugée positive, avec une dédramatisation du divorce et une responsabilisation des parents face à leur rôle éducatif, l'augmentation des divorces traduit l'ambivalence de l'évolution sociale, qui fragilise, déresponsabilise, désoriente les jeunes couples soumis à des tentations individualistes. La grande place prise par les femmes dans les demandes traduit cette évolution qui implique à la fois une plus grande indépendance, la possibilité de sortir d'une situation insatisfaisante, et le désarroi devant l'hédonisme ambiant, les mirages et les contradictions sociales. Les cas conflictuels sont encore plus critiques, exacerbés, notamment lorsque la réponse de la justice apparaît mal adaptée à la situation.

Pour les juges, le droit est en retard, en décalage par rapport aux pratiques, et cela pose problème, exemplairement dans les situations qui expriment l'évolution sociale : les familles naturelles, et les familles recomposées pour lesquelles rien n'est prévu. Reconnaissant l'importance symbolique et psychologique de l'autorité parentale conjointe pour les pères, ils indiquent en parallèle ses limites : l'accord des parents et la coopération de la mère notamment. Dès lors, l'attitude des parents prime. Cette position sur l'autorité parentale conjointe est claire et beaucoup plus représentée que chez les autres juges ; elle va de pair avec une réticence envers la résidence alternée, moins critiquée cependant que chez d'autres juges et reconnue comme envisageable sous certaines conditions.

Les avocats insistent sur l'inadaptation dans certains cas du caractère systématique de l'autorité parentale conjointe comme outil conciliateur. De plus, celle-ci ne constitue bien souvent qu'une mesure symbolique, car le véritable pouvoir est dévolu à celui qui détient la résidence habituelle. La résidence alternée n'apparaît pas pour eux comme une alternative judicieuse pour résoudre cette question du partage des responsabilités et des pouvoirs. Même si ces avocats connaissent quelques cas d'alternance qui fonctionnent bien, ils s'appuient comme beaucoup sur la référence aux spécialistes pour avancer qu'elle serait contraire à l'intérêt de l'enfant, pour des raisons psychologiques.

Une critique de l'autorité parentale conjointe comme mystificatrice

Le juge qui adopte cette position, on l'a vu, dénonce avant tout l'aspect mystificateur de l'autorité parentale conjointe qui pourrait faire croire à une amélioration, alors que, dans les faits, ce qui compte c'est l'octroi de la résidence habituelle, qui va déterminer l'usage de l'autorité sur l'enfant. Ce qui ne change rien par rapport à la pratique antérieure de l'octroi de la garde. Très prolixe sur l'intérêt de l'enfant, qu'il envisage de tous les points de vue, ce juge pratique assez fréquemment l'audition des enfants, à la différence de beaucoup. Original sur ses positions, il est atypique par sa carrière (professeur d'université, juge aux affaires matrimoniales par concours Peyrefitte), la quarantaine, aixois, motivé, il possède une expérience dans la fonction (six ans) nettement plus grande que pour la moyenne des autres juges des tribunaux de grande instance d'Aix-Marseille. Son discours, très orienté sur l'aspect juridique et très argumenté, note une amélioration patente des rapports droit/évolution des mœurs depuis 1975 et 1987. Certains aspects, comme l'autorité parentale conjointe, demeurent cependant insatisfaisants.

Préserver l'enfant du conflit parental en refusant la résidence alternée

Comme la suivante, cette position ne concerne que des juges. Ils sont peu loquaces sur l'évolution des mœurs et sa correspondance avec l'évolution du droit, si ce n'est la reconnaissance que le divorce par consentement mutuel a calmé le jeu et aide à dépassionner le conflit entre les parents. Si l'autorité parentale conjointe constitue un grand progrès, celui de scinder divorce et éducation des enfants, c'est surtout d'un point de vue théorique et par les possibilités qu'elle offre, car, sur le plan pratique, ce qui est déterminant c'est l'attitude des parents. La résidence habituelle, dès lors, est souvent assimilée à une garde, avec le pouvoir sur l'enfant à celui qui la détient. L'autorité parentale conjointe, mal comprise, est dans ce cas peu appliquée. La résidence alternée apparaît injustifiable et ne constitue qu'un enjeu de pouvoir sur l'enfant pour les parents, l'autorité parentale conjointe permettant dans cette optique de désamorcer un peu le conflit.

Les juges insistent sur la nécessité de préserver l'enfant du conflit, lui éviter les perturbations, le maintenir dans son cadre, et permettre qu'il ne soit pas un objet de possession pour les parents, ce qui semble être pour eux le ressort de la résidence alternée.

Hostiles à la résidence alternée toujours dans l'« intérêt de l'enfant »

Centrés sur l'écoute et sur l'intérêt de l'enfant, ils pensent que celui-ci proscrit la résidence alternée. Pour cela un certain nombre d'arguments, notamment sur la psychologie de l'enfant, sont avancés. L'autorité parentale conjointe, jugée plutôt comme un progrès, est cependant mal comprise et peu appliquée par les parents ; en ce sens son effet apparaît limité au cas où les parents s'entendent déjà bien, et renvoie aux deux interprétations de l'évolution sociale : la dédramatisation du divorce et la plus grande tolérance que traduit la procédure par consentement mutuel d'un côté, le maintien de l'âpreté, du conflit, de la passivité chez certains moins favorisés (plus âgés, en zone rurale, non mariés, de milieu social peu favorisé...) de l'autre.

Une certaine marge de manœuvre malgré la défiance de la loi

En conclusion de ce chapitre traitant des positions des hommes de loi [3], citons un juge qui explicite clairement comment la question de la résidence alternée se pose pour les juges et quelle est leur marge de manœuvre.

> *– Dans le nouveau texte, désigner la résidence de l'enfant comme « habituelle » ne limite-t-il pas considérablement les marges de manœuvre du juge ? Et en quoi ?*
>
> – Cela interdit de faire ce qu'on appelait la garde alternée. Puisque la loi vous dit qu'il faut fixer la résidence chez l'un ou chez l'autre. Donc cette loi me facilite la tâche, elle m'empêche de prendre parti sur cette notion de garde alternée qui reste encore en discussion. Mais je crois qu'on peut discuter à l'infini sur les bienfaits et méfaits de la garde alternée. En tout cas, quand les gens viennent nous interpeller sur ce problème, on peut au moins leur renvoyer la réponse qui est clairement donnée dans la loi. Cela nous met en retrait, nous protège, mais ne nous interdit pas de dire, en aparté, ce que l'on pense. En revanche, quelquefois la loi nous bloque complètement, car il y a vraiment des situations où on aurait envie d'entériner officiellement la pratique des gens qui a l'air de se passer tout à fait bien et on ne peut pas le faire.
>
> Lors de divorces sur requête conjointe, il y a quelquefois des blocages car les gens ne comprennent pas que le magistrat va refuser que la convention parle explicitement de la résidence alternée. Ils vont dire non, il faut que vous mettiez clairement chez le père ou chez la mère. Alors on est obligé d'expliquer que, puisqu'il y a un droit de visite libre, ils vont pouvoir organiser leur résidence alternée. Les gens sont inquiets parce que la convention, donc le

---

3. Qui, rappelons-le, sont d'abord des femmes. En ce qui concerne notre enquête : seize juges sur vingt, et sept avocats sur dix sont de sexe féminin.

judiciaire, ne va pas officialiser leur pratique. Et celui qui n'a pas la résidence habituelle ne sera pas satisfait.

C'est donc non seulement un blocage pour les parents, mais aussi un blocage pour nous, cela oblige nos opinions personnelles à certaines concessions. Le magistrat rigoureusement contre la résidence alternée va quelquefois se heurter à des cas où les gens vivent ça très bien. Et que peut-il leur dire face à une séparation qu'ils vivent bien depuis plusieurs années ?

Moi, je dis que je n'ai aucune position de principe sur la garde alternée et que c'est au cas par cas qu'il faut estimer. Je sais qu'il y a des gardes alternées qui sont une catastrophe et que d'autres sont très positives. Donc je me refuse à avoir une position de principe extrémiste : oui, je suis pour la garde alternée et, non, je ne suis pas pour la garde alternée. (Juge 20.)

– *De la même façon, cette désignation de la résidence habituelle ne maintient-elle pas le déséquilibre antérieur de l'octroi des enfants à un des parents, généralement la mère ?*

– Oui, cette notion est une survivance de la garde unique, c'est la même problématique. Le déséquilibre, il existe, mais il reflète la réalité de la demande des conjoints, c'est-à-dire de la mère. C'est le reflet des normes qui sont dans les mentalités et le magistrat quoi qu'il en soit en est porteur. Je crois que la plupart des magistrats, et moi j'ai ce réflexe, sont plus favorables à la mère surtout quand il y a des jeunes enfants. Cela reste dans les mentalités bien que petit à petit au fil des années un changement puisse se produire.

– *Ne pensez-vous pas que cette obligation qui est faite au juge de fixer cette résidence habituelle était censée verrouiller l'accès à toute possibilité de résidence alternée ?*

– C'est une façon de dire que la Cour de cassation avait eu finalement raison de mettre fin à cette pratique des juges. On a eu deux arrêts de la Cour de cassation très clairs avant la loi, et la loi a entériné cette position.

– *Auparavant, le flou de la notion de garde rendait encore possible l'éventualité d'une résidence alternée, même si c'était très marginal. La nouvelle loi, en fixant la résidence habituelle, ne se montre-t-elle pas plus sévère que par le passé, puisqu'elle évacue toute référence possible à une résidence alternée ?*

– Là, vous me renvoyez à un problème beaucoup plus vaste qui est celui du respect strict par les magistrats des positions que peut prendre la Cour de cassation. Certains font du déisme ou de la très grande révérence envers les magistrats de la cour suprême. D'autres disent « non, cette position n'est pas correcte et je continue à faire de la résidence alternée », même si de très hauts magistrats sont contre. Dans tous les domaines du judiciaire ça se fait et ça continue à se faire.

Je pense que la Cour de cassation est assez en retrait dans le domaine familial qui est celui du domaine des mœurs. J'en veux pour preuve le cas du transsexualisme, ou des nouveaux modes de fécondation. Souvent il y a retrait de la Cour de cassation et l'âge des magistrats peut être une explication de cette réticence : à soixante ans on ne raisonne pas comme à trente dans le domaine des mœurs.

D'autre part il faut voir que ce que décident les hauts magistrats a beaucoup plus de retentissement que ce que nous décidons, nous. Dans leurs positions, ils doivent être plus prudents. Nous avons pris une position contraire à celle de la Cour de cassation dans un cas de transsexualisme et notre décision n'a pas eu de poids alors que si ça avait été la Cour de cassation...

– La réponse judiciaire vous semble-t-elle bien adaptée à la demande que traduit la persistance d'une telle pratique ?

– La réponse législative est peu souple, donc, forcément, la réponse judiciaire manquera de souplesse à moins de décider de violer la loi. On peut entériner des situations de fait, par le biais d'une réglementation du droit de visite un peu particulière. Pourquoi ne pas fixer la résidence chez l'un et dire que l'autre aura un droit de visite d'une semaine sur deux. Ce serait une hypocrisie énorme et on pourrait presque dire qu'on a tout de même respecté la loi, qu'on ne l'a pas complètement violée puisqu'on a fixé la résidence chez l'un et le droit de visite chez l'autre. Je ne l'ai jamais fait, en revanche.

On retrouve cette situation dans l'exercice libre du droit de visite. On renvoie les gens à leur plein et entier accord dans le divorce amiable, les gens vont être très inquiets, en l'occurrence le parent pour qui le juge n'aura pas fixé une résidence habituelle, de constater que le juge n'aura pas entériné leur accord.

Le droit de visite libre, c'est au moins un principe car le plus répandu c'est de fixer un droit de visite en principe libre et, en cas de nécessité, réglementé de façon habituelle. Le droit de visite totalement libre, il n'y en a pas tellement, du moins quand c'est moi qui le fixe. Je ne parle pas là des requêtes conjointes où les gens décident dans leur convention.

Au regard de cette remarquable analyse des enjeux de la loi de 1987, qu'a apporté la loi de 1993 quant à la résidence alternée ?

Relativement peu de chose si l'on s'en tient à l'orientation générale de la loi, qui continue à dénier l'intérêt de toute résidence alternée et reste dans l'esprit de la loi Malhuret, mais sans doute beaucoup plus de souplesse sur le plan pratique. Avec l'affirmation de l'autorité parentale conjointe comme norme de référence, la loi de 1993 se place plus en retrait quant à une gestion de l'après-divorce qui privilégie l'accord entre les parents et incite le juge à l'entériner, sauf « si cet accord lui paraît contraire à l'intérêt de l'enfant ». Ce qui signifie que désormais « le juge n'a pas l'obligation de fixer la résidence habituelle. La question est fondamentale, parce que le terme de "résidence habituelle" sous-entend celui de résidence secondaire et donc de parent secondaire. Nous savons l'importance de l'enjeu symbolique de cette notion de fixation de la résidence et le conflit que peut faire naître cette seule question entre des parents qui seraient pourtant d'accord sur l'aménagement du temps de l'enfant [4] ».

---

4. Claire Hocquet, *ibid.*

11

RIGIDITÉ OU AMBIVALENCE DES HOMMES DE LOI : UNE ATTITUDE LIÉE À LA FONCTION

Les hommes de loi, juges et avocats, occupent une position particulière, souvent difficile, celle d'avoir à organiser la vie future d'autres personnes, éventuellement à l'encontre de leur désir exprimé ; ils se trouvent coincés entre la mise en application des normes sociales qu'énonce la loi et la demande des parents.

La position des juges est sans doute la plus délicate, puisque ce sont eux qui, en dernière instance, seront amenés à trancher en cas de litige. La position des avocats n'est pas pour autant beaucoup plus confortable, car ils peuvent être amenés à s'opposer, au nom de la loi, au désir de leurs clients.

La spécificité de chacune des fonctions contribue sans doute à orienter les attitudes susceptibles d'être adoptées par chacun de ces acteurs. Confronté à l'irréductibilité du conflit, le juge se raidit, alors que l'avocat tergiverse. Si apparaît une demande de résidence alternée, l'avocat aura tendance à éluder la question en rappelant le principe de non-recevabilité de la demande par la loi, alors que le juge tendra à refuser et adoptera de ce fait une attitude plus tranchée – celle qu'exige de lui le système judiciaire. Lorsque les convictions personnelles et/ou les pratiques et la situation des divorçants n'autorisent pas le rejet de principe de l'alternance, l'ambivalence se manifeste, reflet de la contradiction interne vécue par l'homme de loi.

Comme le reconnaît un juge :

> Le magistrat rigoureusement contre la résidence alternée va quelquefois se heurter à des cas où les gens vivent ça très bien. Et que peut-il leur dire face à une séparation qu'ils vivent bien depuis plusieurs années ?

Le principe de référence (l'intérêt de l'enfant) semble alors quelque peu insuffisant pour justifier le refus, lorsque l'enfant manifeste et son intérêt et son bien-être dans une situation qu'il a parfaitement intégrée.

De quel intérêt de l'enfant s'agit-il ?

Réaffirmé par les lois de 1987 et 1993 comme principe directeur de l'organisation des rapports familiaux après divorce (et ce, quels que soient les torts réciproques des époux), l'intérêt de l'enfant constitue effectivement la notion primordiale à laquelle se réfèrent juges et avocats. Le consensus à ce sujet est général, juges et avocats se trouvant alors en parfaite harmonie avec la loi, ce qui est loin d'être toujours le cas. Ainsi l'audition de l'enfant de 13 ans n'est-elle quasiment jamais respectée par les juges, qui affirment ne disposer ni du temps, ni de la formation nécessaires.

De fait, la notion d'intérêt de l'enfant reste vague, et par là éminemment flexible, laissant la place à l'interprétation et à la subjectivité. Selon Irène Théry, il est susceptible de « déguiser tous les intérêts en intérêts ou droits de l'enfant, c'est-à-dire d'en user comme des alibis [1] ». Sans doute est-ce pour cela que fréquemment les hommes de loi s'appuient sur la référence scientifique, en l'espèce les « psychologues » ou les « études », pour justifier leur prise de position sur le caractère nocif, car supposé déstabilisant, de la résidence alternée. Le maître mot pour dénoncer la résidence alternée ou pour légitimer l'autorité parentale conjointe est bien en effet celui d'intérêt de l'enfant. Notion-cache qui, dans bien des cas, évite de poser plus avant le problème de la viabilité de certaines pratiques, et de l'aborder alors de front.

---

1. Irène Théry, *Le démariage*, Paris, Odile Jacob, 1993.

Il semblerait en fait que l'objectif idéal de généralisation de l'autorité parentale conjointe permettrait d'éluder, en quelque sorte, la prise en compte de la résidence alternée comme faisant partie des pratiques possibles préservant l'intérêt de l'enfant.

Un accord de base : l'autorité parentale conjointe

Juges et avocats ne s'y trompent pas : les effets de la loi sur l'autorité parentale conjointe sont multiples. La reconnaissance de la place du père, lorsque celui-ci la revendique, mais aussi parfois lorsqu'il a renoncé à l'assumer (certains cas d'imposition de l'autorité conjointe), entraîne des conséquences diverses : les pères en tirent des bénéfices psychologiques importants, satisfaction morale, apaisement, motivation à continuer à s'occuper de leurs enfants. Certains sont rappelés à leurs responsabilités vis-à-vis de ceux-ci ; de la même façon, les mères sont incitées à ne pas dénier la place et le rôle du père. Un cadre structurant est donné, qui rassure et délimite. Le maintien symbolique du couple parental favorise la perpétuation des relations de l'enfant avec chacun de ses parents, le maintien, ou le renforcement, de l'action éducative de la mère comme du père. Certains conflits sont apaisés, les relations se régularisent plus facilement[2].

Un rééquilibrage par rapport à l'octroi de la résidence habituelle est effectué avec l'autorité conjointe. Il permet, dans nombre de cas, un meilleur fonctionnement du droit de visite et d'hébergement, autorisé par la circulation de la parole éducative entre les parents.

Mais, lorsque la parole que l'on cherche à faire circuler ne circule pas, c'est, à l'inverse, à mettre au passif de l'autorité conjointe qui perpétue une relation conflictuelle entre parents, en ravivant les motifs de discorde. La balle est souvent renvoyée alors dans le camp de la mère, qui vit mal l'autorité conjointe comme dépossession symbolique d'un droit quasi naturel, celui qu'elle exercerait de façon innée, instinctive

---

2. Sur la fonction du recours à la justice dans les divorces, comme moyen de désamorçage des conflits et de restauration de l'identité des parents, *cf.* Micheline Colin, Albert Donnal, Henri Lassere, *Les divorçants, leur crise et le droit. Impact de l'accompagnement juridique sur le processus psychologique des divorçants*, ISF, Lyon, 1991. On peut aussi se référer à la présentation résumée des résultats de l'étude *in* « Voyage au cœur du divorce », *Espaces et familles*, n° 26, CNAF, 1992.

pourrions-nous dire, sur l'enfant. On se retrouve alors confronté à l'emprise imaginaire que les normes symboliques édictées par la tradition peuvent manifester sur l'esprit des parents, des avocats, comme des juges, renvoyés aux ambivalences et aux contradictions de leur situation.

Du rejet à l'acceptation molle : la résidence alternée

C'est en effet à l'obligation de prendre position que le juge se trouve confronté. L'émergence d'une demande de résidence alternée est relativement rare, elle est d'abord filtrée par les avocats qui, régulièrement, dissuadent les parents de l'évoquer.

Cette faible fréquence de la demande contribue sans doute à conforter le juge hostile à l'alternance dans le bien-fondé de sa position. On se trouve en fait avec cette question épineuse de la résidence alternée devant le point de clivage des positions des hommes de loi. Clivage entre les juges (plutôt hostiles à l'alternance) et les avocats (plus permissifs sur la question), et clivage entre une minorité de juges, qui reconnaissent le bien-fondé éventuel d'une telle demande lorsque les conditions sont favorables, et une majorité d'entre eux qui lui sont réticents ou franchement hostiles.

Le décor est posé, si certains juges sont si hostiles à l'idée même d'alternance, c'est d'abord par souci de l'enfant, les parents n'apparaissant alors que comme des êtres égoïstes et manipulateurs, sans souci du véritable intérêt de leur enfant qui serait la stabilité des conditions de vie.

Les juges et les avocats à cet égard se retrouvent sur des positions différentes : si les deux citent l'intérêt de l'enfant comme principale raison du refus éventuel d'une résidence alternée, les avocats se montrent beaucoup moins virulents et n'affichent, notamment, aucun présupposé critique vis-à-vis des parents qui souhaitent ce type de résidence pour leurs enfants.

Bien sûr, tous les juges ne montrent pas la même hostilité vis-à-vis d'une telle pratique. Certains font la part des choses en distinguant les parents qui n'accepteraient pas la séparation et veulent un partage de tout à égalité, y compris des enfants, et ceux qui auraient réglé leurs problèmes de couple et pratiquent l'alternance de façon harmonieuse. Dans le premier cas, l'alternance multiplie les occasions de conflit sur la vie quotidienne, l'enfant s'y trouve mal à l'aise, écartelé entre ses deux parents ; dans le second, l'enfant évolue dans un climat plus serein et trouve un équilibre gratifiant dans ses relations avec ses deux parents.

Plus mitigés sur l'autorité parentale conjointe, les juges sont surtout beaucoup plus hostiles à la résidence alternée. Beaucoup ne veulent pas en entendre parler, alors que ce n'est le cas d'aucun avocat ; peu l'envisagent assez favorablement lorsque les conditions le permettent, alors que c'est le cas de beaucoup d'avocats.

En ce qui concerne les aspects négatifs reconnus à cette pratique, les avocats, comme les juges, évoquent les aspects psychologiques déstabilisants, et, à un degré moindre, la fatigue physique qu'elle est susceptible d'engendrer, comme la nécessité d'un ancrage institutionnel de l'enfant dans un domicile. Les juges, beaucoup plus prolixes en la matière, y ajoutent que l'alternance serait souvent imposée à l'enfant, et que la présence de la mère serait plus indispensable à celui-ci, notamment dans son jeune âge. Sans compter, comme nous l'avons vu, les reproches d'égocentrisme adressés aux parents qui souhaitent un tel partage temporel.

L'explicitation des aspects positifs de l'alternance par les juges et les avocats concerne à peu près les mêmes aspects, mais ils ne sont évoqués que par un juge sur cinq, alors qu'ils le sont par un avocat sur deux. Pour les parents, est reconnu le maintien de l'équilibre éducatif, passant par l'expression du maintien d'un accord bénéfique sur l'éducation, cet équilibre éducatif trouvant des conditions facilitatrices dans la plus grande disponibilité dont bénéficie le parent du fait de l'alternance des temps éducatifs. Pour les enfants, le meilleur équilibre des relations avec les parents va de pair avec le fait de bénéficier d'un climat familial apaisé. Certaines qualités psychologiques peuvent être induites par l'alternance : une responsabilisation accrue des enfants, accompagnée d'une plus grande souplesse, une meilleure adaptabilité aux situations. Il faut reconnaître que, à la différence des parents et des enfants qui pratiquent la résidence alternée, les juges comme les avocats ont du mal à énoncer les intérêts d'un tel mode de résidence.

Il est vrai que l'acceptation de l'idée de résidence alternée se fait du bout des lèvres : il s'agit plutôt d'accepter de l'envisager, lorsque les circonstances le permettent, en d'autres termes lorsqu'un ensemble de conditions requises est réuni. Conditions très restrictives, que l'on pourrait classer selon un ordre de nécessité :

– une bonne entente entre les parents ;

– la proximité des résidences des parents, et de bonnes conditions matérielles ;

– le maintien dans l'école et le cadre de vie habituel de l'enfant ;

– une maturité suffisante de l'enfant, ce qui veut souvent dire un âge minimum, qui varie entre 4 et 16 ans selon les interviewés ;

– la demande explicite de l'enfant ;

– on pourrait presque ajouter l'absence de divorce, tellement le tableau dressé du couple en désaccord semble nier l'existence d'un conflit à la base de la rupture...

De l'intervention dissuasive des avocats et des juges

Si les attitudes des juges et des avocats sur l'autorité parentale conjointe, et surtout sur la résidence alternée, divergent grandement, du fait vraisemblablement de la différence de leurs fonctions, et peut-être de leurs trajectoires personnelles (les motivations des avocats ne sont pas du même ordre que celles des juges et semblent les positionner différemment), en revanche leurs pratiques, adossées à l'ordre de la loi, sont beaucoup plus convergentes.

Comme les juges, les avocats essaient d'étouffer dans l'œuf toute velléité d'alternance en se référant d'emblée aux textes de loi. Ils effectuent même une sélection très sévère des demandes en opposant à celles-ci une fin de non-recevoir, à laquelle seuls les irréductibles de l'alternance auront la force de s'opposer. Ceci explique la chute de 20 % de demandes d'alternance, selon les estimations des avocats, à 5 %, selon les estimations des juges, qui reconnaissent explicitement que la faiblesse de la demande est liée au travail de sélection préalable réalisé par les avocats.

Pourtant, autant chez les magistrats que chez les avocats, la suggestion, à titre officieux, est faite aux divorçants (ceux parmi les plus conciliants au moment de la procédure et les plus insistants) de pratiquer la résidence alternée sans tenir compte d'une ordonnance trop contraignante mais incontournable. En définitive, il s'agit là d'une manière de renforcer la dualité entre une demande de résidence alternée des justiciables, qui reste implicite pour ne pas heurter la justice, et une demande explicite qui se conforme à l'idée d'hébergement élargi. C'est une façon d'introduire ou de maintenir la contradiction et la confusion dans leur esprit. Le conseil par des hommes de loi de pratiquer ce qui n'est pas autorisé explicitement par la loi, avec le risque de voir un système judiciaire discrédité aux yeux de ceux pour qui la justice doit être rendue. Ces interventions dissuasives ont fini par toucher les justiciables, d'où la rareté de la demande auprès des tribunaux et même auprès des avocats.

De l'efficacité symbolique de la loi[3]

Malgré les louanges concernant l'autorité parentale conjointe comme principe à privilégier lors de la séparation des parents, plusieurs remarques, et notamment celle d'un juge, invitent à concevoir la notion d'autorité conjointe comme une illusion, qui masque que tout découle du lieu de résidence de l'enfant, notamment l'autorité que l'on exerce sur lui. En ce sens, l'attribution de l'autorité conjointe aurait un effet pervers, celui de donner l'illusion au deuxième parent (le père en général) qu'il participe à l'éducation de son enfant, alors qu'en fait il est exclu du domaine de mise en actes des responsabilités et des pouvoirs : la vie quotidienne de l'enfant. La plupart des parents ne s'y tromperaient d'ailleurs pas et continueraient à assimiler la résidence habituelle à la garde, c'est-à-dire à un ensemble où résidence et autorité parentale sont liées.

Cette critique est plus ou moins appuyée selon les juges et avocats, mais elle limite fortement la portée de l'amélioration que représente l'autorité parentale conjointe comme principe de référence.

Cette divergence d'interprétation semble liée à la différence de résonance du terme « symbolique » chez les interviewés. Pour nombre de ceux-ci en effet, le principal intérêt de la mesure se situe au niveau symbolique, en réaffirmant le rôle du père, mais sans que les conditions pratiques de cette affirmation soient vraiment données.

On peut certainement acquiescer à cette réserve sur la limitation des conditions pratiques de mise en œuvre de l'autorité conjointe ; elle

3. Cette partie reprend les développements proposés dans mon article « Retour sur la résidence alternée : la loi comme garant symbolique de la légitimité des pratiques », *Dialogue, « Justice et famille »*, n° 143, 1999.

alimente d'ailleurs la demande de certains pères, notamment de ceux regroupés en associations, pour lesquels la résidence alternée serait un moyen de donner dans la pratique la possibilité d'exercer une autorité conjointe. Cela ne signifie pas pour autant que l'efficacité d'une mesure se situant dans l'ordre du symbolique soit nulle. Ce serait réduire son action à la portion congrue, celle du franc symbolique, vécu comme une compensation dérisoire, et sans impact réel, à un préjudice causé.

L'inscription de la loi sur l'autorité conjointe dans le registre du symbolique va, en fait, beaucoup plus loin. L'ordonnancement des relations sociales s'effectue d'abord au niveau symbolique, c'est lui qui donne sens aux pratiques, leur permet de s'organiser dans un ensemble de significations interactives auquel les acteurs sociaux se réfèrent en permanence. C'est à l'efficacité de cette dimension que l'on se réfère lorsque l'on note que les juges, en cas de demandes contradictoires sur la résidence habituelle, ont tendance à privilégier la mère, du fait de son inscription dans l'organisation symbolique traditionnelle du domaine familial et, exemplairement, de l'éducation des enfants.

Et c'est à la rénovation de cette organisation traditionnelle qu'œuvrent les lois de 1987 et 1993 sur l'autorité parentale conjointe. Elles reconnaissent en fait aux pères le droit d'occuper une nouvelle place dans l'organisation du domaine familial et éducatif, de remplir un rôle complémentaire à celui de la mère, beaucoup plus symétrique à celui-ci qu'il pouvait l'être autrefois. La loi, en fait, reconnaît – dans ce registre du symbolique – le bien-fondé d'une coexistence de deux organisations familiales, l'une, traditionnelle, à laquelle se réfère encore la majorité des couples (la résidence de leurs enfants serait réclamée par moins de deux pères sur dix), l'autre, novatrice, où le père est investi d'un rôle symétrique à celui de la mère.

La loi se refuse cependant à aller jusqu'au bout de la logique novatrice : autoriser l'alternance de la résidence de l'enfant, au prétexte d'arguments qui concernent peut-être d'abord une organisation traditionnelle de l'éducation, où la mère demeure la spécialiste de l'enfance et le garant de son intégrité psychologique.

Avec la loi de 1993, la plus grande liberté laissée aux parents dépend toujours de l'appréciation que va faire le juge de l'intérêt de l'enfant, qui n'est pas forcément celle qu'en auront les parents, ou, dans le cas de désaccord, de l'un des parents. Cette autonomie laissée au juge dans l'interprétation de la situation manifeste aussi bien le pouvoir de la loi sur les justiciables que leur assignation à se conformer aux cadres symboliques de la normalité sociale dont le juge est censé être dépositaire.

Le sujet s'avère d'autant plus épineux que notre époque de bouleversement des mœurs voit s'affronter des conceptions différentes du monde, de la place de chacun et de ses attributions. Les parents et les acteurs du divorce ressentent ainsi la nécessité d'une stabilisation, qui se traduit dans la recherche de grands principes de référence admis par tous et reconnus comme légitimes. Ce qui rendra d'autant plus insupportable l'injustice ressentie par certains parents non autorisés à continuer à entretenir une relation suivie avec leur enfant après le divorce alors même que leurs ex-conjoints n'étaient pas contre l'hypothèse d'une résidence alternée.

On peut alors se poser la question de savoir pourquoi accorder une telle importance à la position de la justice. Il est en effet tout à fait possible pour la question qui nous préoccupe de mettre en place une alternance des domiciles de l'enfant sans passer par la justice mais par un simple accord des parents (surtout s'ils n'en informent pas le juge).

Le droit comme principe de légitimité des pratiques parentales

C'est faire peu de cas de la «*force du droit*[4]» et de son impact symbolique sur l'organisation des pratiques. La loi possède un pouvoir d'autant plus structurant sur les individus que ceux-ci se trouvent dans une situation de crise relationnelle impliquant la perte de leurs repères antérieurs (ce qui est exemplairement le cas des divorçants), et d'autant plus lorsqu'ils ne possèdent pas les moyens culturels nécessaires à une prise de distance à l'égard de l'institution (à l'image des représentants des couches populaires). Ainsi, la plupart des individus ne peuvent assumer sereinement une situation que si celle-ci possède une légitimité sociale et qu'elle est reconnue comme telle. Or, c'est essentiellement le droit qui, en l'occurrence, peut conférer à une telle pratique sa légitimité – dans la mesure où il conditionne non seulement l'accès à celle-ci mais bien des représentations sur le sujet.

Une comparaison permet d'évaluer les effets de cet *impact symbolique* du droit, celle des fréquences d'alternance des résidences selon que l'on se trouve dans un pays qui la déclare légitime ou non. Dans l'État de Californie aux États-Unis, cette solution, reconnue et valorisée par le droit, de marginale est devenue une pratique des plus courante.

4. Pierre Bourdieu, « La force du droit. Éléments pour une sociologie du champ juridique », *Actes de la recherche en sciences sociales*, 64, 1986.

En effet, plus du tiers des parents divorcés l'ont mise en œuvre [5] et la plupart des enfants semblent, comme c'est le cas de ceux que j'ai rencontrés en France, bien s'en porter. En France, d'après les enquêtes *Situations familiales* de l'INED de 1986 et 1994, cette proportion est de l'ordre de 6 % des divorcés et 11 % à 13 % des ex-concubins, elle concerne essentiellement les personnes qui disposent des moyens symboliques suffisants pour mettre en œuvre une pratique de garde non légitime, c'est-à-dire au sein des catégories sociales cultivées, celles qui ont pris le plus leurs distances avec les institutions.

Ainsi, la légitimation ou non par la loi d'une pratique a des effets concrets sur sa mise en œuvre. En France, la situation fragilise les parents alternants, interpellés par la position juridique défavorable à leur choix éducatif. De plus, non seulement une telle attitude nécessite un accord parental, mais il convient que celui-ci perdure. Ce qui d'emblée positionne le parent chez lequel l'enfant ne réside pas officiellement dans une situation difficile à assumer. Il risque de vivre en permanence dans la crainte de ce qu'une réactivation du conflit avec son ex-conjoint ne précipite l'arrêt de la mise en pratique d'une telle solution.

Nous verrons dans le chapitre suivant comment les positions prises par certains psychologues dans les années soixante-dix-quatre-vingt ont servi de légitimation à une telle condamnation de la résidence alternée, condamnation aujourd'hui en passe d'être dépassée, mais je voudrais conclure ce chapitre en mettant en évidence les motifs profonds de cette ambiguïté du droit à l'égard de la résidence alternée et le mouvement dans lequel elle s'inscrit.

Une prise en compte croissante des mœurs au détriment d'une morale atemporelle

Deux mouvements de fond parcourent le droit. La tendance générale à se référer de moins en moins à la transcendance de grands principes philosophiques atemporels au bénéfice d'une visée plus pragmatique d'adaptation aux « mœurs » (par le biais de la connaissance socio-démographique des comportements). En parallèle, la tendance à la « désinstitutionnalisation » de la gestion du divorce et des conflits fami-

5. Évelyne Sullerot note ainsi que deux années seulement après le vote de la loi favorable à la « garde alternée » (« *joint physical custody* »), 33 % des gardes étaient réalisées par les deux parents, in *Quels pères ? Quels fils ?* Paris, Fayard, 1992, p. 291.

liaux, c'est-à-dire la volonté croissante de « neutralité » à l'égard des évolutions familiales, sous-tendue par « le souci du respect [...] des aspirations des citoyens dans leur diversité [6] ». Ce mouvement général qui traverse le droit a pour conséquence que l'attention de la justice se recentre sur la situation de ceux qui sont juridiquement irresponsables : les enfants. Désormais la question de l'enfant conditionne l'attitude de la justice, ce qui a pour corollaire une position de neutralité à l'égard du couple conjugal ou de la famille constituée, et une position de contrôle ou d'intervention à l'égard du couple parental dans la famille désunie. Cette attitude nouvelle, entérinant les valeurs conjointes de l'autonomie et de la responsabilité des adultes, va de pair avec une tendance à la dissociation explicite de la conjugalité et de la parentalité, exprimant la montée du droit des individus au détriment d'une conception globale du groupe familial.

6. Jean Carbonnier, *Essais sur les lois*, Paris, Répertoires du notariat Defrénois, 1979, p. 243.

V

Des parents à la justice : quel écart ?

La dénégation juridique de nouvelles formes de vie familiale

Une pratique minoritaire parmi les parents divorcés ou séparés, généralement rencontrée dans des milieux bien spécifiques, met en porte-à-faux la justice. Désignée jusqu'en 1987 par le terme de garde alternée, elle a vu le champ de son appréhension juridique recomposé avec la loi du 22 juillet 1987. Avec cette loi, l'autorité parentale conjointe est devenue le principe de référence, et la désignation d'une résidence habituelle de l'enfant son complément. Dès lors, l'alternance des résidences est devenue le point aveugle du droit matrimonial, pratique occultée et dont il ne faut pas parler, comme par dénégation de l'existence de tels usages chez certains parents.

Le hiatus entre le droit et les pratiques parentales n'a ainsi pas été aboli, bien au contraire. Les pratiquants de la résidence alternée s'inscrivent de fait dans un champ de pratiques sociales novatrices, celui des nouveaux comportements en matière de famille, de sexualité, de rapports de couple, d'éducation. Ces nouveaux comportements sont organisés au sein de conceptions du monde et de relations sociales renouvelées, dont le fer de lance a sans doute été certains discours contestataires développés dans les années soixante-dix, progressivement intégrés – dans leur version soft – aux normes sociétales : égalité des sexes, travail féminin, redéfinition de la place et du statut du père dans la famille [1]...

La conception traditionnelle de la famille et des rôles masculins et féminins en a sans doute été modifiée, mais n'a pas pour autant disparu, il s'en faut de beaucoup. Certains éléments de spécialisation des rôles de sexe demeurent très vivaces et continuent à structurer de façon dominante l'imaginaire social et les institutions. La réforme du divorce introduite dans la loi de 1975 a permis à l'évolution sociale de trouver un cadre adéquat à la nouvelle situation, et à la séparation de se dédramatiser lorsque l'accord entre époux était acquis. Mais il s'agissait alors de reconnaître une évolution sociale globale qui semblait inéluctable : le développement des séparations, notamment consensuelles, sans pour autant véritablement tenir compte de nouvelles normes familiales [2], parallèles en quelque sorte au modèle traditionnel de la famille.

Au regard de l'émergence et de la diffusion des nouvelles configurations familiales, comme des modifications tant quantitatives que qualitatives des rôles parentaux qui les accompagnent, la résidence alternée des enfants de divorcés apparaît comme une solution qui favorise l'égalité entre les parents. Pourtant, les législateurs, en prenant acte de la pérennisation du modèle familial traditionnel, estiment que l'éga-

---

1. Au début des années quatre-vingt-dix, plusieurs femmes ont écrit des ouvrages devenus célèbres sur cette évolution. Évelyne Sullerot, *Quels pères ? Quels fils ?* Paris, Fayard, 1992 ; Élisabeth Badinter, *XY. De l'identité masculine*, Paris, Odile Jacob, 1992. On peut aussi se reporter à l'analyse sociojuridique de Irène Théry dans *Le démariage*, Paris, Odile Jacob, 1993. Pour une mise en perspective générale de ces travaux, voir notre propre travail, Gérard Neyrand, *L'enfant, la mère et la question du père. Un bilan critique de l'évolution des savoirs sur la petite enfance*, Paris, PUF, 2000.

2. Le statut des enfants de couples non mariés est à cet égard révélateur. Jusqu'en 1993, la mère bénéficie automatiquement de l'autorité parentale, et le père, si les parents se séparent, se retrouve écarté de l'éducation des enfants. La situation de référence du droit en l'occurrence est bien celle de la « fille-mère », abandonnée par le père de l'enfant, et qui constitue un dysfonctionnement du modèle familial traditionnel ; alors que cette situation est devenue très minoritaire avec l'extraordinaire développement qu'ont connu l'union libre dans les années soixante-dix, et, de ce fait, les naissances hors mariage. Il faudra attendre le vote d'un nouveau projet de loi pour que la situation spécifique des familles dites naturelles soit véritablement prise en compte, et que les enfants de couples non mariés qui se séparent se retrouvent dans une situation comparable à celle des couples mariés. Dans ce projet, présenté le 28 avril 1992 par le garde des Sceaux à l'Assemblée nationale, et adopté le 8 janvier 1993, la filiation naturelle est alignée sur la filiation légitime. L'autorité parentale dans les familles naturelles serait également et conjointement exercée par les père et mère, sous réserve que l'enfant ait été reconnu avant l'âge de 1 an par le père, et que les parents vivent en commun lors de la reconnaissance simultanée ou de la seconde reconnaissance.

lité que la loi se doit de reconnaître aux ex-conjoints ne saurait avoir la primauté sur l'intérêt même des enfants. Dès lors, le déphasage du droit vis-à-vis des pratiques de résidence alternée est aussi bien le reflet des disparités entre les différentes structures familiales coexistantes qu'entre des attitudes intellectuelles et des réactions affectives très contrastées chez les juges comme chez les justiciables, face au divorce et à l'après-divorce. La juxtaposition des différentes formes de famille et des différentes conceptions de la vie familiale selon les milieux sociaux et les positions idéologiques rend malaisée la position du législateur et de ceux qui sont chargés de dire le droit.

L'annexion des nouvelles pratiques au modèle traditionnel

Avec la loi de 1987, une volonté de prendre en compte les pratiques novatrices s'est manifestée, mais sans véritablement aller jusqu'au bout de sa logique. Poser le principe de l'autorité parentale conjointe comme référence était une façon de reconnaître la légitimité et l'existence de nouvelles pratiques parentales accordant aux pères une importance accrue dans l'éducation des enfants, mais laisser subsister des différences notoires entre couples légitimes et couples non mariés, et ne pas admettre le bien-fondé éventuel d'une résidence alternée jusqu'à en verrouiller l'accès rabattaient cette innovation dans l'ordre d'une simple réforme du champ de la famille traditionnelle. Comme si le droit avait voulu annexer la novation à l'ordre traditionnel, par l'introduction du principe de l'autorité parentale conjointe sans reconnaître la légitimité de l'existence de modèles familiaux différents au sein de la structure sociale [3].

Cependant, l'énorme progrès réalisé dans le domaine de la protection de l'enfance [4] marque un investissement déjà considérable de la

---

3. Daniel Bertaux et Catherine Delcroix analysent de même la place de l'institution judiciaire dans l'évolution sociale : « L'existence d'une pluralité de modèles familiaux possibles et légitimes tendrait à invalider la prétention de l'institution judiciaire à juger, dans la mesure où elle aurait vocation à défendre une norme et une seule, la même pour tous », « Des pères face au divorce », *Espace et Familles*, n° 17, CNAF, 1991 (synthèse du rapport de recherche *La fragilisation du rapport père/enfant. Une enquête sociologique*, MSH, 1990).

4. Notamment au travers des tentatives louables et en grande partie abouties de désamorçage des conflits de conjoints engagés dans la voie du divorce par le remplacement de la notion de garde, entachée de connotations belligérantes, par celle, plus équilibrée et pacifiante, de l'autorité parentale conjointe.

justice dans la gestion des problèmes privés des justiciables et plus généralement des crises de la famille en quête d'identités nouvelles.

Mais ce qui constitue l'irréductibilité de certaines pratiques parentales, c'est qu'elles ne prennent pas leur origine dans le système normatif des références familiales dominantes que semble vouloir préserver la justice. Les critiques dès lors deviennent très virulentes, et les pratiques s'établissent complètement en marge, voire en cachette de la justice, jusqu'à inciter certains juges – trop vite dupes de la dénégation qu'ils entérinent – à nier l'existence de celles-ci, au prétexte qu'ils n'en entendent pas parler en leurs audiences préalablement édulcorées par le discours « mass-médiatique » et le travail des avocats.

Une loi en porte-à-faux vis-à-vis des justiciables

Pour beaucoup de parents, en effet, et à un moindre niveau pour quelques juges et avocats, l'exercice de l'autorité parentale conjointe ne constituerait qu'un camouflage juridique du maintien de l'organisation antérieure de la garde, qui passerait par l'obligation faite au magistrat de fixer la résidence habituelle de l'enfant. Pour les interviewés exprimant ce sentiment, la nouvelle loi n'a été que l'occasion d'une modification sémantique, sans effet concret réel sur les situations postdivorce, et qui ne tient pas compte des nouveaux comportements constitutifs de la pratique parentale et paternelle.

La position dominante chez les juges et les avocats, que l'on retrouve chez certains parents, est au contraire d'insister sur le progrès juridique que constitue le principe de l'autorité parentale conjointe, qui prendrait en considération les véritables intérêts de l'enfant en évitant de prolonger le conflit autour de la garde de l'enfant, qui antérieurement cristallisait toutes les passions. La loi différencie bien alors la fin du couple conjugal de la pérennisation du couple parental. Cependant, il faut bien reconnaître que la fixation de la résidence habituelle est un facteur de réactivation des conflits, d'autant que la « préférence à la mère », dénoncée par la grande majorité des pères mais aussi des mères [5], et

5. « Sous le prétexte "neutre" de l'intérêt de l'enfant, on a institué entre les pères et les mères, les hommes et les femmes une asymétrie énorme, constamment favorable aux femmes, dont les intentions et les actes ne sont interprétés qu'avec indulgence et force justifications. Toujours approuvées, toujours encensées ou, à tout le moins,

par certains juges, exprime le refus de reconnaître la nouvelle place occupée par nombre de pères dans la famille [6].

La loi pourtant laisse une marge de manœuvre appréciable aux juges et aux parents, avec la possibilité d'un droit de visite et d'hébergement libre ou élargi, qui, en fait, constitue une façon de détourner la loi, d'annuler ses effets.

Les positions des parents à cet égard se répartissent en deux attitudes divergentes :

– conformément à la tendance à la dérégulation qui caractérise la recherche d'entités conjugales et parentales nouvelles, certains pratiquants de la résidence alternée se félicitent que l'entente entre eux ne fasse pas l'objet d'une disposition légale précise, et manifestent la satisfaction que l'initiative personnelle soit reconnue. Ils ont le sentiment qu'une part de la vie privée est préservée et la certitude que cette entente peut être révisée sans l'intervention de la loi. Ceux-là ont donc une claire vision de leur propre positionnement, en marquant au droit les limites de son investissement, et apparaissent réfractaires à une sollicitude trop encombrante de la justice. Ils ont des convictions qui n'ont pas besoin d'être raffermies par une disposition législative [7] ;

– d'autres pratiquants de la résidence alternée, au contraire, oublieux ou peu conscients du contexte de leur entreprise, ont besoin d'être soutenus par une position officielle du droit. La légitimation de leur pratique leur conférerait une forme de garantie et une forme de reconnaissance du bien-fondé de leur décision, en favorisant l'échange entre les parents pour le plus grand bénéfice des enfants.

---

plaintes et comprises, les femmes ont besoin de faire un effort bien méritoire pour se dégager de cette bonne opinion que juges et jugements leur ont donnée d'elles-mêmes et de leurs qualités de mères, toujours reprise par les médias, devenue vérité première. [...] Toujours est-il qu'en 1992, interrogées dans un sondage au sujet du divorce, 60 % des Françaises ont déclaré qu'elles n'étaient pas d'accord avec la pratique qui confie les enfants à la mère ! » É. Sullerot, *op. cit.* p. 253.

6. D. Bertaux et C. Delcroix soulignent « le rôle du consensus social dans cette fragilisation du lien paternel. Aujourd'hui, tout semble y concourir : la justice, certes, également la société dans son ensemble, les modèles culturels, les valeurs, le mode d'organisation du travail, les médias... contribuent à protéger et à valoriser la relation mère-enfant au détriment des liens père-enfant. Lorsque, dans les cas de divorce, l'appareil judiciaire accorde très majoritairement la garde des enfants à la mère, il ne fait qu'abonder dans le sens du consensus social et du même coup le consolide en lui donnant force de loi. » (*Op. cit.*, p. 15.)

7. On retrouve là nombre de parents non mariés (lorsqu'ils ne sont pas dominés par le conflit), qui parfois n'ont jamais eu affaire à la justice.

Même si les conflits postdivorce ont pu être plus ou moins désamorcés, les parents pratiquant la résidence alternée souhaitent que la loi intervienne dans ce domaine pour éviter un face-à-face trop direct entre les ex-conjoints : la législation introduirait dans ce schéma la loi comme tampon entre la légitimité paternelle et la légitimité maternelle qui risquent à tout moment de manifester leur nature toujours potentiellement exclusive. La pratique de la résidence alternée serait ainsi préservée, malgré d'éventuels conflits entre les parents.

Ainsi, la loi, si elle garantit pour certains l'autonomie du domaine privé, illégitime pour d'autres certaines pratiques, soit celles des hommes de loi qui « détournent » les textes, soit celles des parents qui enfreignent les règles. En cela, elle pose problème aux acteurs en les obligeant à s'opposer à un ordre qu'ils ne voudraient pas forcément enfreindre, et développe dès lors un malaise ou un sentiment d'injustice et d'insécurité.

La constitution d'un espace légal de vie de l'enfant

L'obligation faite au juge de désigner la résidence habituelle de l'enfant conduit au déploiement d'un espace libre et légal (au sens où son utilisation selon les conventions parentales n'est pas interdite) où la vie de celui-ci se déroule d'une manière plus ou moins réglementée entre la maison du parent à qui est attribuée la résidence et la maison de l'autre parent qui bénéficie d'un droit d'hébergement.

Si la justice demeure l'organisatrice de cet espace et la maîtresse d'œuvre de sa configuration légale, les parents en sont les gestionnaires réels. Leur degré d'autonomie apparaît de fait très variable :

– dans le cas de divorces conflictuels, la justice tend à inscrire dans cet espace des règles précises. Dans de telles circonstances, les parents divorcés inclinent à se conformer au cadre juridique tracé, se conduisant comme de simples exécutants de justice : l'écart entre la justice et la pratique parentale relativement à la vie des enfants est nul ; ce qui n'exclut pas la présence d'interstices plus ou moins importants entre l'espace juridique contraignant et le souhait de l'un ou l'autre des parents. Dans ce cas-là, la résidence habituelle de l'enfant et le droit d'hébergement sont des concepts bien distincts avec des contenus nettement différenciés. C'est à cette catégorie qu'appartiennent la plupart des situations postdivorce, mais il n'est pas rare que l'espace juridique dessiné au moment du divorce et auquel les parents divorcés s'ajustent soit aménagé ultérieurement par la loi, ou à leur seule initiative, pour répondre aux relations nouvelles qui s'instaurent entre eux ;

– quand le divorce se déroule dans un contexte plus ou moins pacifié, l'attribution obligatoire à un seul des parents peut apparaître comme un refus de la justice de prendre en compte l'état réel des relations entre les divorçants. La règle de la résidence unique est en déphasage avec la demande conjointe de résidence alternée. Le fait est que l'inscription par le droit de la vie de l'enfant dans un espace est quasiment la même pour un divorce conflictuel et pour un divorce consensuel. La seule grande différence est que, dans le deuxième cas, la justice a la propension de compenser la résidence unique par une extension assez sensible du droit d'hébergement, à telle enseigne que la frontière entre résidence et hébergement s'estompe. Les règles de cet espace juridique sont plus souples et même laissées à l'appréciation des parents. Une fois que la résidence est attribuée à l'un des parents, l'espace légal est géré de façon autonome par les parents divorcés.

En présence de parents divorcés qui s'entendent, le « jeu » entre résidence et hébergement est tel qu'ils finissent par perdre leur contenu légal et originel : la durée de l'hébergement peut égaler ou même dépasser celle de la résidence... La pratique parentale s'écarte de la résidence légale unique de l'enfant.

Pourquoi faut-il alors que soit exclue, par principe, l'alternance ? demandent les parents. Cela amène les pratiques parentales de ce type à se développer dans l'illégalité et à laisser planer en permanence un facteur d'insécurité : le conflit potentiel. Les parents se sentent alors marginalisés, moins sûrs, et dénoncent la justice comme inadaptée, dépassée, partiale, orientée, en d'autres termes, injuste.

Comment s'étonner dès lors que les hommes de loi, confrontés à une telle situation, se sentent mal à l'aise ?

La situation malaisée des hommes de loi

La fixation de la résidence habituelle de l'enfant n'aurait pas été si critiquée, même de la part de ceux qui ne pratiquent pas ni ne souhaitent pratiquer la résidence alternée, si elle ne s'était pas faite presque exclusivement au profit de la mère. Cette attitude n'est pas forcément critiquée au profit de la résidence alternée, elle peut l'être simplement au bénéfice d'une pratique des juges plus égalitaire, alternant des désignations de la résidence habituelle chez la mère et chez le père. Dans ce cas, ce n'est pas la législation qui est l'objet de contestation mais l'attitude et le choix de ceux qui sont chargés de dire le droit. Beaucoup ne comprennent pas pourquoi la justice tourne si résolument le dos à l'évolution des comportements paternels dans le mariage, comme dans et après le divorce. L'analyse, poussée jusqu'au bout et appliquée aux couples particuliers, devrait logiquement conduire à la résidence alternée, dans laquelle le plein exercice de l'autorité parentale conjointe circule entre les deux parents, avec le cortège des droits et devoirs immédiats et concrets que suppose la présence de l'enfant. Dans le discours des juges, tout se passe comme s'ils ne voulaient pas voir que la faible demande par les pères de la résidence habituelle de l'enfant était largement la conséquence de préjugés très répandus sur la parentalité dont participe la justice, et que la demande de résidence alternée était un autre moyen de dépasser ces préjugés.

La bipolarité équilibrée de la relation parentale, exemplairement préservée par la résidence alternée, n'a ainsi pas obtenu la faveur du législateur. En ne reconnaissant pas l'existence – ni la légitimité – de systèmes différents de références familiales, le droit met d'emblée hors la loi un certain nombre de justiciables, qui ne se reconnaissent pas dans le discours qu'on leur impose, et met en situation délicate les professionnels du droit, d'abord les avocats, enfin les juges, qui sont pour la plupart bien obligés de reconnaître que fonctionnent des alternatives à la règle établie, que celle-ci voudrait dénier.

Amenés dans leurs pratiques professionnelles à devoir justifier cette exclusion de principe de toute possibilité de fonctionnement familial hors norme dominante, les hommes de loi se rabattent sur une série de justifications *a posteriori* avec, en dernière instance, le recours à l'intérêt de l'enfant.

Le caractère pernicieux du recours à l'intérêt de l'enfant

Leurs propos sur leurs pratiques renvoient aux trois dimensions dont ils doivent tenir compte : le consensus social général, l'attitude des hommes de loi et l'attitude des parents.

Tout cela fait qu'une pratique dominante (la garde à la mère) érigée en norme (par le consensus entériné par la justice) exclut les positions minoritaires en les délégitimant. De fait, ce qui est en question ici, c'est la fonction de la loi et l'origine de sa légitimité : la transcendance ou l'immanence, l'élite ou la masse, les idées ou les pratiques.

La première façon d'évacuer la question est de remarquer qu'il y a beaucoup de situations où l'alternance n'est pas véritablement à l'ordre du jour. Les arguments invoqués pour différencier les situations sont alors parfaitement légitimes :

– la majorité des pères ne souhaitent pas la résidence de leurs enfants ;

– certains couples en conflit ne sauraient envisager de partager celle-ci ;

– certains couples qui demandent une résidence alternée semblent particulièrement immatures, et peu aptes à la mettre en pratique de façon satisfaisante, notamment pour l'enfant.

Ces arguments cependant n'épuisent pas l'ensemble des situations. Est reconnue l'existence d'une catégorie de parents – même minime – qui présentent le « profil » susceptible de correspondre à ce genre de pratique.

Différentes interprétations sont alors données des attendus de la loi pour justifier l'exclusion de principe de la résidence alternée. Cette volonté d'exclusion apparaît alors :

– comme un signe de retenue : la loi ne peut ou ne doit pas courir systématiquement derrière les mœurs et les pratiques sociales. Les adeptes de la résidence alternée sont tenus pour des acteurs audacieux du drame de l'après-divorce, pour des précurseurs dont les options seront ou non généralisables, un jour, à l'ensemble de la communauté des divorcés ;

– comme une preuve de prudence : la loi ne peut prendre le risque d'entériner la résidence alternée fondée sur une entente entre les divorcés toujours sujette à modification. Donner un statut légal à la résidence alternée reviendrait aussi à l'organiser, à la transformer selon les exigences nouvelles et selon les évolutions des situations des ex-conjoints, ce qui entraînerait une multiplication de recours à la justice et par conséquent une immixtion plus fréquente de la loi dans la vie des justiciables ;

– comme une position réaliste : la majorité des divorcés n'est pas jugée assez mûre pour des raisons tant liées à leur situation socioprofessionnelle qu'à l'état de leurs relations individuelles pour assumer de manière satisfaisante une résidence alternée des enfants ;

– comme une solution de facilité : la possibilité légale de la résidence alternée compliquerait la tâche des juges en introduisant de nouveaux paramètres pour fonder leur décision. En outre, la présence dans l'architecture légale de deux régimes de résidence des enfants de divorcés (résidence alternée, résidence habituelle ou unique) nécessiterait des aménagements juridiques délicats de transition de l'un à l'autre, voire ferait coexister précairement les deux modes au sein d'une même fratrie ;

– comme un geste symbolique : la désignation de la résidence habituelle de l'enfant résonne aussi comme un symbole de la séparation des conjoints. La loi ne peut pas faire comme si le divorce qui sépare les conjoints ne sépare pas aussi, d'une certaine manière, les parents. Les enfants ne sauraient sortir indemnes de cette séparation.

Les avocats s'en sortent en invoquant la non-légitimité d'une telle pratique pour la loi, mais pour les juges, appelés en dernier ressort à trancher, l'ultime recours reste bien l'intérêt de l'enfant, qui va diviser ceux-ci en deux groupes : ceux pour lesquels cet intérêt interdit toute alternance, ceux pour lesquels des conditions draconiennes sont nécessaires pour le préserver. Mais ceux-là reconnaissent en fait, même implicitement, que la loi est trop restrictive. Elle a effectué un choix contradictoire : intégrer la nouveauté en ne lui donnant pas la possibilité de s'exprimer, c'est-à-dire en voulant maintenir dans une logique traditionnelle un fonctionnement familial qui s'était développé en dehors d'elle.

Peut-être est-on confronté là à l'insertion sociale particulière des hommes qui font la loi et, du fait de leur position spécifique, n'arrivent pas vraiment à concevoir ce que peut être la nouveauté en matière familiale, aussi bien au niveau de l'organisation symbolique et imaginaire des relations nouvelles mises en place qu'à celui de leurs expressions pratiques dans la vie quotidienne des groupes familiaux en question. Position novatrice que certains avocats ou juges, plus jeunes, plus réceptifs, semblent plus à même de concevoir et d'interpréter.

L'intérêt de l'enfant : une planche de salut

Si ce principe sert de référence ultime (alors que d'autres principes pourraient être utilisés), c'est sans doute parce qu'il permet de sortir de la casuistique juridique, de s'appuyer sur une légitimation de la loi qui soit extérieure au droit, celle des psychologues [8], en même temps qu'il renvoie

8. « La définition de l'intérêt de l'enfant est l'enjeu de stratégies dans différents corps professionnels amenés à intervenir dans le champ familial : magistrats, avocats, travailleurs sociaux, psychologues cliniciens, psychiatres. Dans un contexte d'incertitude

les parents à un principe qui ne peut être remis en cause dans l'ordre du discours (notamment quand la pratique réfère directement à l'enfant).

Le consensus en effet sur ce point est général, parents et hommes de loi reconnaissent qu'il s'agit de la référence justifiant en dernière instance de la décision et des pratiques à suivre. Le problème tient sans doute au fait que les systèmes de représentations et par contrecoup les systèmes interprétatifs ne sont pas forcément les mêmes, et que si, pour un juge, l'intérêt de l'enfant se condense dans une résidence unique (conformément à une représentation traditionnelle du champ familial), pour des parents, il peut dépendre de l'alternance de sa résidence entre ses deux parents (conformément à l'organisation antérieure de leurs pratiques familiales).

Contrecarrer alors cette représentation subversive de la normalité des relations parentales après la séparation suppose l'appel à une autorité externe, celle du discours psychologique, l'autorité « scientifique » en quelque sorte.

Le recours à l'autorité du discours « scientifique »

Le recours à une légitimation externe, qui soit considérée comme scientifique, fonctionne un peu dans le discours de certains juges, et parfois même dans celui de parents ou d'avocats, comme une référence sans appel destinée à clore le débat. Les formulations des juges sont à ce sujet explicites : « Un certain nombre de psychologues ont démontré que ce n'était pas très bon pour l'enfant » (juge 10) ; ou bien « D'abord, la résidence alternée, les psychologues sont très contre. Il faut qu'il y ait un point d'attache » (juge 5) ; ou encore « Françoise Dolto a d'ailleurs démontré que les enfants qui ont été confrontés à cette résidence alternée forgeaient une personnalité moins solide que les autres enfants. C'est contraire à l'intérêt de l'enfant » (juge 19).

Tout fonctionne alors comme si :

– la psychologie était une science exacte ;

---

et de désarroi, où l'exigence de protection sociale le dispute à la revendication de liberté individuelle, les débats sur l'enfant de parents divorcés ne prennent sens que rapportés à la mise en place, chaotique et contradictoire, d'un système complexe de régulation sociale du champ familial », Irène Théry, « La référence à l'intérêt de l'enfant », *in Du divorce et des enfants*, INED, cahier n° 111, PUF, 1985.

– elle avait montré définitivement la nocivité, en toutes circonstances, d'une résidence alternée, du fait de son caractère déstabilisant pour l'enfant ;

– les psychologues, et plus généralement les études sur le sujet, étaient en accord sur ce point ;

– il n'y avait pas y revenir.

Bien sûr, tous les juges, encore moins tous les avocats et les parents, ne sont pas sur une position aussi irréductible. On a vu que tous les parents qui pratiquent depuis longtemps une résidence alternée la jugent tout à fait bénéfique, y compris et surtout pour l'enfant, que ceux qui l'ont stoppée ne l'ont souvent pas fait à cause de problèmes posés à l'enfant, mais plutôt du fait des dissensions entre les parents, que les parents dont les enfants bénéficient d'une résidence unique sont loin de condamner unanimement la résidence alternée, bref, que, en ces milieux où se sont développées de nouvelles pratiques conjugales et parentales, l'alternance de résidence de l'enfant n'est pas, pour la plupart, à proscrire.

Il en est de même pour les avocats et certains juges, qui reconnaissent, certes du bout des lèvres, le bien-fondé d'une telle pratique dans certaines circonstances particulières, lorsque la situation le permet. Il n'empêche, le point de référence dominant demeure le désagrément psychologique dont devrait pâtir l'enfant en résidence alternée, mis en exergue par les « psychologues ».

Sans doute faut-il ici apporter des éléments de relativisation des savoirs produits dans des contextes particuliers et placés sans précaution en position de dire la norme. Les propos des chercheurs ou des personnalités placés en position d'expertise subissent bien souvent une distorsion importante liée à leur vulgarisation. Ils sont utilisés dans des stratégies de gestion sociale dont la logique les dépasse largement et sur lesquelles ils n'ont pas d'action, quels que soient les mésusages. Ainsi, les travaux évoqués pour justifier la condamnation de la résidence alternée au prétexte qu'elle déstabiliserait l'enfant sont loin d'émettre une opinion aussi tranchée, et de plus ne font pas du tout l'unanimité.

La référence française sur la question demeure Françoise Dolto, cette figure emblématique de la connaissance appliquée en matière de psychologie de l'enfant et de l'éducation. Le retentissement médiatique de ses ouvrages donne à sa parole une importance considérable, son charisme, son travail de vulgarisation, ses résultats thérapeutiques, tout concourt à la placer en position d'énonciateur de la vérité en la matière.

La pensée de Dolto, pourtant complexe, est réduite au rang de slogans, par le travail des médias et sa simplification des idées dans le processus même de médiatisation.

Il est sans doute utile de rappeler les quelques propos qu'elle a tenus sur le sujet, rapportés essentiellement dans un ouvrage d'interviews, *Quand les parents se séparent* [9].

> Lorsqu'il est petit, un enfant ne peut pas supporter la garde alternée sans rester flou dans sa structure, jusqu'à, éventuellement, se dissocier au gré de la sensibilité de chacun [...]. Jusqu'à 12 ou 13 ans, la garde alternée est donc très néfaste pour les enfants. Qu'ils puissent se rendre aussi souvent qu'ils le veulent chez l'autre parent, quand c'est possible, j'en suis d'accord, mais qu'ils n'aient pas à changer d'école du fait d'une réglementation de garde alternée. Le social a une très grande importance dans le développement de l'enfant. C'est pourquoi la garde alternée est nuisible quand l'enfant a deux écoles, par exemple : une école lorsqu'il vit chez sa mère et une autre lorsqu'il est chez son père. C'est très mauvais parce que, alors, il n'y a ni continuum affectif, ni continuum spatial, ni continuum social (p. 70).

Il n'est pas question ici de faire de l'analyse de texte, ni d'opposer Dolto à elle-même (en d'autres passages de l'entretien). Ces propos rapides ont cependant valeur de référence pour certains, il est peut-être alors utile de noter que, dans son propos même, F. Dolto lie la nocivité présumée de la garde alternée à un changement d'école et de vie sociale qui déstabiliserait l'enfant, et qu'elle est beaucoup moins catégorique lorsque certaines conditions de vie sont préservées.

Il est vrai que Dolto n'était pas la seule représentante de cette position, largement dominante encore récemment. Ainsi, cette opinion se retrouve dans un certain nombre de travaux psychiatriques ou psychanalytiques, par exemple :

> Cette solution ne respecte pas la dynamique de développement de l'enfant et ne constitue qu'une illusion de la logique dont le but est de déculpabiliser les adultes responsables de la décision [10].
>
> Ou bien : En cas de divorce, certains modes de garde absurdes viennent, sous couvert de symétrie et d'égalité, compliquer encore le

9. Paris, Seuil, 1988.
10. R. Liberman, *Les enfants devant le divorce*, PUF, 1984.

> travail psychique de l'enfant quand ils le confrontent à des rythmes alternés trop rapides (un jour chez le père, un jour chez la mère !) qui visent en fait à nier la réalité de la séparation (intolérable pour les parents eux-mêmes)[11].

Pourtant, dans le même ouvrage, un autre auteur rappelle cette idée qui fait consensus :

> Quelle que soit la garde effective, une élaboration correcte de la séparation est possible si l'enfant peut garder des liens avec ses deux parents : tous les auteurs soulignent l'importance de ce point[12].

Ce qu'il est intéressant de noter c'est que les propos des auteurs hostiles à la « garde alternée » se veulent généraux et définitifs, il n'est bien souvent pas question de différencier des situations de ce type bien vécues par les enfants d'autres qui ne le seraient pas. Ainsi, par exemple, des propos de A. Zivi :

> L'enfant – dans la situation de garde alternée – vit dans l'instabilité et ne peut faire le deuil du couple parental. Souvent, il se retrouve en position de messager entre des parents qui ne peuvent ni vivre ensemble ni accepter une séparation[13].

En fait, il s'agit là d'un discours qui est loin de faire l'unanimité parmi les psychologues ou les chercheurs. Bien que notre propos ne soit pas de recenser et analyser les conceptions qui, d'un point de vue clinique ou social, ont pu être développées plus ou moins contradictoirement sur le sujet, citons ici un ardent défenseur du partage des temps et des responsabilités entre les parents, Évelyne Sullerot :

> La loi devrait inciter les juges à favoriser, par tous les moyens, le maintien après le divorce de la double relation parentale pour l'enfant. Elle devrait inciter les juges à susciter ou soutenir, chez les parents divorçants, les projets de partage des soins de l'enfant, partage de l'éducation de l'enfant, partage même du temps de l'enfant, l'un après l'autre puisqu'ils ne peuvent plus le voir en même

---

11. Lionel Bailly, Bernard Golse, Michel Soulé, « Conséquences pour les enfants des crises familiales graves et des événements traumatiques », *Nouveau traité de psychiatrie de l'enfant et de l'adolescent*, Paris, PUF, 2e édition 1995.

12. Annette Frejaville, « L'enfant au regard des modifications familiales », *Nouveau traité de psychiatrie de l'enfant et de l'adolescent*, *op. cit.*, p. 2770.

13. A. Zivi, « Du divorce à la recomposition familiale », *Journal de pédiatrie et de puériculture*, n° 1, 1994.

> temps. [...] C'est une disposition d'esprit qui devrait être préconisée par la loi et transmise par les juges [14].

En fait, deux types de réponses peuvent être apportés aux jugements condamnant l'alternance, qui traduisent plus les convictions de leurs auteurs qu'ils ne s'appuient sur une quelconque base épidémiologique. La première, théorico-méthodologique, met en avant la confusion qui est faite entre des états psychologiques et des situations sociales ou des formes relationnelles déterminées ; est critiquée l'attitude qui consiste à déduire un peu abusivement d'une situation de résidence alternée l'existence de perturbations chez l'enfant et à conclure encore plus vite sur la nocivité générale de cette pratique. La seconde, plus empirique, vient renforcer la première, en montrant à partir d'enquêtes auprès de divorcés que nombre d'enfants en résidence alternée semblent plus bénéficier de cette situation qu'en pâtir.

Une critique théorique des détracteurs de l'alternance

Le psychanalyste Michel Tort montre le caractère « idéologique » de l'utilisation de la psychanalyse par la psychiatrie pour condamner la garde alternée au nom de ses effets prétendument pathologiques. Il remet en cause cette utilisation abusive de la psychanalyse dans les travaux psychiatriques traitant des « effets psychopathologiques » des situations de dissociation familiale en montrant, d'une part, que le dispositif analytique est « incompatible avec toute espèce de regroupement des sujets dans une catégorisation extrinsèque » et que les consultations psychologiques de personnes se trouvant dans telle ou telle situation sociale « ne peuvent s'adresser qu'à un sujet en tant que tel et non au représentant d'une catégorie sociale [15] ». Un enfant perturbé, alors qu'il se trouve en situation d'alternance, ne représente que lui-même et non la catégorie des enfants bénéficiant d'une résidence alternée. Ce qui ne veut pas dire que certains enfants ne sont pas perturbés par certaines situations d'alternance comme peuvent aussi l'être d'autres enfants dans certaines familles biparentales.

---

14. *Quels pères ? Quels fils ?* p. 289. Plusieurs exemples de l'intérêt de telles attitudes sont développés par É. Sullerot (Norvège, et surtout Californie).

15. Michel Tort, « Les situations monoparentales et la question psychanalytique », *Dialogue*, n° 101, 1988, p. 9.

En définitive, ce qui se rejoue ici c'est le processus séculaire [16] de *pathologisation du divorce*, qui trouve dans la dénonciation de la résidence alternée le moyen pour réaffirmer la norme de la famille conjugale. Est présenté alors comme illusoire, simple moyen de réduire la culpabilité des parents, « un mode de négociation des séparations qui, à sa manière, tente de pallier les effets négatifs incontestables de la situation de divorce. Il est vrai que ces modalités présentent ce caractère majeur de prétendre gérer autrement la séparation. Comme la dénonciation virulente de la déculpabilisation le laisse à penser, tout se passe comme si le savoir psychiatrique était absolument chargé de venir maintenir une gestion des séparations qui assure qu'il y aura culpabilité – mais que celle-ci peut être "soignée" [17] ».

On peut d'ailleurs se demander si, dans cette obstination à vouloir désigner un parent « principal » par le biais d'une résidence « habituelle », quelque chose de l'ordre d'une transposition du modèle monogamique de la conjugalité sur la parentalité ne se joue pas au niveau imaginaire, qui trouverait des résonances fantasmatiques dans la propension de certains parents « gardiens » à attribuer à l'enfant la place du conjoint absent... Dans cette hypothèse, l'enfant circulant alternativement entre les deux domiciles de ses parents pourrait être perçu comme un enfant « volage », « infidèle » en quelque sorte. De la même façon, une demande d'alternance émise par l'enfant pourrait être vécue comme une « trahison » par le parent habituellement gardien, allant jusqu'au dépit amoureux en cas de relation fusionnelle...

Des résultats empiriques favorables à l'alternance

En complément des critiques méthodologiques et théoriques des propos hostiles à l'alternance, un certain nombre de recherches empiriques sont venues apporter des éléments permettant de contrecarrer une vision aussi négative de la résidence alternée. La plupart d'entre

16. Le marquage psychiatrique du divorce et de ses acteurs s'origine en effet dès la fin du siècle dernier avec l'ouvrage de M. Raux, *Nos jeunes détenus* (1890), cité par Nadine Lefaucheur, « Quand leur situation était inférieure à celle de l'orphelin, ou le psychiatre, la marâtre et le délinquant juvénile », *Dialogue*, n° 97, 1987.
17. Michel Tort, *ibid.*, p. 19.

elles sont américaines[18] et ont trouvé suffisamment d'écho pour que dans plusieurs États américains la *joint physical custody* (garde partagée) ait été reconnue comme une solution viable et soit même présentée dans un certain nombre de cas comme la solution à préconiser, par exemple en Californie[19]. À cet égard, il est intéressant de noter que dans ces États américains où la résidence alternée est reconnue juridiquement comme une solution satisfaisante, elle est pratiquée par près de la moitié des enfants et des parents concernés[20].

En France, quelques travaux sont venus corroborer nos résultats, c'est le cas par exemple de la thèse de médecine de N. Prieto[21] ou des travaux de Gérard Poussin et Élisabeth Martin-Lebrun. Ceux-ci ont étudié le score d'estime de soi au sein d'un échantillon de 3 098 élèves de sixième dont 460 ont été confrontés à une séparation parentale. Parmi eux, les 17 en résidence alternée présentaient un score d'estime de soi supérieur à celui des autres enfants de parents séparés et même à l'ensemble de la population. Ils concluent alors : « L'hébergement alterné n'est pas une panacée, mais il représente la moins mauvaise solution qu'ont trouvée des parents pour continuer à assumer leur fonction parentale au-delà de leur séparation, ils doivent être écoutés sans *a priori* doctrinal[22] ».

---

18. Voir notamment Judith Greif-Brown, « Father, children and joint custody », *American journal of orthopsychiatry*, 49 (2), 1979 ; Suzan Steinmann, « The experience of children in a joint custody arrangement, a report of a study », *American journal of orthopsychiatry*, 51 (3), 1981 ; Theodore Ernst et Ruth Altis, « Joint custody and co-parenting : not by law but by love », *Child welfare*, vol. LX, n° 10, 1981 ; Deborah Anne Luepnitz, « A comparison of maternal and paternal and joint custody : understanding the varieties of post-divorce family life », *Journal of divorce*, vol. 9 (3), 1986. Pour une présentation de ces résultats, voir Claudette Guilmaine, *La garde partagée*, Canada, A. Stanké, 1991.

Sans oublier le travail très important de Judith Wallerstein, notamment Judith S. Wallerstein et Joan B. Kelly, *Surviving the breakup : how children and parents cope with divorce*, Basic Books, 1980 ; et Judith S. Wallerstein, Ph. and S. Blakesler, *Secondes chances : men women and children a decade after divorce*, Ticknor & Fields, 1989.

19. Voir Ian J. Stock, « Le droit californien sur la relation entre les parents divorcés et leurs enfants », document polycopié, 1994.

20. En 1990, 44 % dans le Montana, 43,6 % dans le Kansas, 36,4 % dans le Connecticut, 33,2 % dans l'Idaho, 31,7 % dans Rhode Island. Résultats extraits de l'étude réalisée sur un échantillon de 19 États américains par Richard Kuhn et John Guidibaldi et présentée à la 11e conférence du Conseil des droits de l'enfant des 23-26 octobre 1997 à Washington. Citée par *SOS Papa magazine*, n° 39, septembre 2000.

21. N. Prieto, *La résidence alternée comme modalité d'exercice de l'autorité parentale lors du divorce. Approche médico-légale*, thèse Lyon-I, octobre 1993.

22. Gérard Poussin et Élisabeth Martin-Lebrun, *Les enfants du divorce. Psychologie de la séparation parentale*, Paris, Dunod, 1997.

Cela ne signifie pas que certaines situations d'alternance ne puissent être déstabilisantes pour les enfants qui les subissent, notamment lorsque certaines conditions de stabilité du cadre de vie ne sont pas présentes, mais chaque cas doit être considéré dans sa spécificité, et nous avons vu à quel point cette solution peut apparaître comme la plus satisfaisante pour beaucoup d'enfants et de parents.

Quels peuvent être alors, du point de vue des juges et des avocats, mais surtout du point de vue des parents et des enfants qui l'ont pratiquée de façon durable, les conditions de viabilité de la résidence alternée ?

Les conditions de viabilité d'une pratique controversée

Il est clair que, quelle que soit l'attitude de la justice sur la question, tous les enfants ne pourraient pas bénéficier d'une alternance de leur résidence chez leurs deux parents. Ne serait-ce que parce que, dans bien des cas, celle-ci est matériellement impossible, notamment lorsque l'un des parents est défaillant ou ne désire pas s'occuper de l'enfant avec une telle fréquence. Les raisons peuvent en être multiples, mais se situent plus souvent du côté des représentations que du côté matériel. Relativement rares, en effet, sont les cas où les deux parents ne pourraient pas assurer régulièrement l'hébergement de leur(s) enfant(s), beaucoup plus fréquents ceux où il va de soi que la résidence de l'enfant doit se trouver chez la mère. L'une des représentations sociales les plus communes en la matière, extrêmement présente en milieu populaire, est que le soin et l'éducation concrète de l'enfant demeurent une spécialité maternelle et qu'il est normal qu'elle ait la « garde » de l'enfant (en l'occurrence la résidence habituelle). La position prise par la justice vient alors conforter cette représentation en délégitimant des pratiques comme l'alternance des résidences. Ce sont alors les parents, dont le capital culturel leur permet de prendre du recul par rapport à la norme sociale, qui pourront braver cet interdit social implicite, ceux qui peuvent bénéficier d'une « intellectualisation des rôles parentaux donc une bonne intégration de l'image sociale, c'est-à-dire un statut social suffisamment gratifiant, suffisamment valorisé [23] ».

23. L. Fabre, « Un nouveau mode de garde : la garde alternée », *Journal des psychologues*, n° 28, 1985, p. 37.

Mais, à supposer que ce positionnement soit possible pour les parents et qu'ils désirent mettre en œuvre une résidence alternée, comment cela va-t-il être perçu par les hommes de loi ? On a vu que leurs représentations d'une telle pratique s'ordonnaient selon deux pôles :

– des parents en conflit, en crise, qui revendiquent les enfants contre l'autre plus que pour eux, et qui ne vont pas hésiter à changer le cadre de vie de l'enfant pour le garder chacun avec eux ;

– des parents qui ont réglé leur conflit, ont une attitude éducative commune, s'organisent pour que l'enfant puisse continuer à vivre dans son cadre habituel, son école, ses lieux de sociabilité, ses amis, et communiquent sans difficulté sur leur projet éducatif.

Si ces deux pôles apparaissent caricaturaux, ils servent dans la pratique de points de référence pour que, éventuellement, les avocats, puis certains juges, acceptent d'envisager un aménagement des dispositions du divorce.

Quel peut être alors le profil des personnes qui pratiquent l'alternance de la résidence de leurs enfants de façon satisfaisante et durable ?

L'argument économique est rarement déterminant

Les caractéristiques des pratiquants d'une résidence alternée qui dure apparaissent assez spécifiques. Les critères économiques éminemment présents (notamment l'existence de deux logements suffisamment spacieux) n'apparaissent que comme les compléments d'une position intellectuelle qui autorise l'émergence d'un tel désir. En ce sens, les facteurs culturels apparaissent importants, la majorité des pratiquants sont caractérisés par un certain niveau d'études, qui va de pair avec l'appartenance à certains milieux porteurs des nouvelles conceptions familiales et de nouveaux modes de vie (professions intermédiaires et intellectuelles supérieures, notamment métiers de la communication, de la recherche, de l'enseignement, du spectacle, du travail social...). Ils développent à cet égard un discours structuré, homogène, démonstratif, qui présente l'alternance comme la conséquence logique de leur mode de vie antérieur et de leur conception de l'éducation et des rôles parentaux et sexuels, où la place du père demeure fondamentale [24].

---

24. « Les nombreuses études sur la relation père/nourrisson, observée au cours des six premiers mois, sont formelles : les pères maternent aussi bien que les mères, et presque comme les mères. [...] Le nouveau père/mère apporte un démenti éclatant à la

Même si perdurent des désaccords personnels entre les conjoints, la position éducative est commune et peut être gérée alors indépendamment.

Dans ces cas-là, l'alternance est-elle bien acceptée par les enfants, et correspond-elle à leur intérêt bien compris, assimilable à celui de leurs parents ?

L'alternance est bien vécue par les enfants

L'alternance, dont le rythme varie généralement entre une demi-semaine et quinze jours, est de fait bien vécue par les enfants qui, pour la quasi-totalité, ne voudraient pas qu'elle soit interrompue. Nombre d'entre eux manifestent d'ailleurs leur désir d'améliorer les conditions pratiques de celle-ci (allongement de la durée par exemple) et leur refus de l'interrompre, malgré les quelques inconvénients pratiques, non commensurables avec les avantages psychologiques et relationnels ressentis.

De la même façon, l'intérêt de l'enfant n'est pas séparable de celui que les parents y trouvent. L'équilibre éducatif et relationnel obtenu bénéficie à tous : le parent, plus disponible lorsque son enfant est là, n'a ni l'impression d'avoir été victime de la situation, ni l'impression d'être accaparé en permanence par ses enfants. Ce qui permet à chacun, dans une ambiance apaisée, de développer sa relation aux autres.

La qualité des relations de l'enfant à ses parents est déterminante

En dehors de ces caractéristiques concernant les parents, un certain nombre de traits sont généralement avancés comme conditions à la possibilité d'une résidence alternée. Le premier, la *proximité des*

---

thèse de l'attachement exclusif du nourrisson pour sa mère (John Bowlby), et à sa conséquence : un bébé ne peut s'attacher qu'à une seule personne à la fois. Les travaux pécurseurs de M. Lamb ou M. Yogman montrent qu'il n'en est rien. C'est le parent qui investit le plus son bébé qui devient le principal objet d'attachement – sans distinction de sexe – et ce rapport préférentiel n'en exclut pas d'autres. De plus, les préférences changent avec l'âge. Si une majorité d'enfants semblent plus proches de la mère la première année, tous changeront plusieurs fois de parent favori au cours des deux années suivantes. Cela dépend des étapes psychologiques, du sexe de l'enfant et des circonstances extérieures. Mais, quelle que soit l'évolution de ses sentiments, l'enfant intériorise ses deux parents disponibles et n'est plus enfermé dans une relation à deux qui risque de l'étouffer. » Élisabeth Badinter, *op. cit.*, p. 264 et 268.

résidences parentales, caractérise la plupart des situations rencontrées. Elle permet la stabilité scolaire et relationnelle (notamment avec le groupe des camarades) ainsi que la continuité de la plupart des activités extra scolaires, et semble souhaitable. Cependant, de rares cas d'alternance sur une longue durée (au moins un an) avec changement de lieu de vie existent et ne semblent pas obligatoirement déstabilisateurs pour l'enfant. Là encore, il semble que ce soit la qualité des relations et des échanges entre l'enfant et ses parents qui compte le plus...

Différencier le parental du conflit conjugal

De même, une *bonne entente entre les parents* est souvent présentée comme une condition obligatoire, or il s'avère qu'elle n'est pas absolument nécessaire. Ce qui est important c'est que les parents soient *capables de différencier* ce qui ressort de leur conflit personnel de leur rapport à leur enfant, de façon à ce que celui-ci ne soit pas placé en position d'enjeu ou de médiateur entre ses parents.

En définitive, on peut se demander pourquoi aller à l'encontre d'une telle pratique qui, lorsque le conflit conjugal a bien été évacué de ce mode de relation, permet de répondre au mieux à l'idéal de coparentalité après la séparation, en permettant aux parents de sortir d'un excessif éloignement de ses enfants pour l'un, d'une trop lourde charge pour l'autre, et aux enfants de profiter au mieux de la présence de leurs deux parents.

Les obstacles à l'alternance se situent alors d'abord au niveau pratique et institutionnel. Selon les cas, ce sont les conditions matérielles (lourdes charges) ou les aspects symboliques (non-légitimité, insécurité) qui priment. La dénégation institutionnelle peut être vécue à ces deux niveaux, pratique (impôts, allocations...) ou symbolique (non-reconnaissance, illégitimité).

De fait, la résidence alternée, comme expression d'un projet parental commun, constitue une modalité privilégiée de mise en actes de l'autorité parentale conjointe. Elle répond en cela à un certain esprit de la loi, qui ne manque pas d'entrer en contradiction avec la rigueur, peut-être excessive, de la lettre.

Vers la reconnaissance de la diversité des pratiques familiales ?

Ainsi, l'octroi de l'exercice conjoint de l'autorité parentale dans un régime de résidence unique de l'enfant peut conduire à une possibilité effective de cette autorité par le parent chez qui l'enfant n'habite pas légalement. Ici, l'écart est flagrant entre la volonté de la loi de ne priver aucun des deux parents de ses prérogatives et la nécessité de la résidence de l'enfant chez un seul des parents divorcés. C'est chez celui-ci que se trouvent concentrées la plupart des composantes de l'autorité parentale. Alors, l'esprit et la lettre de la loi se contredisent, à moins de considérer que l'esprit de l'exercice conjoint de l'autorité parentale et la lettre de la résidence unique doivent se dialectiser pour trouver leur propre synthèse, ce qui suppose que l'autorité parentale s'exerce concrètement et réellement de façon conjointe par les deux parents. Et cela implique à son tour aussi une synthèse, un rapprochement entre les positions de ceux-ci. La résidence alternée, en marge de la loi, répondrait en fin de compte à l'esprit de la loi, étant la condition même de l'exercice conjoint véritable de l'autorité parentale.

Force est de constater qu'actuellement la pratique parentale est le plus couramment en conformité avec le régime de résidence unique, et les parents divorcés, majoritairement, ne gèrent pas au mieux l'exercice conjoint de l'autorité parentale mais se contentent le plus souvent de gérer les contradictions de la loi.

Les parents qui pratiquent la résidence alternée, par leur profil socioprofessionnel et leurs caractéristiques intellectuelles, sont les plus à même de dépasser ces contradictions et de réaliser la synthèse implicite dans la loi.

Les habitudes et les mœurs constituant traditionnellement une des sources majeures du droit, la résidence alternée, pratique minoritaire, ne se trouvera véritablement en position d'acquérir une légitimité et la force de la loi que si sa lente diffusion auprès de familles jusqu'ici éloignées de cette pratique convainc le législateur de son bien-fondé, ou pour le moins de sa non-nocivité de principe.

Car la fonction de la justice n'est peut-être pas de conforter un choix de société, au nom de la légitimité de la tradition, mais plutôt de permettre que puissent fonctionner de façon harmonieuse des modes de vie différents, voire divergents, en d'autres termes, que soit reconnu le droit à la différence en matière d'organisation familiale et d'éducation. Or, la justice semble ne pas laisser de place à plusieurs modalités de fonctionnement familial même si plusieurs coexistent de fait. En cas de désaccord, elle met en avant l'une d'entre elles, ce qui contribue à renforcer sa position de modèle dominant, et ce au nom de cet intérêt-alibi que constitue l'intérêt de l'enfant. Ainsi, l'évolution du droit sur ce qui légitime sa position – avec schématiquement le passage d'une philosophie politique du droit à une expertise psychosociale de la socialisation de l'enfant – n'a pas véritablement changé sa position de base : la référence à une seule norme familiale comme organisatrice des relations parentales après la désunion. En ce sens, elle exprime bien sa fonction de garante d'un ordre moral universaliste, dont les références mais non la structure ont pu évoluer. Ce qui ne peut alors qu'entretenir le hiatus observé entre les pratiques du droit et celles des justiciables, en des temps où la diversification des références des acteurs débouche sur la multiplication des façons de vivre en famille et la pluralité de fait des structures familiales.

Quelles perspectives s'ouvrent alors pour que se rétablisse une meilleure harmonie entre sa fonction de légitimation symbolique des pratiques et les aspirations des citoyens ?

CONCLUSION

Notre société est en pleine mutation, notamment en ce qui concerne ce que l'on appelle les mœurs ; elle voit se multiplier les alternatives à la norme autrefois exclusive de la famille traditionnelle, qu'il s'agisse de sa constitution (le mariage battu en brèche par l'union libre), de sa structure (le couple biparental biologique remis en question par les divorces et les recompositions familiales) ou de son fonctionnement (la différenciation stricte des rôles sexuels, elle aussi largement érodée... jusqu'à s'exprimer en cette dernière fin de siècle dans la revendication à la famille homoparentale). Dans ce contexte, l'enfant et ses parents voient de plus en plus souvent les liens qui les unissent remis en cause par la disparition du couple.

Dans la période de rupture, les situations sont toujours douloureuses, mais certaines se révèlent particulièrement dramatiques, l'abandon par l'un des parents constituant ainsi une modalité de l'éclatement familial excessivement traumatisante pour l'enfant et le parent abandonnés. À l'inverse, certaines démarches parviennent à surmonter la souffrance inhérente à la disparition du couple conjugal pour mettre en place un mode de relation entre les parents et l'enfant qui préserve leur lien.

Dans les situations de ce type, le plus souvent l'enfant continue à fréquenter le parent chez lequel il ne réside pas de façon habituelle, le droit de visite s'exerçant alors sans difficulté particulière. L'évolution du droit, qui a progressivement promu au rang de norme de référence le partage de l'autorité parentale conjointement par les deux parents, favorise de telles solutions qui répondent à l'intérêt de l'enfant. On a vu pourtant que cette évolution a trouvé son point de blocage avec une pratique qui a le mérite de maintenir entier le lien de l'enfant avec ses deux parents, celle du partage de son temps entre leurs résidences.

Considérée comme néfaste pour l'enfant, à l'issue d'une généralisation abusive d'expériences mal vécues, cette pratique s'est cependant développée dans les milieux les plus prédisposés aux séparations consensuelles. À l'encontre des attentes de ses détracteurs, elle satisfait nombre de ses adeptes, semblant préserver ce au nom de quoi tout le monde prend parti : l'intérêt de l'enfant. Si bien que l'on peut se demander si sa diffusion dans des couches plus larges de la société ne constituerait pas un bienfait non seulement pour les parents, débarrassés d'un excessif isolement pour l'un, d'une excessive charge pour l'autre, mais aussi pour les enfants, dont la plupart vivent très bien ce mode de garde lorsqu'il n'est pas l'occasion de perpétuer un conflit conjugal mal assumé par les parents.

S'il semble difficile de revenir sur le mouvement conjoint de désinstitutionnalisation du divorce qu'impliquent la position de neutralité à l'égard des comportements privés et le recentrage sur l'intérêt de l'enfant comme principe directeur de la gestion des situations conflictuelles, sans doute est-il nécessaire de mieux évaluer ce qu'il en est de cet intérêt. La première difficulté tient à la diversification des situations et de leurs modes de fonctionnement, la seconde aux désaccords des spécialistes en questions familiales sur le cadre optimal de socialisation à proposer à l'enfant, la troisième aux contraintes et pesanteurs de l'institution juridique elle-même.

Un principe transversal aux différentes orientations s'est cependant dégagé comme idéal à promouvoir, celui de l'*inconditionnalité du lien de filiation*, qui implique le maintien du lien de l'enfant à ses deux parents après la séparation. Cet objectif de maintien du lien trouve alors deux expressions possibles : le contact périodique de l'enfant avec le parent chez lequel il ne réside pas, régi juridiquement par le droit de visite et d'hébergement, et le partage du temps de l'enfant entre ses deux parents que sous-tend la notion de coparentalité. Notion qui apparaît comme la conséquence logique de l'idéal d'inconditionnalité parentale.

Ne convient-il pas alors de favoriser légalement la possibilité de mettre en actes cet idéal qu'exprime la *résidence alternée* [1] de l'enfant ?

1. Il s'agit bien de parler de *résidence* alternée et non d'*hébergement* alterné. La proposition faite par les juristes d'utiliser ce second terme ne me semble pas des plus heureuse, compte tenu de sa signification. En effet, l'un des arguments avancés contre la résidence alternée est qu'il est nécessaire pour l'administration que l'enfant soit

À l'instar d'autres pays pour lesquels une telle solution se révèle tout à fait viable et bien assumée par les parents (Californie, Norvège...), ne devrait-on pas laisser aux familles la possibilité d'organiser l'après-séparation d'une façon qui satisfasse au mieux les différents protagonistes, et notamment l'enfant ? Quitte à fournir au préalable aux parents, qui se retrouvent parfois dans un grand désarroi, les informations et les aides (médiation familiale, points de rencontre, conseil conjugal...) susceptibles de les aider à voir plus clair et à organiser au mieux le temps de l'après-séparation, sans qu'en soient exclues par avance certaines de ses opportunités. C'est le sens des travaux de la commission Typhaon et du rapport d'Irène Théry sur le droit et la vie privée.

> « Ce n'est pas un code mais *deux codes compatibles* qu'il faut mettre en place pour l'enfant [...], de même, ce n'est pas forcément une maison mais *deux maisons compatibles* qu'il faut à l'enfant si l'on veut que son lien avec ses deux parents ait un sens » ; dès lors « peut-être l'essentiel est de penser l'allée et venue, ses règles et ses rites [2] ».

Il s'agirait ainsi d'introduire une gestion de l'après-séparation qui, prenant acte du lien de filiation, permette la mise en place de possibilités multiples du maintien de ce lien, selon les circonstances et les références parentales.

---

domicilié quelque part, ait une seule résidence administrative. Une des façons de contourner cette réticence à l'exercice de la coparentalité est de proposer la reconnaissance d'un hébergement alterné tout en laissant la résidence – domicile chez un seul parent. Mais le terme d'*hébergement alterné* n'est pas du tout approprié à désigner la double résidence de l'enfant dans la mesure où il désinstitue l'enfant de sa place de sujet, de sujet familial et social s'enracinant dans un territoire. Sans résidence, l'enfant se retrouve sans inscription spatiale de sa double affiliation parentale. Il n'est plus qu'*hébergé chez* des parents sans que lui soit reconnu le droit d'y résider, d'y avoir ses deux domiciles. Enfant nomade en quelque sorte, sans domicile fixe. Ce qui n'est bien sûr pas la réalité, mais c'est bien la représentation qu'induirait une telle formulation. On produirait ainsi un enfant nomade et deux parents « secondaires » à l'image de celui qui n'a qu'un « droit de visite et d'hébergement ». Il s'agit peut-être alors d'interroger la dénégation de la coparentalité qu'induit cette volonté de préserver l'idée d'un domicile unique. Et, si les nécessités de tenir compte de la complexité de l'évolution juridique et institutionnelle peuvent laisser penser que la meilleure stratégie serait, pour un temps encore, de laisser un seul domicile administratif à l'enfant, qu'au moins lui soit accordé qu'il puisse avoir deux résidences, et que, loin de le perturber, cela le protégera de se sentir seulement hébergé par ses parents sans avoir de « chez soi ».

Voir à ce sujet mon article : « Mort de la famille monoparentale et de l'hébergement alterné. Du bon usage des désignations savantes », *Dialogue*, n° 151, 1er trimestre 2001.

2. Irène Théry, « Le démariage et la filiation » *Dialogue, « Faut-il banaliser le divorce ? » op. cit.*, p. 13.

BIBLIOGRAPHIE

Articles et ouvrages

BADINTER Élisabeth, *XY. De l'identité masculine*, Paris, Odile Jacob, 1992.

BAILLY Lionel, GOLSE Bernard, SOULÉ Michel, « Conséquences pour les enfants des crises familiales graves et des événements traumatiques », *Nouveau traité de psychiatrie de l'enfant et de l'adolescent*, Paris, PUF, 2e édition 1995.

BASTARD Benoît et CARDIA-VONÈCHE Laura, *Le divorce autrement : la médiation familiale*, Paris, Syros, 1994.

BASTARD Benoît et CARDIA-VONÈCHE Laura, *Divorcer aujourd'hui*, Paris, CSO/CNAF, 1990.

BERTAUX Daniel et DELCROIX Catherine, *La fragilisation du rapport père/enfant*, Paris, MSH, 1990. Repris *in* « Des pères face au divorce. La fragilisation du lien paternel », *Espaces et Familles*, n° 17, CNAF, 1990.

BOURDIEU Pierre, « La force du droit. Éléments pour une sociologie du champ juridique », *Actes de la recherche en sciences sociales*, 64, 1986.

BOURDIEU Pierre, *Le sens pratique*, Paris, Minuit, 1980.

BUISSON Monique *et alii*, *Dynamiques de la divortialité et pratiques de garde*, ministère de la Justice, mai 1983.

CARBONNIER JEAN, *Essais sur les lois*, Paris, Répertoires du notariat Defrénois, 1979.

COLIN Micheline, DONNAL Albert, LASSERE Henri, *Les divorçants, leur crise et le droit. Impact de l'accompagnement juridique sur le processus psychologique des divorçants*, ISF, Lyon, 1991.

COMMAILLE Jacques, MARTIN Claude, *Les enjeux politiques de la famille*, Paris, Bayard, 1998.

COMMAILLE Jacques, *L'esprit sociologique des lois*, Paris, PUF, 1994.

COMMAILLE Jacques, *Les stratégies des femmes*, Paris, La Découverte, 1993.

COMMAILLE Jacques, « Ordre familial, ordre social, ordre légal » *in L'Année sociologique*, volume 37, 1987.

COUTROT Anne-Marie, « Divorce : les pièges du consentement mutuel », *in Le Groupe familial*, « *Séparations* », n° 108, juillet-septembre 1985.

DEKEUWER-DÉFOSSEZ Françoise, *Rénover le droit de la famille : propositions pour un droit adapté aux réalités et aux aspirations de notre temps*, rapport du groupe de travail au Garde des Sceaux, ministre de la Justice, 1999.

DEKEUWER-DÉFOSSEZ Françoise et VAUVILLE Frédéric, « Droits de l'homme et droits de l'enfant », (commentaire de la loi Malhuret), *Doctrine*, 1988, chronique, Paris, recueil Dalloz-Sirey.

DOLTO Françoise, *Quand les parents se séparent*, Paris, Seuil, 1988.

DONNIER M., « L'intérêt de l'enfant », D. 1959, *Chronique*.

DOSNER-DOLIVET A. « Les nouvelles dispositions relatives à l'exercice de l'autorité parentale » (lois et décrets, 22 juillet 1987), ALD, 1988.

ERNST Theodor, ALTIS Ruth, « Joint custody and co-parenting : not by law but by love », *Child welfare*, vol. LX, n° 10, 1981.

FABRE L., « Un nouveau mode de garde : la garde alternée », *Journal des psychologues*, 1985, n° 28.

FOYER Jacques, LABUSSE Catherine, *L'autorité parentale à l'épreuve*, Paris, Economica, 1983.

FREJAVILLE Annette, « L'enfant au regard des modifications familiales », *Nouveau traité de psychiatrie de l'enfant et de l'adolescent*, Paris, PUF, 2e édition 1995.

FULCHIRON Hughes (sous la dir. de), *L'exercice en commun de l'autorité parentale après divorce et dans la famille naturelle*, Centre de droit de la famille, CNRS/ministère de la Justice, 1993.

FULCHIRON Hughes « Les nouvelles formes de vie familiale », *Le Courrier du CNRS*, n° 75, avril 1990.

FULCHIRON Hughes, *Autorité parentale et parents désunis*, Lyon, CNRS, centre régional de publication, 1985.

GERBLER M. J., « Divorce : conséquences à l'égard des enfants », *Juris-classeur civil*, fascicule n° 70.

GREIF-BROWN Judith, « Father, children and joint custody », *American journal of orthopsychiatry*, 49 (2), 1979.

GROSS Martine (dir.), *Homoparentalités, état des lieux. Parentés et différence des sexes*, Paris, ESF, 2000.

GUILMAINE Claudette, *La garde partagée*, Canada, A. Stanké, 1991.

HOCQUET Claire, « Quelques propositions élaborées par la commission Typhaon », *Dialogue*, n° 141, 1998.

KAUFMANN Jean-Claude, *Le cœur à l'ouvrage. Théorie de l'action ménagère*, Paris, Nathan, 1997.

LA MARNIERRE E. S. de, « Exercice en commun de l'autorité parentale sur les enfants dont les parents sont divorcés ou célibataires », *Gazette du Palais*, 7 octobre 1987.

LEFAUCHEUR Nadine, « Sur la scène de l'anormalité familiale », *in* M. T. Meulders-Klein et I. Théry, *Les recompositions familiales aujourd'hui*, Paris, Nathan, 1993.

LEFAUCHEUR Nadine, « Quand leur situation était inférieure à celle de l'orphelin, ou le psychiatre, la marâtre et le délinquant juvénile », *Dialogue*, n° 97, 1987.

LEFAUCHEUR Nadine, « Familles monoparentales : les mots pour le dire », *in* Francis Bailleau, Nadine Lefaucheur et Vincent Peyre (sous la dir. de), *Lectures sociologiques du travail social*, Paris, Éditions ouvrières/CRIV, 1985.

LE GALL Didier, MARTIN Claude, « Le réseau parental après le divorce ou une séparation », *Dialogue*, n° 101, 3e trimestre 1988, Liberman, p. 225.

LUEPNITZ Deborah Anne, « A comparison of maternal and paternal and joint custody : understanding the varieties of post-divorce family life », *Journal of divorce*, vol. 9 (3), 1986.

MARTIN Claude, *L'après-divorce*, Rennes, PUR, 1997.

MUNOZ-PÉREZ Francisco, PRIOUX France, « Naître hors mariage », *Population et Sociétés*, n° 342, janvier 1999.

NEYRAND Gérard, « Mort de la famille monoparentale et de l'hébergement alterné. Du bon usage des dénominations savantes », *Dialogue*, n° 151, 2001.

NEYRAND Gérard, « Conjugalités plurielles et renouvellement de la parentalité », *Dialogue, « Nouveaux couples, nouvelles familles »*, n° 150, 4e trimestre 2000.

NEYRAND Gérard, *L'enfant, la mère et la question du père. Un bilan critique de l'évolution des savoirs sur la petite enfance*, Paris, PUF, 2000.

NEYRAND Gérard, « Retour sur la résidence alternée : la loi comme garant symbolique de la légitimité des pratiques », *Dialogue, « Justice et famille »*, n° 143, 1999.

NEYRAND Gérard, « La résidence alternée », *Le Journal des psychologues*, n° 164, 1999.

NEYRAND Gérard, « L'enfant comme enjeu des débats sur les séparations familiales. La place des filles et des garçons », *in Filles et garçons jusqu'à l'adolescence*, Y. LEMEL, B. ROUDET (dir.), Paris, L'Harmattan, 1999.

NEYRAND Gérard, « Enfants de parents seuls », *Le Groupe familial*, n° 152, 1996.

NEYRAND Gérard, « Divorce : et les enfants ? » *Panoramiques, « La famille malgré tout »*, n° 25, 1996.

NEYRAND Gérard, « L'éducation des enfants de parents isolés », *Savoir*, n° 3, 1990.

NEYRAND Gérard, MEKBOUL Sahra, *Résidence alternée de l'enfant et exercice commun de l'autorité parentale chez les parents séparés*, CIMERSS/CNAF et Fondation de France, 1993.

NEYRAND Gérard, GUILLOT Caroline, « Le parent seul, l'enfant, la société », *Autrement, « Parents au singulier »*, n° 134, janvier 1993.

NEYRAND Gérard, GUILLOT Caroline, *Modes de vie des femmes seules chefs de famille et sentiment d'insécurité*, CIMERSS/Plan construction, 1990.

NEYRAND Gérard, GUILLOT Caroline, *La socialisation des enfants de parents isolés. Une approche selon le sexe et le milieu social du parent*, CIMERSS/CNAF, 1988.

NEYRAND Gérard, GUILLOT Caroline, *Imaginaire du couple et place des femmes dans l'espace du privé*, CIMERSS/Plan construction, 1983.

POUSSIN Gérard, MARTIN-LEBRUN Élisabeth, *Les enfants du divorce. Psychologie de la séparation parentale*, Paris, Dunod, 1997.

PRIETO N., *La résidence alternée comme modalité d'exercice de l'autorité parentale lors du divorce. Approche médico-légale*, thèse Lyon-I, octobre 1993.

Rapport PELLETIER, *Rapport sur la garde des enfants du divorce*, mars 1981.

ROUSSEL Louis, *La famille incertaine*, Paris, Odile Jacob, 1988.

RUBELLIN-DEVICHI J., « La loi du 22 juillet 1987 », *Revue trimestrielle de droit civil*, 1987.

RUBELLIN-DEVICHI J., « L'attitude du législateur contemporain face au mariage de fait », *Revue trimestrielle de droit civil*, 1984.

SCHWARTZ Olivier, *Le monde privé des ouvriers*, Paris, PUF, 1990 ; repris dans *Problèmes politiques et sociaux*, n° 685.

SEGALEN Martine, « Les métamorphoses de la famille », *L'Histoire*, n° 150, décembre 1991.

SINGLY François (de), *Libres ensemble. L'individualisme dans la vie commune*, Paris, Nathan, 2000.

SINGLY François (de), *Fortune et infortune de la femme mariée*, Paris, PUF, 1987, rééd. remaniée 1997.

SINGLY François (de), « Le modèle singulier de la famille contemporaine », *Panoramiques, « La famille malgré tout »*, n° 25, 1996.

STEINMANN Suzan, « The experience of children in a joint custody arrangement, a report of a study », *American journal of orthopsychiatry*, 51 (3), 1981.

SULLEROT Évelyne, *Quels pères ? Quels fils ?* Paris, Fayard, 1992.

STOCK Ian J., « Le droit californien sur la relation entre les parents divorcés et leurs enfants », document polycopié, 1994.

THÉRY Irène, « Le démariage et la filiation », *Dialogue, « Faut-il banaliser le divorce ? »* n° 141, 3, 1998.

THÉRY Irène, *Couple, filiation et parenté aujourd'hui. Le droit face aux mutations de la famille et de la vie privée*, Paris, Odile Jacob/La Documentation française, 1998.

THÉRY Irène, *Le démariage*, Paris, Odile Jacob, 1993.

THÉRY Irène, « Divorce et autorité parentale : le rôle de l'expert », *Le Courrier du CNRS*, n° 75, avril 1990.

THÉRY Irène, « La référence à l'intérêt de l'enfant », *Du divorce et des enfants*, INED, cahier n° 111, PUF, 1985.

TORT Michel, « Les situations monoparentales et la question psychanalytique », *in Dialogue*, n° 101, 3e trimestre 1988.

TORT Michel, *Effets de la séparation. La question psychanalytique dans les situations monoparentales*, rapport CNAF, 1987.

VILLENEUVE-GOCALP Catherine, « La double famille des enfants de parents séparés », *Population*, 1, 1999.

WALLERSTEIN Judith S., Ph. and S. BLAKESLER, *Secondes chances : men women and children a decade after divorce*, Ticknor & Fields, 1989.

WALLERSTEIN Judith S., KELLY Joan B., *Surviving the breakup : how children and parents cope with divorce*, Basic Books, 1980.

WINNICOTT D. W., *Jeu et réalité*, Paris, Gallimard, 1975 (1971).

ZENATI F., « La loi du 22 juillet 1987 », *Revue trimestrielle de droit civil*, 1987.

ZIVI A., « Du divorce à la recomposition familiale », *Journal de pédiatrie et de puériculture*, 1994, n° 1.

Revues

Espaces et familles, « Voyage au cœur du divorce », n° 26, CNAF, 1992.
Espaces et familles, « Des pères face au divorce », n° 17, CNAF, 1991.
L'Année sociologique, « Ordre familial, ordre social, ordre légal », volume 37/1987.
La Lettre de l'IDEF, n° 9, novembre 1986.
Le Monde de l'éducation, « Les enfants du divorce », avril 1982.
La Semaine juridique, JCP 1985, 15 octobre, n° 42, JCP 1987, 8 juillet, JCP 1987, 7 octobre, JCP 1987 11 novembre
La Gazette du Palais, « Exercice en commun de l'autorité parentale sur les enfants dont les parents sont divorcés ou célibataires », Doctrine, 7 et 8 octobre 1987 (loi du 22 juillet 1987 – *Journal officiel*, n° 24 – *La Gazette du Palais*, 1987, 2. bulletin lég. p. 286).
Journal officiel, « Débats parlementaires sur le projet de loi n° 167, portant réforme de l'autorité parentale ».
Problèmes politiques et sociaux, n° 685, 14 août 1992, « La famille : transformations récentes », La Documentation française.
SOS Papa magazine, n° 39, septembre 2000.
Travail social actualités, du 12 mars 1993, n° 447, Dossier juridique, « L'autorité parentale ».

TABLE DES MATIÈRES

TABLE DES MATIÈRES

DANS LA MÊME COLLECTION
Ancienne série (titres disponibles)
dirigée par Michel Tachon

La Fin du mariage, Françoise BATTAGLIOLA, 1988.
D'une génération ouvrière à l'autre, Paul BOUFFARTIGUES, Francis GODARD, 1988.
Informatique et travail social, Françoise DURIBREUX, 1988.
Les Naufragés de l'intelligence, Nicole DIEDERICH, 1991.
Le Métier d'éducateur de jeunes enfants, Daniel VERBA, 1993.
L'Ingénierie sociale, Michel BONETTI, Jean FRAISSE, Vincent de GAULEJAC, nouvelle édition, 1996.
Histoire des centres sociaux, du voisinage à la citoyenneté, Robert DURAND, 1996.
Les Jeunes face à la justice pénale, analyse critique de l'ordonnance de 1945, Francis BAILLEAU, 1996.

Nouvelle série

Reconstruire les liens familiaux, Benoit BASTARD, Laura CARDIA-VONÈCHE, Bernard EME, Gérard NEYRAND, 1996.
Les Adolescents face à la violence, sous la direction de Caroline REY, 1996, 2000.
Savoir vivre ensemble, agir autrement contre le racisme et la violence, Charles ROJZMAN avec Sophie PILLODS, 1998.
Les Aides à domicile, des emplois en plein remue-ménage, Lise CAUSSE, Christine FOURNIER, Chantal LABRUYÈRE, 1998.
Le Métier de conseiller(ère) en économie sociale et familiale, professionnalité et enjeux, François ABALLÉA, Isabelle BENJAMIN, François MÉNARD, 1999.
Faire société, les associations au cœur du social, sous la direction de François BLOCH-LAINÉ, 1999.
Vivre le RMI des deux côtés du guichet, Monique MOULIÈRE, Thierry RIVARD, Alain THALINEAU, 1999.

Le Social dans la tourmente, Florence PINAUD, Charlotte AUBERT, 1999.

Le Métier d'animateur, Jean-Marie MIGNON, 1999.

Les Collégiens, l'école et le temps libre, Joël ZAFFRAN, 2000.

Les Métiers de la petite enfance, des professions en quête d'identité, Didier-Luc CHAPLAIN, Marie-France CUSTOS-LUCIDI, 2001.

Composition : D. V. Arts Graphiques, à Chartres
Achevé d'imprimer en mars 2001
par la Société Nouvelle Firmin-Didot Mesnil-sur-l'Estrée
Dépôt légal : mars 2001
N° d'impression : 54875

Imprimé en France